倉本一宏［編］

4

寛弘二年（一〇〇五）四月～寛弘八年（一〇一一）十二月

現代語訳 小右記

吉川弘文館

凡　例

一、本書は、藤原実資の日記『小右記』の現代語訳である。
一、原文、および書き下し文は、紙幅の関係上、収録しなかった。
一、全十六冊に分けて刊行する。それぞれの収録範囲は、以下の通りである。

1　貞元二年(九七七)三月―永延二年(九八八)十二月
2　永祚元年(九八九)正月―長徳元年(九九五)十月
3　長徳二年(九九六)正月―寛弘二年(一〇〇五)三月
4　寛弘二年(一〇〇五)四月―寛弘八年(一〇一一)十二月
5　長和元年(一〇一二)正月―長和二年(一〇一三)六月
6　長和二年(一〇一三)七月―長和三年(一〇一四)十二月
7　長和四年(一〇一五)四月―長和五年(一〇一六)二月
8　長和五年(一〇一六)三月―寛仁元年(一〇一七)十二月
9　寛仁二年(一〇一八)正月―寛仁三年(一〇一九)三月

10　寛仁三年（一〇一九）四月―寛仁四年（一〇二〇）閏十二月
11　治安元年（一〇二一）正月―治安二年（一〇二二）十二月
12　治安三年（一〇二三）正月―治安三年十二月
13　万寿元年（一〇二四）正月―万寿二年（一〇二五）八月
14　万寿二年（一〇二五）九月―万寿四年（一〇二七）六月
15　万寿四年（一〇二七）七月―長元二年（一〇二九）九月
16　長元三年（一〇三〇）正月―長久元年（一〇四〇）十一月

一、現代語訳の底本としては、大日本古記録（東京大学史料編纂所編纂、岩波書店、初刷一九五九～一九八六年）を用いた（主に第四刷〈二〇〇一年〉を利用した）。大日本古記録一巻が、この現代語訳二巻分に相当するように分割した。

一、この現代語訳第四巻に相当する大日本古記録が底本とした写本は、以下の通りである（逸文については、出典をそれぞれ明示してある）。

寛弘二年（一〇〇五）四月―六月	前田本甲第五巻（広本）	尊経閣文庫蔵
七月―十二月	前田本甲第六巻（略本）	尊経閣文庫蔵
寛弘五年（一〇〇八）七月―十二月	九条本第六巻（略本）	宮内庁書陵部蔵
寛弘八年（一〇一一）正月―三月	秘閣本第十二冊（略本）	内閣文庫蔵

七月―九月　　前田本甲第七巻(広本)　　尊経閣文庫蔵
十一月―十二月　東山御文庫本第十二冊(略本)　東山御文庫蔵

一、現代語訳は逐語訳を旨としたが、よりわかりやすくするため、語句を補ったり、意訳を行なっている箇所もある。ただし、原文の用字(特に人名呼称)は、なるべく尊重した。

一、古記録の現代語訳はきわめて困難であるため、本書は現代語訳の断案というものではまったくなく、一つの試案と考えていただきたい。

一、底本の誤字については、原則として文字を訂正して現代語訳を行なった。また、脱字や虫食いがある部分については、他の古記録や儀式書などによって推定できる部分は、現代語訳を行なった。文字を推定できない箇所については、おおむね判読できない字数の分を□□で示した。

一、裏書については段落を替えて表記した。また、表の記載・裏書にかかわらず、底本が段落を替えている部分については、本書でも段落替えを行なった。

一、漢字の表記については、常用漢字表にあるものは、原則として常用漢字体に改めた。

一、本文の註や割書は、〈　〉の中に入れて区別した。

一、各日付と干支の後に、その日の記事の主要な出来事を、簡単に太字で示した。

一、人名に関する註は、(　)の中に入れて付けた。原則として毎月、最初に見える箇所に付けた。ただし、人名呼称が代わった場合は、また名だけを付けた。

一、ルビは毎月一回、最初に見える箇所に付けた。原則として『平安時代史事典』(角田文衞監修、古代学協会・古代学研究所編、角川書店、一九九四年)、『日本国語大辞典』(日本国語大辞典第二版編集委員会・小学館国語辞典編集部編、小学館、二〇〇〇〜二〇〇二年)、『国史大辞典』(国史大辞典編集委員会編、吉川弘文館、一九七九〜一九九七年)の訓みに準拠した。

一、特に女性名の訓み方については、現在、明らかになっているものは少ないが、あえて『平安時代史事典』の訓みを用いた。『平安時代史事典』利用の便を考えたためである。

一、用語解説と人物注は、巻末にごく少量だけ付けた。『平安時代史事典』、『国史大辞典』、『日本国語大辞典』を参照した。ルビを多めに付けているので、他はこれらの辞典を引いていただきたい(ジャパンナレッジの利用をお勧めする)。

一、書き下し文については国際日本文化研究センターのウェブサイト(http://db.nichibun.ac.jp/ja/)に「摂関期古記録データベース」として公開しているので、索引代わりに是非ご利用いただきたい。『御堂関白記』『権記』『春記』『左経記』の書き下し文も公開している。

目　次

本巻の政治情勢と実資

寛弘《かんこう》二年(一〇〇五)十一月十三日、定子《さだこ》の遺した敦康《あつやす》親王の読書始《どくしょはじめ》が、准母である彰子《あきこ》の御在所において行なわれた。一条《いちじょう》天皇は秘かに渡御し、強い関心を持って見ていた。道長《みちなが》もこの時、「我が王、……君命を蒙りしより孫に殊ならず」という詩を敦康に献じている(『本朝麗藻《ほんちょうれいそう》』巻下・書籍部)。

このように宮廷社会全体が、少なくとも表面上は敦康を皇嗣候補として支持し、中関白家の復権も実現しそうになっていたのであったが、この年の十一月十五日、大変な事態が朝廷を襲った。子剋、内裏の温明殿《うんめいでん》と綾綺殿《りょうきでん》の間から出た火は、瞬く間に内裏を包み込んだ。馳せ参じた道長は、神鏡を奉置してある賢所《かしこどころ》(温明殿の南の神殿)を守護すべしとの意向を示したが、もはや手遅れであった。

夜が明けた後、賢所のあたりを捜索してみると、はたして灰の中の瓦の上に、焼損した神鏡が発見された。わずかに帯を残すものの、残りは焼損して円規はなく、すでに鏡の形を失っていた。

翌寛弘三年(一〇〇六)の頃、十九歳に達した彰子と二十七歳の一条との間に、ようやく皇子懐妊の「可能性」が生起したものと思われる。そしてそれは、ただちに道長に知らされたであろう。

前年に焼亡した内裏の造営は、この年の二月十七日に内裏造営始が行なわれ(『御堂関白記』)、三月十日に内裏立柱上棟が行なわれるなど、着々と進んだ。一方、七月三日、神鏡改鋳の可否を定める御前定が開かれた。そこでは意見の一致は見られなかったが(『御堂関白記』)、道長の意見通りに陰陽寮《おんみようりよう》の御卜《みうら》が行なわれ(『権記』)、神鏡(の残骸)をそのまま安置することとなった(『日本紀略』)。

この頃、大和守源頼親《よりちか》と興福寺《こうふくじ》との紛争が勃発していた。七月十三日、二〇〇〇人の興福寺大衆が上京し、八省院《はつしよういん》(大内裏朝堂院)に集結していたが、一条はこれに対し、宣旨を下して僧たちを追い立てた(『御堂関白記』)。

完成した新造内裏に十二月二十六日に還御することが、いったんは十一月二十五日に決まったもの の(『御堂関白記』)、結局は沙汰止みとなり、一条が内裏に戻ることは二度となかった。

寛弘四年(一〇〇七)、道長は閏五月十七日から金峯山《きんぷせん》詣の長斎に入った。八月二日に京を出立した道長は、十一日に金峯山(山上ヶ岳)に詣でた。道長は、まず小守三所に参り、ついで金剛蔵王《こんごうざおう》が湧出したという御在所(大峰山寺山上本堂付近)に参って、「主上・冷泉院《れいぜいいん》・中宮・東宮等の御為の理趣分《りしゆぶん》(性欲の解放を説く経)八巻」などの経巻を埋納した(『御堂関白記』)。

この金峯山詣には、彰子の懐妊祈願という意味も含まれていたのであろう。なお、八月九日、伊周《これちか》と隆家《たかいえ》が、平致頼《むねより》と相語らって、道長殺害を企てたという噂も立っている(『小記目録《しようきもくろく》』)。

道長は、十二月十三日に元日朝拝《がんじつちようはい》のことを定めた(『御堂関白記』)。かつて道隆《みちたか》が正暦《しようりやく》四年(九九三)に四十七年ぶりに朝賀(朝拝)を復興したことに倣った再復活を、道長が目指したものと思われる。しかし、それどころではなくなる事態となった。十二月頃、彰子はついに懐妊したのである。

寛弘五年(一〇〇八)が明けると、花山院《かざんいん》が死の床に就くようになり、二月八日、ついに崩御した(『権記』『御堂関白記』)。

「御懐妊五月」となった彰子は、四月十三日に道長の土御門第《つちみかどてい》に退出した(『御堂関白記』『権記』)。いよいよ『紫式部日記』の世界が始まったのである。

九月九日夜半、彰子に産気が起こった(『権記』)。十日が明けると、道長の招集に応じた諸卿が続々と駆けつけた。ところがこの日は、邪気(物怪)が出現するばかりで、一向に御産はなかった。

この日、道長は土御門第を訪れた顕光《あきみつ》と公季《きんすえ》に面談したが、その後に伊周が参入しても会おうとはしなかった。実資は「事、故有るか」と記している。これまでの一条後宮の推移を考えると、「御物の怪どもかりうつし、かぎりなくさわぎののしる」(『紫式部日記』)必要性は十分にあり、道長が定子の兄である伊周を怖れるのも当然であった。

翌九月十一日の暁に寝殿の北廂に移った彰子は、「御物の怪のねたみののしる声などのむくつけさよ」(『紫式部日記』)という状況の中、「平安に」皇子敦成《あつひら》を出産した(『御堂関白記』)。

一条は十月十六日に土御門第行幸を行ない、土御門第に到着した。敦成に親王宣旨が下り、行幸叙位が行なわれたが、一条が彰子の御帳の中に入ったとたん、皆が還幸をせき立て、一条は還御した(『小右記』、『御産部類記』所引『不知記』『外記』)。

十一月一日に敦成の五十日《いか》の儀、十二月二十日に百日《ももか》の儀が行なわれた。能書の行成《ゆきなり》が、公卿たちの詠んだ歌の序題を書こうとしていた時、伊周が行成から筆を取り上げ、自作の序題を書くという事件が起こった。しかもその内容は、敦康の存在を皆に再確認させようとしたものであった(『本朝文粋《ほんちょうもんずい》』)。

寛弘六年(一〇〇九)の正月三十日、何者かが彰子と敦成を呪詛していたことが発覚し、二月四日には伊周の外戚、およびその縁者たちが捕らえられた(『権記』)。円能《えんのう》の勘問日記によると、呪詛は昨年の十二月中旬、例の敦成百日の儀の頃から計画され、その理由は「中宮、若宮幷びに左大臣、御座し給ふ間、帥殿、無徳に御座し給ふ。世間に此の三箇所、御坐すべからざる由、厭魅し奉るべき趣なり」というものであった(『政事要略』)。二月二十日、伊周の朝参を停めるという決定が下された(『権記』)。

一条はこの年の二月、彰子を再び懐妊させたが、それに関連して、六月十九日、伊周の朝参を許すという宣旨が下った(『権記』)。十一月二十五日、彰子は第三皇子敦良《あつなが》を出産した(『御堂関白記』)。なお、この年の三月四日、実資は正官の大納言に上っている。

寛弘七年(一〇一〇)正月二十八日、伊周が薨去した(『権記』『小記目録』)。この春以降、一条は行成が御前に参るごとに、敦康の立太子の可否について下問していた(『権記』)。

九月頃から道長と東宮居貞《おきさだ》との接触が頻繁に続いている(『御堂関白記』)。道長の政治日程に、すでに一条の譲位が組み込まれていた可能性もある。

寛弘八年(一〇一一)五月二十二日、一条は病に倒れた(『御堂関白記』『権記』)。道長は早くも二十五日には、大江匡衡《おおえのまさひら》に譲位に関わる易筮《えきぜい》を行なわせた（『御堂関白記』）。譲位どころか天皇崩御の卦が出たという占文を見た道長は崩御を覚悟し、清涼殿《せいりょうでん》二間《ふたま》において泣涕してしまった。隣の夜御殿《よるのおとど》にいた一条は、御几帳の帷の綻びからこれを見てしまい、自分の病状や道長による譲位の策動を知って、いよいよ病を重くしてしまった（『権記』）。

五月二十七日、譲位のことがようやく一条に達せられ、一条は行成を召し、敦康の立太子について最後の諮問を行なった。一条としては、行成は敦康の立太子を支持してくれることを期待していたのであろう。ところが行成は、いくつもの理由を挙げて敦成立太子を進言し、一条にそれを認めさせた。一条の意を体していた彰子は、その意志が道長に無視されたことを怨んだ（『権記』）。

六月二日、一条は東宮居貞と対面し、敦康の処遇について依頼している（『御堂関白記』）。十三日、一条は東宮居貞に譲位し（三条《さんじょう》天皇）、敦成が立太子した（『権記』『御堂関白記』）。

六月十四日、一条上皇の御悩が危急となり、十九日に出家を遂げた（『御堂関白記』『権記』）。二十一日、一条は彰子も側に候じる中、辞世の御製を詠み、再び臥すと人事不省となった（『御堂関白記』『権記』）。行成はこの歌を、定子に対して詠んだものと解している（『権記』）。

六月二十二日、一条は念仏を唱えながら死の時を迎えた。いったんは蘇生したものの、ついに死去した。三十二歳。

これ以降、延々と大葬が続く。七月八日に一条の遺骸を葬送し、荼毘に付した。九日、火葬が終わ

一条天皇・居貞親王後宮系図

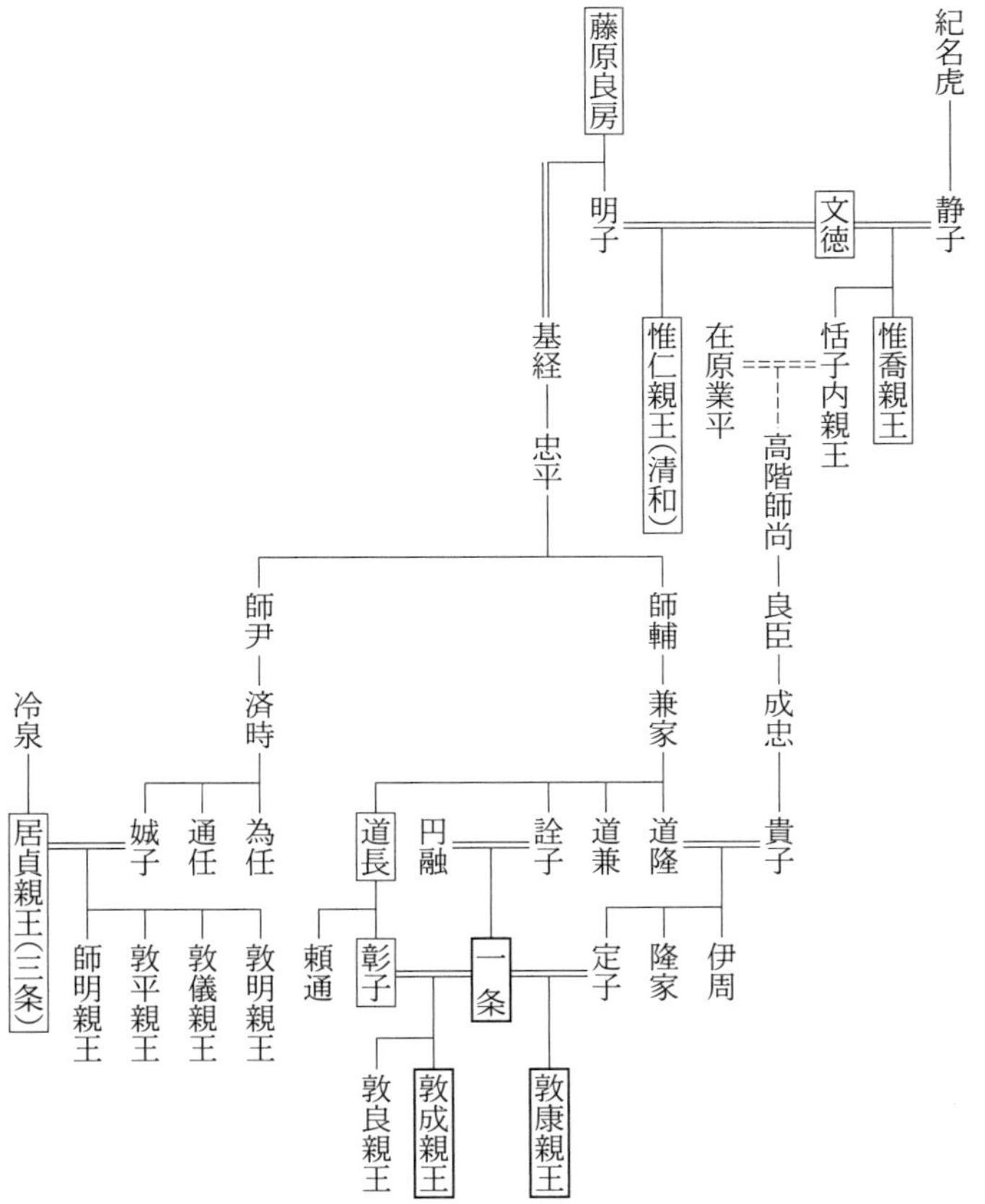

り、一条の遺骨は円成寺《えんじようじ》に仮安置された(『権記』)。この日、道長が、葬送について一条が生前に語っていた意向を思い出し、行成に語った。それは、円融院《えんゆういん》法皇御陵の側に土葬して欲しいというものであった(『権記』『小右記』)。「日ごろ惣て覚えず。只今、思ひ出すなり。然れども定めて益無き事、已に定まれるなり」と道長は語っている(『権記』)。

八月十一日、新造内裏への遷御が予定通り行なわれた。行幸叙位をめぐって、道長と三条との間に意見の齟齬が生じたが、三条は叙位を強行した(『御堂関白記』)。

この間ずっと、三条と道長との間では、道長の関白就任について、折衝が繰り返されていたが、道長はこれを拒否し続けた(『御堂関白記』)。道長はあくまで左大臣兼内覧として太政官をも把握したかったのであろう。

結局、三条が妥協し、八月二十三日に道長に内覧宣旨を下すことで決着した。そして同日、妍子《きよこ》と娍子《すけこ》に女御宣旨が下った。娍子も女御の地位に上げるというのは、三条の強い意志が感じられる。

九月五日には東宮敦成の坊官除目《ぼうかんじもく》が予定されていたが、二日、実資は、五日は重日《じゆうにち》の忌みがあるということを、密々に女房を介して三条に奏上させた。その結果、除目の延期が四日に決定し、三条から実資に悦びの仰せが伝えられた。何故に実資がこのような密奏を行なったかというと、「然るべき事を密々に奏上せしむべし」という仰せが、あらかじめ三条から実資に伝えられていたからであった。

そして十月十六日、大極殿《だいごくでん》において即位式が行なわれたが、その頃、冷泉院の病悩が重くなり、二十四日、ついに死去した(『御堂関白記』『権記』)。六十二歳。これで三条は、父母共に喪ってしまったことになる。大嘗会《だいじょうえ》も停止となった。

十二月二十九日の追儺《ついな》においては、公卿が行成しか参入せず、弁官や少納言も不参であった。一人でこの儀を取り仕切った行成は怒りを露わにしている(『権記』)。この日の記事が、『権記』がまとまって残る最後のものである。

現代語訳 小右記 4

敦成親王誕生

寛弘二年(一〇〇五)四月—

寛弘八年(一〇一一)十二月

寛弘二年（一〇〇五）

藤原実資四十九歳（正二位、権大納言・右大将）　一条天皇二十六歳　藤原道長四十歳　藤原彰子十八歳

○四月

一日、戊寅。　作文会で伊周の詩に感涙／旬平座

礼部納言《れいほうなごん》（源俊賢《としかた》）が伝え送って云ったことには、「昨日の作文会《さくもんかい》では、外帥《がいそち》（藤原伊周《これちか》）の詩は、句毎に感が有って、満座は涙を拭った。引出物《ひきでもの》〈「馬」ということだ。〉が有った」と。伝え聞いたことには、「御物忌《ものいみ》によって、一条《いちじょう》天皇は紫宸殿《ししんでん》に出御《しゅつぎょ》しなかった」と云うことだ。

二日、己卯。　道長・公任、和歌を贈答／河内国司申文

前越後守朝臣《さきのえちごのかみあそん》（藤原尚賢《なおかた》）が云ったことには、「一昨日、左府（藤原道長《みちなが》）の作文会で、外帥の詩に述懐が有りました。上下の者は涕泣《ていきゅう》しました。主人（道長）は感嘆しました。引出物が有りました。昨日、左府が和歌一首を左金吾《さきんご》（藤原公任《きんとう》）に贈られて云ったことには、『谷の戸を閉ぢやはてつる鶯の待つに声せで春も過ぎぬる（谷の戸を閉めてしまったのか。鶯を待っていたのに、声もしないで春も過ぎてしまった）』と。返歌《へんか》は、『往き帰る春をも知らず花さかぬ深山《みやま》かくれの鶯の声（春がめぐってきたことも知らず、花も咲かない深山の陰で鳴く鶯の声なのです）』でした」と。午の後剋、雨が降った。雨を冒して、内裏に

参った。要日《ようじつ》であるからである。河内国司《かわちこくし》の中文《もうしぶみ》を左中弁《さちゅうべん》(藤原説孝《ときたか》)に託した。右金吾《うきんご》(藤原斉信《ただのぶ》)・礼部納言、勘解《かげ》(藤原有国《ありくに》)・左右両大丞《だいじょう》(藤原忠輔《ただすけ》・藤原行成《ゆきなり》)が参入した。未二剋に退出した。

三日、庚辰。　**擬階奏／高階明順病悩**

擬階奏《ぎかいのそう》を持って来た。加署《かしょ》して返給した。伊予守《いよのかみ》朝臣(高階明順《たかしなのあきのぶ》)が病悩した。伝え送る事が有った。そこで(清原)為信真人《ためのぶまひと》を遣わして、二度、見舞った。

四日、辛巳。　**宣旨／高階明順来訪／道長第射儀**

蔵人式部丞《くろうどしきぶのじょう》(藤原)隆光《たかみつ》が、宣旨《せんじ》数枚を持って来た。伊予守が無理に病悩を我慢して来た。雑事を述べた。すぐに帰った。その様子は、ひどく弱っていた。外帥および卿相《けいしょう》以下が、左府が準備した饗《きょう》射《しゃ》に会合した。射儀《しゃぎ》は、これは春のものである。夏に及ぶことは、未だなかった事である。違期《いご》の遊興である。識者《しきしゃ》はきっと怪しむであろうか。

五日、壬午。　**賀茂斎院御禊前駆定**

内裏に参った。左府が御禊《ごけい》の前駆《ぜんく》を定めた。右衛門督《えもんのかみ》(斉信)・治部卿《じぶきょう》(俊賢)・権中納言《ごんちゅうなごん》(藤原隆家《たかいえ》)、勘解由長官《かげゆのかみ》(有国)・左右両大弁《だいべん》(忠輔・行成)が参入した。宣旨数枚を左中弁に下した。申剋、斎院《さいいん》(選《のぶ》子《こ》内親王)に参った。行具《ぎょうぐ》を実検《じっけん》して、損破を記させた。左中弁に託して奏聞《そうもん》した。出車《いだしぐるま》・童女《どうにょ》・騎馬を定めたことは、通例のとおりであった。斎院で粉熟《ふずく》の準備が有った。黄昏に退出した。

六日、癸未。

「伊予守の病は、尋常ではない」と云うことだ。一、二度、書状を委ねることが有った。

七日、甲申。　大宰権帥平惟仲薨去／高田牧雑人を、壱岐島に追放／舎利会

早朝、予州刺史《よしゅうしし》(明順)を訪ね送った。「その病体は、邪気《じゃけ》のようなものである。間違った発言を述べることを鎮めた」と云うことだ。「今日、観音院《かんのんいん》に向かった」ということだ。前筑前守《さきのちくぜんのかみ》(藤原)高規《たかのり》朝臣が、大宰大弐《だざいのだいに》(藤原高遠《たかとお》)の許に申上した書状に云ったことには、「大宰権帥《だざいのごんのそち》(平惟仲《これなか》)は、去月十五日の申剋に薨じました〈『貫首秦定重《かんじゅはたのさだしげ》の宅』ということだ。〉」と。宇佐宮《うさぐう》が誅《ちゅう》を降したのか。最も畏れるべきである。僉議《せんぎ》の際、頗る斑駮《はんばく》の定が有った。後日、確かめなければならない。「高田牧《たかだのまき》の雑人《ぞうにん》を、すべて壱岐《いき》島に追放した。これは大宰権帥が行なったものである。下官(実資)が、宇佐宮の議定《ぎじょう》の際に配慮が無かったので、行なったものである」と云うことだ。極めて奇怪である。慶命律師《きょうみょうりつし》が来た。舎利会《しゃりえ》を共に訪れたいという意向が有った。そこで被物《かずけもの》を約束した。

八日、乙酉。　源俊賢病悩／直物／除目／実資灌仏会／興福寺僧、茸を食し死ぬ

絹五疋を左衛門権佐《さえもんのごんのすけ》(令宗《よしむねの》)允亮《ただすけ》朝臣の所に送った。御禊の前駆を奉仕することになっているからである。随身《ずいじん》の分に充てさせる為である。この朝臣は、道の事についてしばしば雑事を問うた。今、この準備が有った。そこで微志《びし》を致しただけである。治部卿が去る夕方から悩み煩《や》っているという告げが有った。そこで(石作《いしづくりの》)忠時《ただとき》を遣わして見舞った。報じて云ったことには、「頭が痛く、身が熱く、辛苦しています」ということだ。礼部は、宇佐宮について議定していた際、大宰権帥を引汲《いんぎゅう》する気持が有った。怖畏《ふい》が無いわけではない。（三善《みよしの》）興光《おきみつ》を遣わして、伊予守に問い送った。報じて云ったことには、「病悩している所は、増減はありません。但し夜に臨んで、いよいよ倍します」ということだ。「病者は人々の書状を聞き入れません。吐いた狂言《きょうげん》は、邪気の行なったものです」と云うことだ。報答は、これは妻子の書状である。内裏に参った。左右内三相国《しょうこく》（道長・藤原顕光《あきみつ》・藤原公季《きんすえ》）、右金吾・権中納言・左大弁《さだいべん》（忠輔）が参入した。直物《なおしもの》が行なわれた。玄蕃頭《げんばのかみ》・大蔵録《おおくらのさかん》・式部録《しきぶのさかん》などの者の申文を下し申された。撰び上げ終わって、すぐに奏聞された。召しによって、左府が御前に参上した。この頃、心神《しんしん》が宜しくなかったので、退出した。秉燭《へいしょく》になろうとした頃、（藤原）資平《すけひら》が書き送ってきた。申請していた馬允《うまのじょう》〈内舎人《うどねり》藤原有信《ありのぶ》。〉を任じられた。これは員外《いんがい》である。明日、恐縮しているということを左府に申させなければならない。除目《じもく》は別にあった。早朝、灌仏会《かんぶつえ》を行なった。今日、神事と重なった。そこで朝廷では御灌仏会は無かった。陣座《じんのざ》に於いて、左府が談られて云ったことには、「興福寺《こうふくじ》の雅敬《がきょう》は、この何日か、読経《どきょう》を奉仕していた。ところが昨日、茸を食べて、今日、酔死《えいしに》した。弟子一人も、同じく食べて死んだ」ということだ。

九日、丙戌。

馬允の慶賀《けいが》を、（藤原）経通《つねみち》朝臣を介して左府に申させた。大宰大弐が訪ねられた。晩方、左衛門督《さえもんのかみ》（公任）が来られた。月に乗じて帰った。

十日、丁亥。　**藤原能子忌日／斎院の申請文**

故殿《ことの》(藤原実頼《さねより》)の女御《にょうご》(藤原能子《よしこ》)の御忌日《きにち》である。そこで諷誦《ふじゅ》を勧修寺《かんしゅうじ》で修した。伊予守朝臣は、昨日から宜しいということを、観音院僧正《かんのんいんそうじょう》(勝算《しょうさん》)が伝え送ったのである。

左中弁が、斎院の申請文を持って来た。見終わって返給した。奏上するよう答えた。参議《さんぎ》有国を禊祭《けいさい》の日に斎院に参らせるよう、左中弁を介して奏聞させた。

十三日、庚寅。

左府に参って謁談《えつだん》した。しばらくして家に帰った。召使《めしつかい》が云ったことには、「明日、定が行なわれます」ということだ。参るということを告げた。

十四日、辛卯。　斎院御禊点地勘文／諸国申請雑事定／実資姉西宅に移る

左中弁が、勘宣旨《かんせんじ》および御禊の点地《てんち》および御出《ぎょしゅつ》の時剋・祭日の御出の時剋の勘文《かんもん》を持って来た。すぐに奏上するよう答えた。但し勘宣旨を留めた。内裏に参った。左右内三相府《しょうふ》(道長・顕光・公季)、中納《ちゅうな》言《ごん》斉信・(藤原)時光《ときみつ》・隆家、参議有国・(藤原)懐平《かねひら》・行成が参入した。大宰大弐および諸国司が申請した雑事を定め申した。夜に入って、退出した。勘宣旨を隆光に託した。すぐに下給した。また、左中弁に下した。

斎院御禊の日の御車副《くるまぞい》・手振《てぶり》の紫褐《しかつ》・青褐《あおかつ》および紫蓋《しがい》の為の染絹《そめぎぬ》は、率分下文《りつぶんくだしぶみ》で諸国に召させたが、急に出来するわけがない。そこで事情を左府に伝えた。後院《ごいん》に納めた絹を貸し下させて、後日、率分《りつぶん》絹《ぎぬ》で返納することにした。禊祭の日に斎院に参ることになっている宰相《さいしょう》〈有国。〉については、先日、奏聞するよう、左中弁に命じた。ところが忘失していて、今になっても奏上していない。「御物忌ですので、今日、奏聞することはできません」ということだ。蔵人隆光を介して奏聞させた。「申請によるように」ということだ。すぐに大外記《だいげき》(滋野《しげのの》)善言《よしとき》朝臣に命じた。今夜、亥剋に尼君(実資姉)は、はじめて西宅に移られた。元はこれは厩《うまや》の地であった。東地と替えて奉ったものである。御前の高坏《たかつき》物《もの》と女房《にょうぼう》の垸飯《おうばん》を、調備して奉らせた。

十七日、甲午。　賀茂斎院御禊／公任男金石に道風の手本を送る

午剋の頃、斎院に参った。これより先に、参議有国が参入した。「但し、斎院の侍所《さむらいどころ》にいた」と云うことだ。そこで下官は客殿《きゃくでん》に着した。後に有国が来た。その後、肥牛《こえうし》を見た。次いで下仕《しもづかえ》と走孺《はしりわらわ》を見た。先例では、中門の中から渡る。ところが距離が遠かったので、客殿の北庭を渡って、中門から入った。頗る便宜《びんぎ》が有った。蔵人隆光が云ったことには、「蔵人所《くろうどどころ》の前駆藤原惟信《これのぶ》が、急に胸病《きょうびょう》を煩って参入することができないということを、経通朝臣から申し送ってきました」ということだ。私が答えて云ったことには、「時剋がすでに到った。御車を寄せる時剋に及んでいるであろう。これを如何しよう。所の前駆一人が参られなかったからといって、御禊をどうして遅留することが有ろうか」と。すぐに座を起って、御前に進んだ。申剋に御車を寄せた。私および勘解由長官が、堀河《ほりかわ》辺りの西で見物した。左府も、この処に於いて見物した。右衛門督・治部卿と同車していた。春宮大夫《とうぐうだいぶ》(藤原道綱《みちつな》)と左兵衛督《さひょうえのかみ》(懐平)が同乗していた。権中納言は、別の車で見た。今日、所の前駆四人が渡った。一人は病を煩い、もう一人は見えなかった。未だその理由を知らない。後に聞いたことには、「大中臣信《おおなかとみののぶ》助《すけ》が堀河辺りに到着した」と云うことだ。私が家に帰った後のことである。左金吾の愛子《あいし》金石《きんせき》を送った。「吉日《きちにち》であったので、送ったものである」ということだ。すぐに資平と同車して、見物の次いでに来たものである。(小野)道風《みちかぜ》の手跡《しゅせき》一巻を与えた。資平を介して送らせたのである。帰って来て、云ったことには、「金吾が涕泣したことは、雨のようでした。哀憐《あいれん》の甚しさについて、付属した詞は、敢えて云うことができません」ということだ。弁腹《べんばら》の小童《こわらわ》〈観薬《かんやく》。〉は、西殿から送られたのである。すぐに見て、返し送った。夜に入って、西殿に参った。深夜、帰った。昨日以来、穢《え》に触れた疑いが有った。そこで参らなかったものである。今日、鹿毛《かげ》の馬を左衛門権佐允亮に貸した。また、申請してきたので、随身近衛《このえ》酒井正武《さかいのまさたけ》を副えた。栗毛《くりげ》の馬を蔵人所の前駆宮道式光《みやじのしきみつ》に貸し給わった。また、随身穴太国時《あのうのくにとき》を給わった。

十八日、乙未。　警固

蔵人隆光が宣旨を持って来た。すぐに左中弁に下した。外記《げき》(文室《ふんやの》)清忠《きよただ》が申して云ったことには、「今日、警固《けいご》が行なわれます。参入されますか」ということだ。答えて云ったことには、「病悩が有って参入することができない」と。重ねて申して云ったことには、「明日、申し行ないますか」ということだ。伝えさせて云ったことには、「今日は式日《しきじつ》である。本来ならば諸卿に申し廻らせなければならない。皆、故障が有るのならば、事情を奏上させ、仰せに随って明日に延引《えんいん》すべきであろうか」と。

この清忠は家人《けにん》である。そこで蒙を啓く為に申させたものか。「祭日に、天皇が紫宸殿に出御して、諸使を御覧になります」ということだ。経通朝臣と隆光が談じたところである。権中納言が（大江）嘉《よし》言《とき》を遣わして、警固について問い送られた。いささかこれを記して送った。「今日、参り行なうことになった」ということだ。

十九日、丙申。　顕光賀茂詣／頼通前駆を務める

「右大臣（顕光）が賀茂《かも》社に参った」と云うことだ。「左右近衛の官人を舞人《まいびと》とした」と云うことだ。左府は四位少将《しいしょうしょう》（藤原）頼通《よりみち》を前駆とさせた。「先日、右府（顕光）は大原野《おおはらの》行啓《ぎょうけい》に供奉《ぐぶ》された。今、あの恐縮を感謝する為である」と云うことだ。或いは云ったことには、「右府は、社頭《しゃとう》から退帰した際、車《くるま》後《じり》に四位少将を乗せた。家に帰った後、馬二疋と釼《たち》を志した。また、供人《ともびと》の兵衛尉《ひょうえのじょう》二人〈左は（藤原）惟任《これとう》、右は（藤原）以道《もちみち》。〉に綾一疋、随身に絹二疋を下賜した」と云うことだ〈二疋で一疋を巻いた。〉。その過差《かさ》は、丞相《じょうしょう》の志ではないばかりである。後鑑《ごかん》としてはならない。奇怪である、奇怪である。

二十日、丁酉。　賀茂社・貴布禰社に奉幣／賀茂祭／平惟仲の骸骨入京

車を使の典侍《ないしのすけ》の許に遣わした。河内守《かわちのかみ》朝臣（源奉職《ともとも》）が懇切《こんせつ》に告げ伝えたことによる。賀茂社に奉幣《ほうべい》した。今年、はじめて貴布禰《きぶね》社に奉った。賀茂《かも》社司《しゃし》が申請したからである。「近代の例では、必ずこの社に加え奉る」と云うことだ。摺袴《すりばかま》を使の少将《しょうしょう》（源）雅通《まさみち》朝臣の許に送った〈使は左府から出立《しゅったつ》した。つまりこれは枇杷殿《びわどの》である。〉。諷誦を賀茂下社《かものしものやしろ》の御神宮寺《じんぐうじ》で修した。これは通例である。

午の終剋の頃、斎院に参った。これより先に、参議有国が参入した。飾馬《かざりうま》・下仕・走孺を見たことは、恒例のとおりであった。「天皇は使々を清涼殿《せいりょうでん》に於いて御覧になった」と云うことだ。時剋が推移して、すでに薄暮に及んだ。使々は未だ列見《れっけん》の辻に来ていなかった。ところが御輿《みこし》を寄せさせた。下官は見物した。参議が従った。申の終剋の頃、斎王《さいおう》(選子内親王)が渡られた。次々の事は、すでに黄昏に及んだ。近衛府使《このえふし》雅通に、御衣《おんぞ》を下給した。随身が持った。「左府が定めた」と云うことだ。「備《び》中守《ちゅうのかみ》(平)生昌《なりまさ》朝臣が、故平中納言《へいちゅうなごん》惟仲卿の骸骨《がいこつ》を随身して入京した」と云うことだ。実説《じっせつ》では、平《へい》納言《なごん》(惟仲)は去月十二日に病を受け、十四日に薨じた。

二十一日、戊戌。　舎利会／斎院女房の装束／信濃国紅花の色代

使の典侍の神館《かんだち》の宿所《しゅくしょ》に、早朝、檜破子《ひのきわりご》十余荷《か》を送った〈使は出納《すいとう》の男。被物があった。〉。檳榔毛《びんろうげ》の車および雑具を都督《ととく》(高遠)に遣わし奉った。あの御書状による。これは室家《しっか》の分か。舎利会の行事《ぎょうじ》について、律師慶命から先日、伝えてきたことが有った。そこで合褂《あわせうちき》一重《かさね》を送った。都督が訪ねられて云ったことには、「今夕、左府に参ることとする」ということだ。

「今日、左府・右府・右衛門督が同車した。左府は牛一頭を志された」と云うことだ。

今年の賀茂祭《かものまつり》の日に、斎院の女房は、唐衣《からぎぬ》の他に白衣《びゃくえ》を着した。思うところが有るようなものである。

信濃国《しなの》〈前司《ぜんじ》(源)済政《なりまさ》、新司《しんじ》(藤原)佐光《すけみつ》。〉の禊祭のための紅花《べにばな》は、今年だけ、新司の申請によって色代《しきだい》が許された〈一斤《きん》の代わりに布一端《たん》一丈。勅定《ちょくじょう》は一斤に二端。〉。去年の紅花を、前司が弁済《べんさい》した。ところが朝

廷が定められて云ったことには、「去年十一月に辞退したので、新司が本来ならば弁済しなければならない」ということだ。新司が申して云ったことには、「紅花は時節《じせつ》が有ります。そこで前司の分付《ぶんつけ》で、新司がこれを承って弁済することにしました。ところが一斤も渡しません。これを如何いたしましょう」と。前司が云ったことには、「去年は旱損《かんそん》して、すべて損失しました」と云うことだ。「やはり後司《こうし》に弁済させてください」と云うことだ。「そこで今年だけは、色代を申請します」と云うことだ。「左府が定め申したところです」と云うことだ。事は頗る道理に背いている。そこで衆人《しゅうじん》に知らせる為に、白色を着させた。誠に理由が有った。後の為に記すところである。

二十二日、己亥。　殿上競馬停止／道長邸にて馳馬／大宰大弐赴任を奏す

都督が伝え送って云ったことには、「昨日、左府に参った。被物と馬を給わった。今日、内裏と花山《かざん》院に参ることとする」ということだ。「今日、殿上《てんじょう》の競馬《くらべうま》が行なわれる」と云うことだ。宮中将《みやのちゅうじょう》（源頼定《よりさだ》）が来て、云ったことには、「雨によって競馬を停止《ちょうじ》するよう、左府がおっしゃられました」と云うことだ。申剋、資平が言い送って云ったことには、「やはり競馬は行なわれるようです」ということだ。そこで馬二疋〈一疋は宮中将、一疋は資平。〉を送った。直衣装束《のうししょうぞく》一襲《かさね》〈薄物《うすもの》の直衣・織物《おりもの》の指貫《さしぬき》・紅《こう》染《ぞめ》の綾の細長《ほそなが》一重・同じ色の袴《はかま》。〉・馬四疋を、（多米《ための》）国定《くにさだ》朝臣を介して都督に遣わし奉った。黄昏、資平が来て、云ったことには、「雨脚が止みませんでした。そこで競馬は行なわれませんでした。殿上の人々は、左府の馬場《ばば》に会集し、飲食して馬を馳せました。相府（道長）は、早朝、内裏に参りました。

里第《りてい》に出ませんでした。今日の事は、極めて理由の無いことです」と云うことだ。今日の夕方、大弐は内裏に参って、赴任するということを奏上させた。

二十三日、庚子。　大宰大弐赴任

吉田使《よしだし》の右近将監《うこんのしょうげん》平朝親《ともちか》に褶袴《すりばかま》を下給した〈その代は絹一疋であった。布一端を随身近衛酒井正武に下給した。〉。大弐が伝え送って云ったことには、「昨日、罷申《まかりもうし》を奏上した際に、一階を加叙された」ということだ〈正三位。〉。「都督は、今日、午二剋に河陽館《かやのむろつみ》に向かった。資平を御供に供奉させた。左兵衛督は車に乗って都督を送った。桂河《かつらがわ》から帰った」と云うことだ。資平が帰って来て、云ったことには、「途中、何事もありませんでした。但し、頗る見苦しい事が有りました」と云うことだ。詳しくは記さない。

二十四日、辛丑。　大宰大弐妻、車争／惟仲薨奏

「昨日、都督の二人の妻に車論《しゃろん》が有った。前典侍《さきのないしのすけ》は大いに怒って、留まった。人々が勧めた。晩方になって、やっと車に乗って山崎《やまざき》に向かった」と云うことだ。あれこれが談じたところである。昨日の車論及び他の事は、そうであってはならないということを、詳しく書状に記して都督に申し達した。今日、中納言惟仲の薨奏《こうそう》が行なわれた〈「治部卿が奏上した」と云うことだ。〉。

二十五日、壬寅。　季御読経定／競馬

内裏に参った。左大臣（道長）は直廬《じきろ》に伺候された。「今日、季御《きのみ》読経《どきょう》を定められた」と云うことだ。

一、二人が云ったことには、「公卿召《くぎょうめし》が有るはずである。弁官は序列どおりに昇進する。また、蔵人《くろうどの》頭《とう》を補される」と云うことだ。伺候しても特に事の準備を行なうわけにはいかない。そこで病悩と称して退出した。内大臣(公季)、権中納言、左兵衛督が、陣座に伺候した。右衛門督・治部卿、勘解由長官・右大弁《うだいべん》(行成)が、左府の直廬にいた。陣座の方は見ていない。「帥《そち》(伊周)は、昨夜から内裏に候《こう》宿《しゅく》した。未だ退出していない」と云うことだ。人々は傾き怪しんだ。今日、御馬を馳せた。馬寮《めりょう》は毛《け》付《つけ》の文を進上した〈一枚は馬寮の馬。一坊は十疋、二坊は二疋。一枚は家島御《いえしまのみ》牧《まき》の御馬十三疋。〉。将曹《しょうそう》の欠員に府生《ふしょう》(藤原)高扶《たかすけ》を任じられる事を左府に申請するよう、書状に記して礼部の許に送った。後に聞いたことには、「除目の停止は、六月に及ぶことになった」と云うことだ。車論の張本人である藤原保相《やすすけ》を追却《ついきゃく》するということが、都督の書状に有った。「つまりこれは、あの御姻戚《いんせき》である。追放には道理が有る」と云うことだ。

二十六日、癸卯。　獄囚を赦免／一条天皇御悩

左衛門権佐允亮が来て、云ったことには、「昨日、急に宣旨によって〈右衛門督が奉行した。つまり検非《けび》違使《いし》別当《べっとう》である。〉、左右の獄囚《ごくしゅう》を勘申《かんじん》させました。すぐに原免《げんめん》しました〈二十人。殺害・強窃盗《ごうせっとう》。〉。これは赦令《しゃれい》ではありません。臨時の宣旨です」と。先例では、軽犯《けいはん》の者を選び、宣旨によって原免した。ところが重犯《じゅうはん》の者を原免されたのは、如何なものか。「宣旨の趣旨は、天変怪異《かいい》による」と云うことだ。或いは云ったことには、「主上《しゅじょう》(一条天皇)は、この二十箇日ほど、御膳が通例ではない。時々、御病悩の様子が有る」と云うことだ。

二十七日、甲辰。　興福寺維摩会講師宣旨／和泉国相撲人貢上を免ず

山階寺《やましなでら》（興福寺）の蓮聖《れんしょう》が来て、云ったことには、「二十四日に維摩会《ゆいまえ》講師《こうじ》の宣旨が下りました。慶賀の為に来たものです」ということだ。和泉国司《いずみこくし》（藤原）脩政《ながまさ》が、相撲使《すまいのつかい》が進上する例貢《れいこう》の相撲人《すまいびと》を停めることを申請した。そこで特に許したのである。三箇年の間、申請させていた。ところが今年、特に許した。先ず頭中将《とうのちゅうじょう》（藤原実成《さねなり》）の許に伝え送った。定めて許したものである。

二十八日、乙巳。

伝え聞いたことには、「都督は、石清水《いわしみず》・春日《かすが》社に参った」と云うことだ。

二十九日、丙午。　観音院不動尊供養の僧膳

権僧正《ごんのそうじょう》勝算が来られて、云ったことには、「来たる六月七日、観音院に於いて丈六《じょうろく》の絵像の不動尊《ふどうそん》像を供養《くよう》し奉ることとなった。前大僧正観修《さきのだいそうじょうかんしゅう》を導師《どうし》とすることになった。その膳について、用意を致すように。また、来訪するように」ということだ。

三十日、丁未。　春季御読経発願／新写経講演／窃盗、蔵人宿所に入る

召使が、今日、季御読経が発願《ほつがん》するということを告げた。内裏に参った。左大臣・内大臣、大納言《だいなごん》（藤原）懐忠《かねただ》、中納言斉信・時光・俊賢・隆家、参議有国・（菅原）輔正《すけまさ》・行成・（藤原）正光《まさみつ》が、同じく参った。未剋に鐘を打った。俊賢・輔正・行成・正光が、紫宸殿に伺候した。他は天皇の御前に伺候した。行香《ぎょうごう》が終わって、退出した。増暹《ぞうせん》師を招請して、新写の経を講演《こうえん》させ奉った。但し今月は薬草喩品《やくそうゆぼん》である。「左兵衛督が食物を随身して、都督の許に向かった」と云うことだ。今日、窃盗が蔵人（藤原）量能《かずよし》の宿所に入り、綿衣を挿し着して、紫宸殿の前を渡り、日華門《にっかもん》、宣陽《せんよう》・春華門《しゅんかもん》から出て逃げ去った。「この間、左近衛《さこのえ》・左兵衛陣《さひょうえのじん》の官人は、追捕《ついぶ》しなかったことについて、召勘《しょうかん》された」と云うことだ。

○五月

一日、戊申。

馬寮《めりょう》が競馬《くらべうま》の毛付《けつけ》の文を進上した。

三日、庚戌。　左近衛府荒手結／公任、播磨国書写山に向かう

馬場《ばば》に蔵人所《くろうどどころ》の官人が藤蕨《ふじわらび》の糟酒《かすざけ》を献上した。左近衛府《さこのえふ》の荒手結《あらてつがい》が行なわれた。「今日、左衛門督《さえもんのかみ》（藤原公任《きんとう》）は、播磨《はりま》の性空聖人《しょうくうしょうにん》の許に向かった」と云うことだ。この聖は、播磨国の書写山《しょしゃざん》に住している。

四日、辛亥。　右近衛府荒手結／道長千部仁王経供養／不断法華経御読経／道長邸法華三十講

右近衛府《うこのえふ》の荒手結が行なわれた。左府（藤原道長《みちなが》）に参った。今日、三十口《く》の僧を招請して、千部の仁王経《にんのうきょう》を供養《くよう》した。「播磨の性空聖人の告げによる」ということだ。主人（道長）は公卿の座に加わって着した。行香《ぎょうごう》が終わって〈主人が行香を行なった。〉、請僧《しょうそう》に布施《ふせ》を下賜した。殿上人《てんじょうびと》と地下人《じげにん》が、これを取った〈疋絹《ひつけん》。紙に包んだ。但し僧綱《そうごう》は数を加えた。僧都《そうず》と律師《りつし》は、差が有ったか。〉。上達部《かんだちめ》と殿上人に饗《きょう》饌《せん》を供した。次いで内裏に参った。諸卿も同じく参った〈中納言《ちゅうなごん》(藤原)斉信《ただのぶ》・(藤原)時光《ときみつ》・(源)俊賢《としかた》・(藤原)隆家《たかいえ》、参議《さんぎ》(藤原)有国《ありくに》・(藤原)懐平《かねひら》・(藤原)正光《まさみつ》、三位中将《さんみちゅうじょう》(藤原)兼隆《かねたか》。〉。但し左府は物忌《ものいみ》であったので参入しなかった。右大臣(藤原顕光《あきみつ》)は、先に内裏に伺候した。今日、不断法華経御読経《ふだんほけきょうみどきょう》の発願《ほつがん》である。申剋に鐘を打った。酉剋に行香が行なわれた。諸卿は退出した。「今日、左府は三十講《さんじっこう》を始めた」と云うことだ。「追従《ついしょう》する上達部は、また帰り参った」と云うことだ。

夜に入って、右近府生《うこんのふしょう》中臣嘉数《よしかず》が手結《てつがい》を持って来た。

五日、壬子。　左近衛府真手結

手結の文を下給した。左近衛府の真手結《まてつがい》が行なわれた。

六日、癸丑。　不射の夾名／右近衛府真手結延引

大宰大弐《だざいのだいに》(藤原高遠《たかとお》)は、今朝、河陽《かや》を離れたということについて、修理進《しゅりのじょう》(藤原)行正《ゆきまさ》が、その御書状を伝え申した。騎射《うまゆみ》の射手《いて》について、射なかった輩《やから》を多く手結に書き載せていた。臨時祭使《りんじさいし》の時、理《り》巡《じゅん》と称して舞人《まいびと》に選ばれた。今から以後は、射なかった輩については、理巡に当たっているとはいっても、祭使に選んではならない。本来ならば不射《ふしゃ》の夾名《きょうみょう》に記さなければならない。その所の官人は、署し終わって、大将に覧せた。手結に加え継いで、捺印《なついん》させた。祭使を指名する日に及んで、この勘《かん》文《もん》によって、定めて遣わすように、将たちに告げて仰せ下すようにと、右近将曹《うこんのしょうそう》(身人部《むひとべの》)仲重《なかしげ》に命じた。午の後剋、大雨であった。申剋の頃、右近権中将《うこんのごんのちゅうじょう》(藤原)公信《きんのぶ》が、右近府生嘉数を介して言い送って云ったことには、「陪膳《ばいぜん》の番でしたので、先ず内裏に参りました。官人たちの所に仰せ遣わしたところ、申し送って云ったことには、『馬走《うまはしり》に水が盈溢《えいいつ》しています。騎射を行なうことはできません』ということです。答報に随って処置することにします。特に、日がすでに黄昏に及んでいます」ということだ。明日、改めて行なうよう、答報した。

七日、甲寅。右近衛府真手結／蔵人の退出／近代の人、自案を以て故実と為す

時々、雨であった。今日、真手結が行なわれた。雨によって今日に及んだ。米十九石を、あらかじめ送るように、(清原)為信真人《ためのぶまひと》に命じた〈四石は索餅次《さくべいついで》、十五石は饗宴の分。〉。大褂《おおうちき》五領《りょう》・絹五疋〈今年、射手が減った。これは射手の官人が勅勘《ちょっかん》を受けた事によって、奉仕しなかったのである。〉・信濃布《しなののぬの》百端《たん》を、馬場に送った。垣下《えんが》の朝大夫《ちょうたいふ》と六位を差し遣わした。

夜に入って、右近府生嘉数が手結を持って来た。頭中将《とうのちゅうじょう》(藤原)実成《さねなり》と中将公信が着した。ところが頭中将は、内(一条《いちじょう》天皇)の召しと称して、途中で内裏に参った。「近代、蔵人《くろうど》の人は、召しであることを称し、儀を終えていないのに座を起つ」と云うことだ。往古《おうこ》から聞いたことのない事である。「先日、左近衛府の手結の日に、蔵人少将(藤原)経通《つねみち》が、召しが有ると称して、内裏に参った」と云うことだ。或いは云ったことには、「人に異なることを知らせる為に、蔵人に語って召させたものである」ということだ。奇怪な事である。誰の伝えた故実《こじつ》であろう。手結は近衛府の大事である。公家《くげ》（一条天皇）が知っておられるところである。止むを得ない事が無いのであれば、まったく召すことはできない。経通朝臣《あそん》は、一家の故実を尋ね問うべきであろう。近代の人は、自分の考えを故実とする。甚だ前例に背く事である。後の為にいささか記す。今日、頭中将は、途中で退出した。ところが署所を書かなかった。そうであってはならない。

八日、乙卯。　亡室遠忌

手結を下給した。多く字が誤っていた。中将公信が書いた。亡室《ぼうしつ》（源惟正女《これまさのむすめ》）の遠忌《おんき》である。諷誦《ふじゅ》を天安寺《てんあんじ》で修した。

十日、丁巳。　一種物

左中弁《さちゅうべん》（藤原説孝《ときたか》）が、先日、下勘《げかん》させた宣旨《せんじ》三枚を持って来た。すぐに蔵人（藤原）隆光《たかみつ》の許に遣わした。尾張守《おわりのかみ》（藤原）中清《なかきよ》が云ったことには、「昨日、左府に於いて議されて云ったことには、『十三日に、殿上人は各々、一種物《いっすもの》を随身《ずいじん》して参会するように〈書き出しには、「蔵人経通朝臣を行事《ぎょうじ》とする」と云うことだ。〉』ということです」と。その日は騎射が行なわれることになっている。未だその理由を知らない。

十一日、戊午。　臨時御読経結願／賑給使定

内豎《ないじゅ》が来て、云ったことには、「今日、巳剋に御読経が結願《けちがん》します」ということだ。そこで参入した。

左大臣(道長)・右大臣、中納言斉信・時光・俊賢・隆家、参議有国・懐平・(藤原)行成《ゆきなり》・正光が、同じく参った。左大臣は先ず賑給文《しんごうぶん》を定めて奏上した〈右大弁《うだいべん》行成が書いた。〉。未剋に鐘を打った。左大臣以下が参上した。しばらく殿上間《てんじょうのま》に伺候した。出居《でい》が座に着した後、御前に着した。公卿八人は御前に伺候した。他は侍所《さむらいどころ》に伺候した。行香が終わって、私はすぐに退出した。今日、三位二人が参入した〈(平)親信《ちかのぶ》・兼隆。〉。

十二日、己未。

午の後剋、大雨であった。一、二剋を経て、止んだ。また、小雷があった。右近将曹仲重が云ったことには、「明日、左府に召しが有ります。騎射に三以上の手の者です。左近衛府も、またまた同じです」と云うことだ。

十三日、庚申。　**平惟仲雑色長を追捕**

故帥《そち》納言《なごん》(平惟仲《これなか》)が、壱岐《いき》島の荒馬《あらうま》を取らせたと称して、高田牧《たかだのまき》の牧子《ぼくし》十三人を追放した。牧司《ぼくし》は、堪え難いということを述べた。重ねてあの雑色長《ぞうしきのおさ》宇自可春利《うじかのはるとし》を差し遣わして、壱岐島に追放させた際、牧司は、春利の為に内財・雑物・馬および年貢《ねんぐ》絹十四疋を捜し取られたということを、国郡の証《しょう》判《はん》を請うて、先日、言上《ごんじょう》してきた。「そうしている間に、帥が薨じた。その後、この使春利が参上した」と云うことだ。尋ね探させていたところ、居場所がわからない。或いは云ったことには、「近江《おうみ》国に下向した」と云うことだ。国符《こくふ》を取り、健児《こんでい》に持たせて、家の下人一、二人を加えて、去る十日に下し遣わした。今朝、捕縛して連れて来た。厩《うまや》に下された。過状《かじよう》および日記を進上させた。雑物の弁明文を申上した。

十四日、辛酉。　騎射／庚申作文会／恪勤の上達部

早朝、(藤原)資平《すけひら》が左府から来て、云ったことには、「昨日、馬場に出ました。左右近衛府の騎射が各々三人。また三人の兵衛府《ひょうえふ》の者がいました。次いで厩の馬を馳せさせました。次いで八的を射させました。更に堂に帰りました。殿上人に出す物を弁備《べんび》させました。作文《さくもん》が行なわれました。私(資平)は、四位少将《しいしようしよう》(藤原頼通《よりみち》)の曹局《そうきよく》に宿します。事情を知りません。作文は、未だ終わっていません」と云うことだ。定め事が無いようなものである。何事であろうか。ただ人の費《つい》えを取るだけである。「請僧および上達部・殿上人・諸大夫《しよたいふ》の饗宴は、近江守《おうみのかみ》(藤原知章《ともあきら》)が奉仕しました」と云うことだ。「右衛門督《えもんのかみ》(斉信)以下の恪勤《かくご》の上達部が伺候しました」と云うことだ。七、八人の上達部を、世は「恪勤の上達部」と称する。朝夕、左府の勤めを致すのか。

十五日、壬戌。　道長邸法華三十講五巻日

資平が左府から還って来て、云ったことには、「今日は三十講の五巻日《ごかんのひ》です」と云うことだ。参会した上達部以下の殿上人や地下人が、捧物《ほうもち》を行なった。雨によって、堂上《どうじよう》を廻った。主人も捧物を行なった。外帥《がいそち》(藤原伊周《これちか》)および中納言(隆家)以下が会合した。「皆、すべて捧物して廻りました」と云うことだ。

十六日、癸亥。　亡室遠忌

亡室の遠忌である。諷誦を仏性院《ぶつしょういん》で修した。

十七日、甲子。　法性寺御願堂造営料不足／忠平一門納言以上の国俸料を充当

法性寺座主僧都《ほっしょうじざす》(院源《いんげん》)が来て、云ったことには、「雨脚が止まない。河の水が盈溢《えいいつ》している。明日はこれを如何いたそう。夜の間に試して、状況に随うこととする。法性寺が、先の朱雀院《すざく》の御堂《みどう》を、未だ造営し終わっていない。これはつまり根本の御願《ごがん》である。造営料が無いということを左府に申して、爵を奏し下されたのだが、不足はやはり多い。そこで貞信公《ていしんこう》(藤原忠平《ただひら》)一門の納言以上の一国の俸料《ほうりょう》を加えられるという定があった。縁海《えんかい》の国の御俸料の官符《かんぷ》、もしくは美濃《みの》国の官符を寄せて給われないだろうか」ということだ。定に従うということを答えた。

十八日、乙丑。　洪水により東北院に詣でず／新写経・諷誦文を奉献

午剋の頃、雨が止んだ。ところが時々、雨であった。「河の水は減らない」と云うことだ。法性寺座主が書状を送って云ったことには、「今日、東北院《とうほくいん》の法事は如何いたそう。河の水は極めて深い。渡ることはできない」ということだ。そこで騎馬の者に水を実検《じっけん》させた。すぐに還って来て、云ったことには、「浅い所を探せば、渡れます。水は鞍爪《くらづめ》に達します。車については、渡ることはできません」ということだ。この頃、法性寺座主僧都が来て、同じくこの趣旨を述べた。そこで参詣することができないということで、新写の経と諷誦文《ふじゆもん》を東北院に奉献《ほうけん》した。座主の弟子に、騎馬で副わせた。「諷誦の布については、湿損の恐れによって、持って渡ることはできない」ということだ。斎食《さいじき》の私の膳は、特にまた、飯と気味《きみ》の物を調備した。これは十二合《ごう》の他である。そこで十二合を食さなかった。衝重《ついがさね》の物は、打敷《うちしき》を加えて、慶円《きょうえん》僧都の御房に送った。増暹《ぞうせん》は読経をしていた。そこで斎食させた。

十九日、丙寅。　敦康親王病悩／祈年穀奉幣使定

午剋の頃から雨が降り、雷雨であった。内裏に参った。右大臣、中納言斉信・俊賢・隆家、参議有国・懐平・(藤原)忠輔《ただすけ》・行成〈「一宮《いちのみや》(敦康《あつやす》親王)に伺候していた。病悩されていたことによる」と云うことだ。陣座《じんのざ》に伺候しなかった。〉。右大臣以下は、東宮御読経に参った。行香が終わって、退出した。右大臣は、陣座に復した。祈年穀御《きねんこくご》幣使《へいし》を定め申した。

二十日、丁卯。　冷泉院病悩

黄昏に、左府及び諸卿の車が、多く門前を通り過ぎた。事情を聞くと、「冷泉《れいぜい》院が重く病悩されている。そこで参入される」と云うことだ。

二十三日、庚午。　高遠室と同行の船、漂没

「大弐の内房《ないぼう》の類船《るいせん》は、河尻《かわじり》を去ること幾《いくば》くもなく、多く漂損《ひょうそん》した。人は多く溺死《できし》した」と云うことだ。これは雑色長清光《きよみつ》の説である。午の終剋の頃、暴雨と大雷があった。特に三箇度、極めて猛々しかった。幾くもなく、雷雨は共に止んだ。内裏に参った。陣の壁の後ろを徘徊《はいかい》した。雨が漏れて、仗《じょう》座《のざ》は泥のようであった。そこで陣座に着さなかった。この頃、左兵衛督《さひょうえのかみ》(懐平)が参入した。連れだって殿上間に参上した。右大臣が参入した。続いて尹中納言《いんちゅうなごん》（時光）が参入した。右大臣が云ったことには、「御前に伺候したところ、おっしゃって云ったことには、『近衛次将《このえのじしょう》が参っていない』と。そこで早く参入するよう、再三、おっしゃられた」ということだ。頭中将が勅命《ちょくめい》を伝えて云ったことには、「陣官《じんかん》が伺候していない。召し問うように」ということだ。そこで頭中将に命じた。右大臣・私・尹中納言が陣座に着した。丞相《じょうしょう》（顕光）は外記《げき》を召し、御幣使について問うた。私は座を起って、蔵人隆光に宣旨四枚を下した。すぐに退出した。「一宮は重く病悩されているらしい」と云うことだ。権《ごん》中納言《ちゅうなごん》（隆家）も、同じくこのことを伝え送った。今日、二、三箇所に霹靂《へきれき》した。「大炊寮《おおいりょう》と大監物《だいけんもつ》（永《なが》道《みちの》）輔範《すけのり》の宅。源中納言《げんちゅうなごん》（俊賢）の家〈築垣《ついがき》を隔てず、我が家と一処のようであった。〉と（大江）以言朝臣《もちとき》の宅」と云うことだ。

二十四日、辛未。　道長邸法華三十講竪義

左府に参った。右大臣・内大臣（藤原公季《きんすえ》）、大納言《だいなごん》（藤原）道綱《みちつな》・（藤原）懐忠《かねただ》、中納言斉信・時光・俊賢、参議有国・懐平・忠輔・正光、三位二人〈親信・兼隆。〉が、堂前《どうぜん》の座に着した。竪義《りゅうぎ》者は二人〈天台《てんだい》（延《えん》暦寺《りゃくじ》）の教円《きょうえん》と興福寺《こうふくじ》の経救《きょうきゅう》。〉、探題《たんだい》は少僧都覚運《しょうそうずかくうん》と律師澄心《ちょうしん》、問者《もんじゃ》は各五人。天台宗《てんだいしゅう》が先ず経救に問うた。三は得、一は不、一は未判《みはん》。法相宗《ほっそうしゅう》が教円に問うた。四は得、一は未判。秉燭《へいしょく》の頃に臨んで、儀が終わった。右大臣が諷誦を修した。絹三十疋。内大臣は二十疋。饗膳《きょうぜん》と盃酒《はいしゅ》の頃、深夜、すでに闌《たけなわ》であった。主人（道長）は念珠《ねんじゅ》二連《れん》を持って、各々、両丞相（顕光・公季）に分け与えた。その詞に云ったことには、「仏を拝みなさるように」ということだ。上達部の装束《しょうぞく》は、或いは宿直装束《とのいしょうぞく》、或いは直衣《のうし》であった。

二十六日、癸酉。　祈年穀奉幣／八省院行幸

今日、八省院行幸《はっしょういんぎょうこう》が行なわれるということを、右近将曹安春《やすはる》が申した。未剋の頃、内裏に参った。左右内三相国《しょうこく》(道長・顕光・公季)、中納言斉信・時光・俊賢、参議有国・懐平・(菅原)輔正《すけまさ》・忠輔・行成・正光、三位中将兼隆が、陣座にいた。右大臣が、宣命《せんみょう》の清書《せいしょ》を召した。陣座の壁の後ろに於いて、内記《ないき》に持たせた。宜陽殿《ぎようでん》の壇と軒廊《こんろう》を経て、御所に進み、奏聞《そうもん》した。陣の北座に復した。先例では、南座《なんざ》に着す。宣命を召し、見終わって内記に返給する。小庭《こにわ》を渡って、御所に進む。ところが、今日はそうではなかった。もしかしたら、左府が南座に着していることによるものか。上臈《じょうろう》が南座にいるとはいっても、事情を申して、やはりその北座に着して、宣命を見るべきものである。今日の儀は、前例と違った。申二剋に、天皇は八省院に行幸を行なった。右大臣は東福《とうふく》門に進んで、伊勢《いせ》の宣命を給わった。しばらくして、天皇の御輿《みこし》は内裏に帰られた。右大臣は仗座に於いて、石清水《いわしみず》の宣命を給わった。石清水使権左中弁《いわしみずしごんのさちゅうべん》(源)道方《みちかた》が、使の欠怠《けったい》によって、事情を奏上して差し遣わしたものである。賀茂使《かもし》は参議輔正〈年齢はすでに八十歳余りである。このような使に選ばれるべきではない。左相《さしょう》(道長)も、同じくこの趣旨を述べた。〉。松尾使《まつのおし》は参議行成、平野使《ひらのし》は参議正光。他は記さない。終わって、酉剋の頃、退出した。

〇六月

三日、己卯。　道長病悩

内裏に参った。内大臣（藤原公季《きんすえ》）、勘解由長官《かげゆのかみ》（藤原有国《ありくに》）・左大弁《さだいべん》（藤原忠輔《ただすけ》）が参入した。しばらく陣《じん》座《のざ》に伺候して、退出した。あれこれが云ったことには、「昨日から左府（藤原道長《みちなが》）に、病悩の様子が有る」と云うことだ。典薬頭《てんやくのかみ》（丹波《たんばの》）重雅朝臣《しげまさあそん》が云ったことには、「左府は昨日から病悩の様子が有る。今、臥して起きられない。飲食も通例ではない」と云うことだ。

六日、壬午。　不動調伏法

辰剋の頃、左府に参った。近江守《おうみのかみ》朝臣（藤原知章《ともあきら》）を介して書状を申し入れた。「病悩されている所は、やはり未だ尋常に復しません」ということだ。卿相《けいしょう》が多く会していた。しばらくして帰った。今日の半夜《はんや》から慶円大僧都《きょうえんだいそうず》を招請して不動調伏法《ふどうちょうぶくほう》を修させた。今年は慎しまなければならないからである。伴僧《ばんそう》は六口《く》。阿闍梨《あじゃり》に浄衣《じょうえ》を贈った。帷子《かたびら》を加えた。苦熱《くねつ》の候であったからである。

七日、癸未。　観音院不動尊供養

朝の間、大雨であった。観音院《かんのんいん》に参り難いであろう。先ず書状を僧正《そうじょう》（勝算《しょうさん》）の許に送った。返事に云ったことには、「雨が降ったので、形ばかりに修することとする」ということだ。この頃、雨が止んだ。講師《こうじ》の膳物を送らせた〈折敷《おしき》十二枚。打敷《うちしき》を加えた。屯食《とんじき》一具・大破子《おおわりご》二荷《か》。〉。午剋の頃、観音院に参った。今日、権僧正《ごんのそうじょう》〈勝算。〉が丈六不動尊《じょうろくふどうそん》像〈絵像。また、脇侍《わきじ》が有った。〉を供養した。御堂《みどう》の前に仮《かり》屋《や》を構えて、装飾を加えた。その前に高座《こうざ》を立てた。東西に幄《あく》、各一宇《う》を立てて〈床が有った。〉、讃衆《さんしゅ》の座とした。卿相・殿上人《てんじょうびと》・諸大夫《しょたいふ》の座は、中門の東腋《ひがしわき》にあった。音楽の声を発する頃、講師前大《さきのだい》僧正《そうじょう》(観修《かんしゅう》)が、中門から入った〈白蓋《びゃっかい》を指した。〉。讃衆二十人〈皆、阿闍梨であった。慈覚《じかく》(円仁《えんにん》)・智証《ちしょう》(円《えん》珍《ちん》)大師《だいし》の門徒《もんと》が交っていた。〉が、講師の前に立って行道《ぎょうどう》を行なった。三匝《めぐり》が終わって、各々、座に着した。その事は、真言供養《しんごんくよう》を用いた。十弟子に執物《とりもの》が有った。この中に香象《こうぞう》が有った。供花《くげ》の童《わらわ》がいた。供花が終わって、鳥舞《とりまい》を行なった。被物《かずけもの》が有った。法師は、これを執って被《かず》けた。次いで講師の十弟子僧〈東方。〉が、衣を脱いで舞童《まいのわらわ》に被けた。次いで胡蝶舞《こちょうのまい》があった。同じく被物は、初めのとおりであった。次いで十弟子僧〈西方。〉が、同じく衣を脱いで、これを被けた〈初めは練色《ねりいろ》、今回は鈍色《にびいろ》。〉。講師僧正が、衣を脱いで胡蝶の童に下給させた。高座に坐ったままであるのは、頗る便宜《びんぎ》が無い。但し輿に乗ったのか。この間、小雨であった。讃衆の座を東西廊に移した。しばらくして、雨が止んだ。讃衆は講師の後ろに進んだ。賛唱《さんしょう》の声が終わって、各々、退いて本座に復した。更に礼盤《らいばん》を庭中《ていちゅう》に立てた。御導師《どうし》戒秀《かいしゅう》がこれに着した。誦経《ずきょう》の導師とした〈装束《しょうぞく》二筥《はこ》。また、嚢物《つつみもの》が有った。もしかしたら袈《け》裟《さ》を納めるのか。他は法師の具が有った。香炉《こうろ》・如意《にょい》・三衣《さんえ》・水瓶《すいびょう》のようなものである。詳しくは記すことができない。また、檳榔毛《びんろうげ》の車を引き立てた。左大臣の家が諷誦《ふじゅ》を修した。布百端《たん》である。〉。大和守《やまとのかみ》(藤原)景斉《かげただ》が講師の禄を執った〈桜色の綾の袙《あこめ》と長く白い袴《はかま》。紅に染めるべきか。〉。讃衆の禄は諸大夫が執った。導師の禄は法師が執った。講師は座から下りて退帰した。音楽を発した。講師は、元の道を経ずに西方から堂に昇って、間行《かんこう》した。時の便宜に随ったのか。法師は十弟子の禄を執って、追って被けたのである。この頃、讃衆は座にいた。粉熟《ふずく》を供した。諷誦の物を分け行なった。権僧正が上達部《かんだちめ》の座に来て、私に向かって云ったことには、「雨を冒して訪ねなされた。喜悦《きえつ》を申します。不動尊がお聞きになられたら、現世《げんせ》・後生《ごしょう》、御護りに奉られなさるのです」と云って、独鈷《どっこ》を執って私に授けた〈この独鈷は、蒔絵《まきえ》の置口筥《おきぐちのはこ》に納めた。阿闍梨心誉《しんよ》が、これを持って、僧正の後ろに従った。私の他の卿相は、心誉がこれを取って授けた。独鈷は皆、縹《はなだ》の薄様《うすよう》の色紙《しきし》に包んだ。その紙に記して云ったことには、「常に一処に居り、身を捨離《しゃり》せず。生々世々《しょうじょうせぜ》、三昧耶形《さんまやぎょう》となる」ということだ〉。授け終わって、僧正は退帰した。更に四位少将《しいしょうしょう》（藤原）頼通《よりみち》を中門の下に召して、この独鈷を授けた〈「二つ。左府の分を加えた」と云うことだ〉。その後、各々一曲を舞った〈大唐《だいとう》・高麗楽《こまがく》、童舞《わらわまい》〉。後の舞が未だ終わらない間に、私は座を起って出た。卿相が従った。途中、大雨に遇った。今日、参会した卿相は、中納言《ちゅうなごん》（藤原）斉信《ただのぶ》・（源）俊賢《としかた》・（藤原）隆家《たかいえ》、参議《さんぎ》（藤原）懐平《かねひら》・（藤原）行成《ゆきなり》、三位（平）親信《ちかのぶ》である。

九日、乙酉。　道長回復

夜に入って、観音院僧正（勝算）が訪ねられた。先日の来向の恐悦を謝していた。その言葉は懇切《こんせつ》であった。また、云ったことには、「帯びている職を辞すこととした。観音院司《かんのんいんじ》と山王院《さんのういん》の事である」ということだ。「出仕することができないので、夜に臨んで来たところである」ということだ。「左府の病は平損《へいそん》した。飲食は快くはなかった。病悩の気配が無いわけではない」と云うことだ。

十一日、丁亥。　月次祭・神今食行幸停止

雨であった。右近将曹《うこんのしょうそう》(身人部《むとべの》)仲重《なかしげ》が云ったことには、「権左中弁《ごんのさちゅうべん》(源道方《みちかた》)が云ったことには、『中和院行幸《ちゅうかいんぎょうこう》が行なわれることになっている。中隔《なかへだて》を掃除させるように』ということでした。但し外《げ》記《き》は、未だ行幸が行なわれることを伝えていません」と云うことだ。もし雨脚が止まなかったならば、行幸を行なうことができないであろうか。後に聞いたことには、「雨によって、行幸は行なわれなかった」と云うことだ。

十三日、乙丑。　実資修善結願

今日、修善《しゅぜん》の結願《けちがん》である。僧都《そうず》に被物〈褂《うちき》と一重《かさね》の袴。〉・絹五疋・麻細《あさほそ》十五端・牛一頭〈去る正月、左府が志した牛である。〉、伴僧に米と布である。内裏に参った。右《う》金吾《きんご》(斉信)、左《さ》武衛《ぶえい》(懐平)・左右両大丞《だいじょう》(忠輔・行成)が同じく参った。しばらくして、左武衛と連れだって退出した。内大臣と陽明門《ようめい》の内で逢った。左武衛は左《さ》近衛《このえ》府《ふ》に立ち隠れた。内丞相《ないじょうしょう》(公季)を過ごす為か。

十七日、癸巳。　中宮読経

内裏に参った。次いで中宮《ちゅうぐう》(藤原彰子《あきこ》)の御《み》読経《どきょう》に参った〈飛香舎《ひぎょうしゃ》。〉。右大臣(藤原顕光《あきみつ》)・内大臣、中納言斉信・俊賢・隆家、参議有国・懐平・(菅原)輔正《すけまさ》・忠輔・行成・(藤原)正光《まさみつ》、三位親信・(藤原)兼隆《かねたか》が参入した。行香《ぎょうごう》が終わって、申剋の頃、退出した。「明後日、公卿召《くぎょうめし》が行なわれる」と云うことだ。

十九日、乙未。　小除目／蔵人頭に小舎人禄物・仕人料を送る

「今日、公卿召が行なわれた」と云うことだ。参入しなかった。申剋の頃、一、二人ほどから除目《じもく》を記し送ってきた。権中納言《ごんちゅうなごん》に忠輔、参議に源経房《つねふさ》〈左中将《さちゅうじょう》は元のとおりであった。〉、左大弁に行成〈侍従《じじゅう》は元のとおりであった。〉、左中弁《さちゅうべん》に源道方〈宮内卿《くないきょう》は元のとおりであった。〉、権左中弁に（藤原）朝経《あさつね》、右中弁《うちゅうべん》に（藤原）経通《つねみち》、民部大輔《みんぶのたいふ》に源方理《かたまさ》、内蔵頭《くらのかみ》に（藤原）頼親《よりちか》〈左中将は元のとおりであった。〉、左少将《さしょうしょう》に（藤原）忠経《ただつね》、右兵衛権佐《うひょうえのごんのすけ》に（藤原）頼宗《よりむね》、摂津守《せっつのかみ》に（藤原）方正《かたまさ》、蔵人頭《くろうどのとう》に源頼定《よりさだ》。蔵人頭が伝え送ったことには、「急に小舎人《こどねり》に下給する禄物がありません」ということだ。絹一疋と信濃布《しなののぬの》三端を送った。これは仕人《つかえびと》の分である。旧例では二端である。近例を知らなかったので、あと一端を増して送った。ところが伝え送って云ったことには、「近例は五端です」ということだ。そこでまた、もう二端を送った。また云ったことには、「他の布一端を加え、四端を下給しました。これは旧例です。近代の例に拠っていません」と。但し、後に送った布二端を返し送った。

二十日、丙申。　慶賀の人々来訪

今日と明日は、物忌《ものいみ》である。門を閉じた。但し東門を開いた。宰相中将《さいしょうちゅうじょう》（経房）及び以下の慶賀《けいが》の人々が、門外に来た。慶賀を言い入れた。物忌であったので、遇うことができなかった。書状で、追って中将が来た恐縮を謝した。

二十六日、壬寅。　新任者初参／藤原実成病悩

左頭中将《さとうのちゅうじょう》（頼定）が云ったことには、「明日、文書《もんじょ》を奏上します。また、宣旨《せんじ》を下します。右中弁経通は、明日、初めて結政《かたなし》に着します。また、宣旨を給います」ということだ。未剋の頃、雷鳴があった。但し雨は降らなかった。幾《いくば》くもなく、雷公《らいこう》は声を収めた。そこで随身《ずいじん》を遣わし、障るということを蔵人《くろうど》の許に伝え送った。大外記《だいげき》(滋野《しげのの》)善言《よしとき》朝臣が云ったことには、「今日、宰相中将経房が、初めて参りました。敷政《ふせい》門から出入りしました。その次に権中納言忠輔が参入しました。同じく敷政門を用いました。甚だ奇怪な事です」と。右中弁経通朝臣が云ったことには、「左府は、宰相中将にこの門を出入りすることをおっしゃいました」ということだ。古今、この例はない。「右頭中将《うとうのちゅうじょう》(藤原実《さね》成《なり》)が、一昨日から悩《や》み煩っている」と云うことだ。そこで右近将監《うこんのしょうげん》(三善《みよしの》)興光《おきみつ》を介して、これを問い送った。すぐに内府(公季)の御返事が有った。「煩う所は、はなはだ重い」と云うことだ。「内府は、あの宅に移られた」と云うことだ。

二十七日、癸卯。　陣申文／道長上表

内裏に参った。左兵衛督《さひょうえのかみ》(懐平)が云ったことには、「右大弁《うだいべん》(藤原説孝《ときたか》)は、今日、申文《もうしぶみ》に伺候する」ということだ。そこで事情を問わせた。「その準備が有る」ということだ。申文を史《し》が書杖《ふづえ》に挿んで、陣の腋《わき》を渡った。そこで私は膝突《ひざつき》を置かせた。南座《なんざ》に移り着した。右大弁は参議の座に着した。左兵衛督は、しばらく納言の座に着した。これより先に、源中納言《げんちゅうなごん》(俊賢)が座にいた。大弁《だいべん》が笏《しゃく》を挿んで云ったことには、「申文」ということだ。私は目くばせした。称唯《いしょう》して、陣の腋を顧みた。史(惟宗《これむねの》)博愛《ひろちか》は、書杖を持って小庭《こにわ》に跪《ひざまず》いた。私は目くばせした。称唯して、膝突に着した。私は文書を取っ

た。一々、開いて見終わった〈二枚は伯耆《ほうき》と阿波《あわ》の鉤匙文《からかぎのふみ》。一枚は馬料の文。〉。先ず表の巻紙《まきがみ》を給わった。次いで一々、文書を給わった。史は文書を捧げて覧た。私は一々、判許《はんきょ》した。判ごとに称唯して、元のように表紙《おもてがみ》を巻いた。杖を加えて退出した。新頭中将《しんとうのちゅうじょう》頼定が膝突に着した。宣旨を下給した〈「斎《さい》宮《ぐう》が申請した、斎宮の九月の御装束料《しょうぞくりょう》の絹五疋。近江国《おうみ》」と云うことだ。〉。右中弁経通〈新弁《しんべん》。〉を召して、下給したのである。私は北座に復した。尹中納言《いんちゅうなごん》(藤原時光《ときみつ》)、左大弁・宰相中将が参入した。私はしばらくして退出した。諸卿が従った。「左府が上表《じょうひょう》を行なった」と云うことだ。

二十八日、甲辰。　法興院八講／左衛門府濫行

この日、法興院《ほこいん》の御八講始《みはっこうはじめ》が行なわれた。私は慎しむところが有ったので、参入しなかった。興光を遣わして、重ねて右頭中将の病を見舞った。

阿闍梨深清《じんせい》が来て、云ったことには、「昨日、仁和寺《にんなじ》別当《べっとう》に任じられた。そこで来たものである」ということだ。その次いでに雑事を談った。「昨日、左衛門府《さえもんふ》で六月祓《みなつきのはらえ》の際に、番長《ばんちょう》二人が左衛門権《さえもんのごんの》佐《すけ》(令宗《よしむねの》)允亮《ただすけ》朝臣に無礼《ぶれい》を致した。そこで非違《ひい》を糺弾《きゅうだん》した」と云うことだ。

二十九日、乙巳。　左衛門府六月祓の濫行／忠経・頼宗、新任饗

允亮朝臣が来て、談って云ったことには、「一昨日、左衛門府に於いて、通例によって六月祓を行ないました。番長と案主《あんじゅ》を尉《じょう》以下の手《て》長《なが》の役に従わせることになっていました。ところが佐《すけ》の行酒《ぎょうしゅ》および手長を、府掌《ふしょう》に役させました。吉上《きちじょう》を志《さかん》以下の行酒としました。先例では、そうであってはならないのです。そこで非例《ひれい》であることを再三、仰せ下しました。ところが番長高橋正連《まさつら》と番長真髪部忠《まかみべのただ》満《みつ》は、承服しませんでした。放言《ほうごん》のような事が有りました。志以下の汁物《しるもの》を未だ据えずに、すでに数剋に及びました。そこで私（允亮）は座を起って、検非違使《けびいし》の官人を招集しました。右衛門府《えもんふ》の官人は、そうすべき事が有って、庁の方に参会しました。そこで饗の座に招き預かりました。引き連れて会合しました。すぐに正連と忠満を召し出しました。美服《びふく》〈細布《さいふ》か。〉を着していたので、衣を破って決罪しました〈縄を付けて決笞《けっち》したのです。〉。終わって更に本座に復し、饗宴を終えました」ということだ。「この事は朝廷に訴えるべきです」と云うことだ。「そうであるとはいっても、何事が有るでしょうか」ということだ。

「左近衛府の官人以下と右兵衛府《うひょうえふ》の官人以下が、左府に於いて饗禄《きょうろく》を下給された」と云うことだ。左少将忠経と右兵衛権佐頼宗朝臣の新任饗《しんにんきょう》である。

三十日、丙午。　美濃俸料官符を法性寺礼堂造作料に送る／法華経供養／六月解除

美濃《みの》俸料《ほうりょう》の官符《かんぷ》を、法性寺座主《ほっしょうじざす》院源《いんげん》僧都の許に送った。法性寺の御願堂《ごがんどう》である礼堂《らいどう》の造作料《ぞうさくりょう》である〈先の朱雀《すざく》院。〉。左府の御決定である。つまりこれは、あの僧都が先日、来て伝えたところである。「貞信公《ていしんこう》（藤原忠平《ただひら》）一門の納言以上の国司《こくし》の俸料《ほうりょう》を、あの造作料に宛てるように」ということだ。そこで施入したものである。

法華経《ほけきょう》を供養した。化城喩品《けじょうゆほん》を講じ奉った〈講師《こうじ》は増暹《ぞうせん》。〉。解除《げじょ》は通常のようであった。

○七月

十日、丙辰。　学生試／大宰大弐府庁に着す

「今日、学生《がくしょう》を射場《いば》に召し、御題を給わって試《こころみ》が行なわれた」と云うことだ。「皆、これは御書所《ごしょどころ》に伺候するという希望が有る者たちである」と云うことだ〈先例では、聞いたことのない事である。学問料《がくもんりょう》を申請する者では、この例が有った。〉。左頭《さとう》（源頼定《よりさだ》）が、この詳細を問い送った。概略を対答した。また、内裏から伝え送って云ったことには、「学生は月華門《げっかもん》から参入し、弓場殿《ゆばどの》に伺候した〈西面して北を上座《じょうざ》とした。〉。すぐに御題を給わった。『秋叢《しゅうそう》の露を珮《はい》とする』と〈含を韻《いん》とした。七言八韻。〉。文台《ぶんだい》を廊中に立てた〈文台の上に筥《はこ》を置いた。〉。検試《けんし》の近衛次将《このえのじしょう》は、壁の下の座にいた。秉燭《へいしょく》以前に献上しなければならない」ということだ。晩方、伝え送って云ったことには、「学生九人が試し奉った。申剋に詩を献じ終わった。そこで御前に於いて評定《ひょうじょう》を行なった。左大臣（藤原道長《みちなが》）、右衛門督《えもんのかみ》（藤原斉信《ただのぶ》）・源中《げんちゅう》納言《なごん》（俊賢《としかた》）・新中納言《しんちゅうなごん》（藤原忠輔《ただすけ》）、左大弁朝臣《さだいべんあそん》（藤原行成《ゆきなり》）、（藤原）広業《ひろなり》が、召しによって御前に伺候した。大中臣奉親《おおなかとみのともちか》・藤原公政《きんまさ》・藤原雅任《まさとう》・中原長国《ながくに》に、御書所に伺候せよとの宣を下した。秉燭の頃、本来ならば来談しなければならない。今日の事は、題を下給して学生に授けた。一条《いちじょう》天皇の御筆であったので、返し取って奉らなければならない。ところが思失《ししつ》して奉らなかった。明日、探し取って献上するように」ということだ。また云ったことには、「明日、右大将《うだいしょう》（実資）が献上するように」ということだ。また云ったことには、「明日、右大将は参入するように」ということだ。相撲《すまい》の召仰《めしおおせ》を

命じることになっている。音楽が行なわれるはずである。そこで加えて宣下せよとの仰せ事が有った。また、「大将と出居《でい》が早く参ったならば、早く御出《ぎょしゅつ》することになる」ということだ。明日、参入するということを答えた。

大宰大弐《だざいのだいに》（藤原高遠《たかとお》）の去月十六日の書状が、今日、到来した。云ったことには、「六月十四日の巳剋に水城《みずき》に着いた。印鎰《いんやく》を請け取った。午剋に府庁《ふちょう》の宿所《しゅくしょ》に着した。先ず任符《にんぷ》を奉行させた後、庁座《ちょうざ》に着した。神宝行事《じんぼうぎょうじ》の官人を定め、また諸司の鎰《かぎ》を請け取った」と。他の事は、詳しく記すことができない。

十七日、癸亥。　相撲内取雑事／大安寺別当定／音地震

大外記《だいげき》（滋野《しげのの》）善言《よしとき》朝臣が来て、云ったことには、「左府（道長）の書状に云ったことには、『今日、定め申さなければならない事が有る。必ず参入するように。たとえ病悩が有るとはいっても、我慢して必ず参入するように』ということです」と。左頭中将《さとうのちゅうじょう》（頼定）が、病の間に頻りに見舞ったことを謝した。また、云ったことには、「今日、相撲の内取《うちとり》を始めるに際して、いささか雑事を伝えることが有ります」と。右近府生《うこんのふしょう》（多《おおの》）武吉《たけよし》が、相撲および楽所《がくしょ》の定文《さだめぶみ》を持って来た。中将（藤原）実成《さねなり》と少将《しょうしょう》（源）済政《なりまさ》が定めて云ったことには、「相撲の御装束《しょうぞく》について、先日、定がございました。装束使《しょうぞくし》に伝えるということを外記《げき》に命じました。『ところが左中弁《さちゅうべん》（源道方《みちかた》）が転正《てんせい》した後、未だ装束宣旨《しょうぞくせんじ》を奉っておりません』と云うことです。そこで今日、左少弁《さしょうべん》（藤原）輔尹《すけただ》朝臣に命じました」と。

内裏に参った。左大臣・内大臣(藤原公季《きんすえ》)、大納言《だいなごん》二人〈道(藤原道綱《みちつな》)・懐(藤原懐忠《かねただ》)。〉、中納言《ちゅうなごん》四人〈斉(斉信)・時(藤原時光《ときみつ》)・俊(俊賢)・隆(藤原隆家《たかいえ》)。〉、参議《さんぎ》四人〈懐(藤原懐平《かねひら》)・成(行成)・正(藤原正光《まさみつ》)・経(源経房《つねふさ》)。〉が、大安寺《だいあんじ》別当《べっとう》を定め申した。諸卿は三人〈法橋扶公《ほっきょうふこう》・大威儀師《だいいぎし》延源《えんげん》・定湛《じょうたん》。〉を定め上げた。天皇がおっしゃって云ったことには、「扶公は元興寺《がんごうじ》別当《べっとう》であるが、大安寺を兼任する事は如何であろう。七大寺《しちだいじ》で兼任の例は有るのか、如何か」と。諸卿が申して云ったことには、「諸国の吏の先例によって兼任されることは、何事が有るでしょうか。誠に寺司《てらづかさ》を兼任する先例は無いとはいっても、掌るところは受領《ずりょう》と異ならないものです。元興寺を修治《しゅうじ》したことは、頗る傍輩《ほうばい》に勝っています。そこで□兼任すべきです」ということだ。天皇がおっしゃって云ったことには、「申請によるように」と。左府が云ったことには、「別当上卿《しょうけい》〈道綱。〉に伝えるべきであろうか」ということだ。私が答えて云ったことには、「そうであってはなりません。ただ仰せ下されるのが宜しいでしょう」と。そこで右少弁《うしょうべん》広業に伝えられた。私は申剋の頃、退出した。今日、陣座《じんのざ》に伺候していた頃、空が鳴ったことは二声で、地震があった。謂うところの音地震《おとじしん》であろうか。

右頭中将《うとうのちゅうじょう》(実成)が陣の腋《わき》に来た。内取を始める事を談った。左頭中将が陣の腋に於いて云ったことには、「相撲の音楽の時は、楽曲は先例にありますか。それとも替わりますか。事情を□よう、仰せ事が有りました」ということだ。大略を奏聞《そうもん》させておいた。

二十一日、丁卯。　興福寺維摩会講師請書／伊周着陣、勅授帯剣／公任上表、一階を叙す

外記史生《ししょう》が維摩会《ゆいまえ》講師《こうじ》の請書《しょうしょ》を持って来た〈蓮聖《れんしょう》、法相宗《ほっそうしゅう》。本寺。去る九日、請書が有った。〉。加署《かしょ》して返給した。左金吾《さきんご》（藤原公任《きんとう》）が辞表《じひょう》の草案《そうあん》を送られた。すぐに見終わって、返送したのである。伝え聞いたことには、「外帥《がいそち》（藤原伊周《これちか》）が初めて陣座に着した。特に勅授帯剣《ちょくじゅたいけん》を給わった」と云うことだ。世に云ったことには、「陣座に参ることは、そうであってはならない。面目が無いようなものである」と云うことだ。左頭が内裏から伝え送って云ったことには、「今日、左衛門督《さえもんのかみ》（公任）が上表《じょうひょう》を行ないました。すぐに返給されました。次いで従二位に叙されました。この上表の使は右中弁《うちゅうべん》（藤原経通《つねみち》です」と云うことだ。悦びながら事情を伝えた。次いで（藤原）資平《すけひら》を遣わし奉った。帰って来て、云ったことには、「勅使《ちょくし》経通に纏頭《てんとう》を行ないました」と云うことだ〈女装束《おんなしょうぞく》。〉。この纏頭については、今朝、思慮した。二度、申し達し、禄を下賜するということを□。表を返給した勅命《ちょくめい》に云ったことには、「思うところがあって進上した辞表か。特に一階を叙す。元のように出仕するように」ということだ。これは資平が帰って来て、伝えたものである。この慶賀《けいが》は希代の事である。先日の恥を雪《すす》ぎ、かえって光華《こうか》を増した。下襲《したがさね》・表袴《うえのはかま》・平緒《ひらお》を奉った。あの書状による。夜に入って、権中納言《ごんちゅうなごん》（隆家）が来た。左衛門督の加階《かかい》について賞嘆した。

二十九日、乙亥。　**諷誦／楽人兼任近衛奏／相撲抜出／藤原顕信昇殿**

諷誦《ふじゅ》を祇園社《ぎおんしゃ》で修した。楽人《がくにん》兼任近衛奏《このえのそう》を右近将曹身人部保春《うこんのしょうそうむひとべのやすはる》が持って来た。加署して返給した。何年来、この兼任奏《けんにんそう》を奏上しなかった。前例を調べて作成させたものである。

左金吾が伝え送って云ったことには、「昨日の相撲の召合《めしあわせ》は、右方が多く勝った。ところが謀られて、引き分けとなった」と云うことだ。内裏に参った〈巳四剋。〉。諸卿は未だ参らなかった。「左大臣は昨日から直廬《じきろ》に伺候した」と云うことだ。午剋の頃、左大臣以下が陣座に着した。左大臣・右大臣（藤原顕光《あきみつ》）・内大臣・帥《そち》（伊周）及び諸卿が参った。東宮（居貞《おきさだ》親王）がすぐに綾綺殿《りょうきでん》を経て参上された。諸卿は御供に供奉《ぐぶ》した。宮司《みやづかさ》は、ただ春宮権大夫《とうぐうごんのだいぶ》（懐平）が前行したが、他は供奉しなかった。宮司・蔵人《くろうど》各一人・帯刀《たちはき》〈六人。〉が、右近陣《うこんのじん》に伺候した。式に見える。これより先に、主上《しゅじょう》（一条天皇）が紫《し》宸殿《しんでん》に出御《しゅつぎょ》した。「今朝、中宮《ちゅうぐう》（藤原彰子《あきこ》）が紫宸殿に渡御《とぎょ》した。見物の為である」と云うことだ。左大臣が壁の後ろに於いて云ったことには、「今日の抜出《ぬきいで》は何番か」と。私が答えて云ったことには、「楽が有る年は、二番を過ごしません」と。また、問うて云ったことには、「簾下《れんか》に伺候する上卿は、もし楽が終わったら座に復すのか、如何か。確かに覚えていない」ということだ。私が答えて云ったことには、「追相撲《おいずまい》が終わって、座に復すものです」と。左大臣は簾中《れんちゅう》に伺候された。もしかしたら仰せによるものか。左頭中将が云ったことには、「皇太子の座について、問われたことが有りました。先日、伝えた趣旨を奏聞しました。天皇がおっしゃって云ったことには、『そうあるべき事である』と。但し左大臣が云ったことには、『御座の東辺りに敷くべきものであろうか。中宮の御在所《ございしょ》が近いからである』ということでした」と。先例では、御座の西間の先に鋪くのである。内侍《ないし》が檻《かん》に臨んだ。内大臣が先ず参上した〈大将を兼ねているからである。〉。次いで右大臣と帥、次席の人が次々に参って、

□座に着した。内侍が右大臣に目くばせした。大臣は簾下に伺候した。殿上《てんじょう》の出居の亜将《あしょう》は参らなかった。□奇怪である。今日、遂に参上しなかった。左右の相撲屋〈左は□□、右は□□。〉は、幕を褰《かか》げて出居の円座《わろうだ》を置いた。未だ見たことのない事である。この事には両説が有る。一説に云ったことには、「相撲長《すまいのおさ》が円座を執って幕の前に置く」と。又の説に云ったことには、「幕から指し出す」ということだ。ところが今日の事は、甚だ前例に違っている。左右の出居の少将が座に着した。次いで左方の相撲人《すまいびと》が列に出た。御前に北面して立った。大臣が宣したことには、「南に向け」と。次いで西。また、云ったことには、「罷り入れ」ということだ。入った。次いで右方は、左方と同じであった。但し西を東と替えた。次いで大臣が云ったことには、「(宗丘《むねおかの》)数木《かずき》、進《たてまつ》れ」と。次いで云ったことには、「(真上《まかみの》)勝岡《かつおか》、進れ」と〈勝岡は右方の腋である。〉。勝岡は、二度、障りを申したが、免じられなかった。そこで拏攫《だかく》した。幾《いく》ばくもなく、数木は負けてしまった。次いで左方は伴衆則《とものもろのり》、右方は(中臣)為《ため》男《お》。為男が勝った。次いで追相撲である。官人を介して仰せ遣わされたのである。追相撲は、五人が取った。終わって散楽《さんがく》があった。相撲が未だ終わらない間に、左右の乱声《らんじょう》を互いに奏した。先例では、取り終わって乱声を発するのである。左方は、蘇合香《そこう》・散手《さんじゅ》・青海波《せいがいは》・還城楽《げんじょうらく》・猿楽《さるがく》。右方は、古鳥《ことり》蘇《そ》・貴徳《きとく》・狛桙《こまぼこ》〈この頃、燭を秉《しょくと》った。〉・大桔桿《だいきかん》。大臣以下に禄を下給した。近衛亜将《このえのあしょう》が執って下給した。母屋《もや》の御簾《みす》の中から出入した。右大臣は簾中に伺候した。事情を知らなかった。日没に入る頃、御簾を巻いた際〈左大臣が巻いた。〉、諸卿に禄を下給した。進んで桜樹の下に出て、拝舞《はいぶ》した〈北を上座として西面した〉。退出した。今日、参入した卿相《けいしょう》は、左大臣・右大臣・内大臣、中納言斉信・公任・俊賢・隆家、参議懐平・（菅原）輔正《すけまさ》・行成・正光・経房である。帥〈私の上に列した。伝え聞いたことには、「春宮大夫《とうぐうだいぶ》（道綱）は、帥の下に列さなければならないので、参入しなかった」と云うことだ。極めて理由の無い事である。〉。後に聞いたことには、「昨日と今日、大宰帥親王《だざいのそちしんのう》（敦道《あつみち》親王）が参入した。御簾の中に伺候した」と云うことだ。右大臣は、楽が終わったら本座に復さなければならない。ところが復さずに、終始、簾下にいた。失儀《しつぎ》である。抜出が終わって、穀倉院《こくそういん》の□を下賜した。舞う頃、卿相に瓜を下給した。近衛次将は、母屋の御簾の内から出た。左衛門佐《さえもんのすけ》と左兵衛佐《さひょうえのすけ》が、交じって益送《やくそう》した。近衛次将の数が少ないことによるものか。左頭中将が献盃《けんぱい》を行なった。その後、一、二度、巡行《じゅんこう》した。亜将は互いに勧盃《けんぱい》を行なった。今日、瓜が有ったが氷が無かった。前例では、共に下給するものである。或る記に云ったことには、「次将は簾下に就いて衝重《ついがさね》を執る」と云うことだ。「この事は両説が有る」と云うことだ。散手を舞った際、張莚《はりむしろ》の綱を解いた。

「今日、青海波の装束は、例年のようではなかった」と云うことだ。前例では、襲装束《かさねしょうぞく》を着す。ところが青色を着した。また、垣代《かきしろ》。或いは通例の装束、或いは褐衣《かちえ》。左右近衛将監《このえのしょうげん》以下、近衛《このえ》である。或いは云ったことには、「襲装束を着した」と云うことだ。但し青海波の舞人《まいびと》は、天暦《てんりゃく》三年、青色を着した。もしかしたら、その例か。そもそも、両説あるのか。肩脱ぎをする。ところが今日は、そうではなかった。如何なものか。調べなければならない事である。後に聞いたことには、「左の最手《ほて》以下は、連れだって右方の幕に来て見物した」と。未だ聞いたことのない事である。左衛門督公任卿は、巳剋に内裏に参った。朝恩《ちょうおん》に報い□。「昨日、侍従《じじゅう》(藤原)顕信《あきのぶ》が昇殿《しょうでん》を聴《ゆる》された」と云うことだ。□□侍従経房を宜陽殿《ぎようでん》に召した。

○八月

三日、己卯。　釈奠内論義

(藤原)資平《すけひら》が内裏から出て、云ったことには、「昨日、一条《いちじょう》天皇は内論義《ないろんぎ》を聞かれました。左大臣(藤原道長《みちなが》)が簾中《れんちゅう》に伺候しました」ということだ。特に聞いたことのない事である。調べるべきである。右大臣(藤原顕光《あきみつ》)、大納言《だいなごん》(藤原)道綱《みちつな》、中納言《ちゅうなごん》(藤原)斉信《ただのぶ》・(源)俊賢《としかた》・(藤原)忠輔《ただすけ》、参議《さんぎ》(藤原)懐平《かねひら》・(藤原)行成《ゆきなり》・(藤原)正光《まさみつ》・(源)経房《つねふさ》、散三位《さんさんみ》(藤原)兼隆《かねたか》が参入した。

五日、辛巳。　肥後守殺害／花山院歌合／仁王会定

「肥後守《ひごのかみ》(橘)為愷《ためすえ》朝臣《あそん》が、去月八日未剋に、郎等《ろうどう》小槻良材《おつきのよしき》の為に殺害された。良材は自殺した」と云うことだ。希有の事である。「良材は、為愷の妻の近親である」と云うことだ。この事は、肥後前司《ひごぜんじ》(平)兼忠《かねただ》朝臣の許から後家《ごけ》の許に言い送った。また、大外記《だいげき》(滋野《しげのの》)善言《よしとき》朝臣が云ったことには、「為愷の後家が父主計頭《かずえのかみ》(小槻)忠臣宿禰《ただおみすくね》の所に告げ送りました」ということだ。「為愷の後家は忠臣の女《むすめ》です」と云うことだ。院(花山《かざん》院)が(源)兼業《かねなり》朝臣を介して、おっしゃって云われたことには、「密々に男たちに命じ、和歌を合わせようとしている。『ところが左大臣が伝え聞いて、来て見ることになった』と云うことだ。厭却《えんきゃく》することはできない。この事を言い合わせようと思う。明後日、参入するように」ということだ。「左府(道長)が仁王会《にんのうえ》について定め申した」と云うことだ。

十四日、庚寅。　最勝王経講説

今日は最勝王経講説《さいしょうおうきょうこうぜち》の日である。そこで内裏に参った。左大臣・右大臣・内大臣(藤原公季《きんすえ》)、帥《そち》(藤原)伊周《これちか》、中納言(藤原)公任《きんとう》・俊賢・(藤原)隆家《たかいえ》・忠輔、参議懐平・(菅原)輔正《すけまさ》・行成、散三位兼隆・経房が参入した。申剋に鐘を打った。その儀は、長保《ちょうほう》四年の儀と同じであった。母屋《もや》の御簾《みす》を巻き、御帳《みちょう》の内に御仏を安置した。御帳の南辺にある一間に僧綱《そうごう》の座を敷いた〈東を上座《じょうざ》として北面した。〉。母屋の御障子の辺りの南の壁下に、凡僧《ぼんそう》の座を敷いた。威儀師《いぎし》を座の末に加えた〈講師《こうじ》は十人、聴衆《ちょうじゅ》は十人、参らなかった者は二人。〉。御帳に当たり、母屋廂《もやひさし》に講師の高座《こうざ》を立てた。昼御座《ひのおまし》の間である。高座の中央に礼盤《らいばん》を立てた。又廂《またびさし》に経机《きょうづくえ》と行香机《ぎょうごうづくえ》を立てた。今日、新たに写された御経が有った。長保四年の例では、証義者《しょうぎしゃ》がいた。今回は伺候していなかった。或いは云ったことには、「証者《しょうじゃ》は天《てん》台座主《だいざす》覚慶《かくぎょう》と前大僧正《さきのだいそうじょう》観修《かんしゅう》であった。ところが障りを申して参らなかったのである」と。出居《でい》が坐った。次いで諸卿が参上した。次いで僧侶が参上した。御読経《みどきょう》の儀のようであった。朝講《ちょうこう》の講師は大《だい》僧都《そうず》定証《じょうしょう》と阿闍梨《あじゃり》妙尊《みょうそん》、夕講《ゆうこう》の講師は大僧都厳久《ごんく》と春穏《しゅんおん》であった。朝講が終わって、行香《ぎょうごう》が行なわれた。夕講で左府が出居に参上された後、左大臣以下が御前の座に着した。夕講では出居はいるべきではないのではないか。前例を調べて見なければならない。また、朝夕、皆、堂童子《どうどうじ》がいた。亥剋の頃、講が終わって退出した。左府は大宰府《だざいふ》の解文《げぶみ》を奏上された。この事は、今日、定め申すべきであろうか。「深夜に臨んでいる。明日、定めることとする」ということだ。

後日、前例を調べて見たところ、長保四年の最勝講《さいしょうこう》では、出居について見えるところは無い。同年の御八講《みはっこう》では、毎日、出居が有った。「あの例によった」ということだ。天暦《てんりゃく》九年正月の御八講では、故殿《ことの》(藤原実頼《さねより》)の御記《ぎょき》に、初日の出居について記されている。同日の夕講及び中間、終わった日の出居については、あれこれ無かったことだ。

二十一日、丁酉。　臨時仁王会／宋人安置の可否の議／中宮仁王会

今日、仁王会が行なわれた。行事所《ぎょうじしょ》の廻文《かいぶん》によって、五僧の加供《かぐ》を行なった〈この中に僧綱一口《く》がいた。僧綱に二石、凡僧に一石。〉。東宮(居貞《おきさだ》親王)に参った。御病悩の事情を承った。春宮大進《とうぐうだいじん》(高階《たかしなの》業遠《なりとお》)が云ったことには、「近日、頗る宜しくいらっしゃいます」ということだ。この頃、左金吾《さきんご》(公任)、中納言斉信・俊賢・忠輔、参議懐平・行成・正光・経房が、八省院《はっしょういん》の東廊《ひがしろう》の座にいた。しばらくして、鐘を打った。左金吾が云ったことには、「公卿は紫宸殿《ししんでん》に伺候するように。源中納言《げんちゅうなごん》(俊賢)、大蔵卿《おおくらきょう》(正光)・宰相中将《さいしょうちゅうじょう》(経房)は、参入するように」ということだ。そこで三人は内裏に参った。次いで左大臣以下が座を起って、大極殿《だいごくでん》の座に着した。この頃、権中納言《ごんちゅうなごん》隆家が参入した。大極殿の内に百高座を立てた。講演《こうえん》は前の儀のようであった。但し百僧の内に、法用《ほうよう》を用いた。前々は、別に請用《しょうよう》が有

った。朝講の諸僧が退出した。諸卿がしばらく東廊に佇立《ちょりつ》していた際、左大臣は弁《べん》に命じて鐘を打たせた。大臣以下は座に復した。次いで僧侶が座に着した。法用・行道《ぎょうどう》の儀は、朝講と同じであった。夕講が終わって、諸卿は内裏に参った。日没の頃である。太政官《だいじょうかん》の上官《じょうかん》が前行した。弁・少納言《しょうなごん》・外《げ》記《き》・史《し》は、脩明門《しゅうめいもん》の東辺りに留まり立った〈外記と史は、弁と少納言の後ろに立った。皆、西面して北を上座とした。〉。卿相《けいしょう》は下﨟《げろう》を前とした。最末の参議は、右兵衛陣《うひょうえのじん》の前に留まり立った。次々の人々は、序列どおりに前を経て加わり立った。上首《じょうしゅ》〈北を上座とした。〉の大臣は、卿相の前を歩いて過ぎた。私〈第一。〉に当たり、揖礼《ゆうれい》して内裏に入った〈前例を思うに、陰明《おんめい》門に当たって帰り立ち、すべて卿相に揖礼する。太政官の上官は、一度、答えて揖礼する。ところが今日は、失儀《しつぎ》であった。〉。私は次いで直ちに揖礼して入った。諸卿も同じであった。紫宸殿と御前《ごぜん》の儀が終わって、右大臣が殿上間《てんじょうのま》に伺候した。左大臣以下は陣座《じんのざ》に着した。大宰府が言上《ごんじょう》した宋人《そうじん》（曾令文《それいぶん》）についての議定《ぎじょう》が行なわれることになっていた。ところが仗座《じょうのざ》に饗宴が有った。大臣（道長）は壁の後ろを徘徊《はいかい》した。左《さ》大弁《だいべん》（行成）に命じて、饗宴を撤去させた後、仗座に着した。宋人を安置すべきか否かを定めた。左大臣・右大臣・左兵衛督《さひょうえのかみ》（懐平）が申して云ったことには、「宋人は年紀《ねんき》を定めて来るよう、官符《かんぷ》を下給した。ところがその時期を待たずに、早く来てしまった。もし追却《ついきゃく》されるのならば、早くあの官符によって追却されるべきか。宋人が、もし便風《びんぷう》を待って帰国するということを申すことが有り、随ってまた、裁許《さいきょ》することが有るのならば、追却の名が有っても、自ら一、二年を廻ってしまい、安置と異ならない。もしそれならば、ひとえに安置されるべきではないか」と。この事は、左府が定め申した趣旨である。右大臣が初めに定め申した趣旨と異なっている。定文《さだめぶみ》を書く際に、追って左府の意見と同じくした。怪しむべきである。下官(実資)以下は、「ただ年紀を定め下されたのに、一年を隔てて帰朝してきたことは、そうであってはならない。早く追却すべきである」と定め申した〈左衛門督《さえもんのかみ》(公任)は宮(藤原彰子《あきこ》)の仁王会によって退出したので、この議定に預らなかった。〉。左府の意向を見させると、安置されるようなものである。諸卿は、ただ道理を申した。唐物《からもの》が、内裏が焼亡したので、すべて焼失してしまった。特に必要な物を撰んで交易《こうえき》されるのは、何事が有るであろうか。右大臣以下二、三の卿相が、密かに語ったのである。戌の終剋、諸卿が退出した。

二十四日、庚子。　宋人安置の宣旨

左頭中将《さとうのちゅうじょう》(源頼定《よりさだ》)が来て、談って云ったことには、「宋人を安置されることになったようです」と云うことだ。「天皇の意向を伺って、確かに伝え送ることにします」ということだ。しばらくして、伝え送って云ったことには、「安置するよう、宣旨《せんじ》を下されました」ということだ。

○九月

一日、丙午。　高階明順宅から顕光邸に投石

「丑剋の頃、伊予守《いよのかみ》(高階《たかしな》明順《あきのぶ》)の宅から数千の石を右府(藤原顕光《あきみつ》)に投げ入れた。右府は明順の宅の中を捜検させた。木守《こもり》一人がいた。他に人はいなかった」と云うことだ。明順は任国にいる。「右府は怒った」と云うことだ。或いは云ったことには、「怪異《かいい》か。または理由が有るのであろう」と云うことだ。

九日、甲寅。　重陽平座／重陽作文

内裏に参った〈未一剋。〉。諸卿は参らなかった。しばらく壁の後ろを徘徊《はいかい》した。その頃、諸卿が参入した〈内大臣（藤原公季《きんすえ》）、中納言《ちゅうなごん》（藤原）公任《きんとう》・（源）俊賢《としかた》・（藤原）忠輔《ただすけ》、参議《さんぎ》（藤原）有国《ありくに》・（藤原）行成《ゆきなり》・（源）経房《つねふさ》。〉。内府（公季）が仗座《じょうのざ》に於いて云ったことには、「今日、先ず仰せ事が有って行なうべきか」と。旬政《しゅんせい》の日に仰せ事が有る。九日の平座《ひらざ》については、上卿《しょうけい》が奏請《そうせい》されるものである。すぐに座を起って、壁の後ろに於いて源納言《げんなごん》（俊賢）を招き出した。そして今日の奏請について問うた。座に復した。納言が問うて云ったことには、「上卿は見参簿《げんざんぼ》を奏上するということを奏聞《そうもん》するのか」と。私が答えて云ったことには、「そうではない。上達部《かんだちめ》と侍従《じじゅう》に菊酒《きくしゅ》を下給するということを奏上する」と。納言は覚悟し、高声にこの詞を述べたことは二、三度であった。相府《しょうふ》（公季）に聞かせたようなものである。相府は私に問うた。大略を答えた。相府は外記《げき》を召し、左右府（藤原道長《みちなが》・顕光）が参っているかどうかを問うた。申して云ったことには、「未だ承っておりません」ということだ。勘解由長官《かげゆのかみ》（有国）と宰相《さいしょう》中将《ちゅうじょう》（経房）が云ったことには、「左府は参入しないであろう。晩方、后宮《きさいのみや》（藤原彰子《あきこ》）の方に参られるはずだ」と云うことだ。数剋、待ったけれども、右大臣（顕光）は参らなかった。勘解《かげ》（有国）が云ったことには、「参入されることになった」と云うことだ。そこで待ったものである。ところが時は酉二剋に及んだ。そこで内府は蔵人《くろうど》(藤原)広業朝臣《ひろなりあそん》を介して奏聞させた。その詞に云ったことには、「菊水《きくすい》を給う」ということだ。未だその事情を知らない。「水」の字は、もしかしたら「酒」か。奇怪である。特に菊酒を卿相《けいしょう》と侍従に下給するという詞が無かった。嘲笑《ちょうしょう》に足るものである。左金吾《さきんご》(公任)には、笑う様子が有った。金吾が云ったことには、「未だ宜陽殿《ぎようでん》に着していない。今日は坎日《かんにち》である。この間、左府の直廬《じきろ》にいることになる。左府は参入した」と云うことだ。「もし事を問うことが有るならば、病悩していて宜陽殿に着さないということを内府に洩らすように」と云うことだ。内府が問うと、このことを述べた。「今日、詩作を得意とする卿相は、宿衣《しゅくえ》を着して伺候するように」ということだ。「作文会《さくもんかい》が行なわれる」と云うことだ。「左府、帥《そち》(藤原伊周《これちか》)、左金吾・源納言・新中納言《しんちゅうなごん》(忠輔)、勘解由長官・左大弁《さだいべん》(行成)が、伺候することになった」ということだ。この頃、内府は左大弁に命じ、宜陽殿の座について伝えさせた。座を敷いて饗宴を弁備《べんび》した。私が云ったことには、「飯を据えさせよ」ということだ。諸卿が応じた。内府は左大弁に命じて飯を据えさせた。内豎《ないじゅ》が云ったことには、「粉熟《ふずく》を供した後に、飯を据えます」ということだ。すでに夜に臨む頃に、粉熟を供するということを見たことはない。そこで飯を据えた。内府以下は宜陽殿に移り着した。二献《こん》と三献は、毎度、献盃《けんぱい》を行なった人が欠巡《けつじゅん》を行なった。未だ見たことのない事である。四献は本座に於いて欠巡を行なうものである。三献を巡らせた。私は障りを称して退出した。

○十月

一日、丙子。　旬政／四種の膳・下器を渡す

内裏に参った。諸卿が参入した。未剋に、一条《いちじょう》天皇は紫宸殿《ししんでん》に出御《しゅつぎょ》した。「左大臣（藤原道長《みちなが》）が仗座《じょうのざ》に於いて官奏《かんそう》の上卿《しょうけい》を勤めた。但し史《し》（伴《とも》）季随《すえより》は、意向も無かったのに称唯《いしょう》してこれを進上した。大弁《だいべん》（藤原）行成《ゆきなり》が叱って留めた。しばらくして大臣（道長）が意向を示した。更に称唯して、膝突《ひざつき》に着した」と云うことだ。しばらくして、御鎰奏《みかぎのそう》が行なわれた。次いで内侍《ないし》が檻《かん》に臨んだ。左大臣は靴を着し、宜陽殿《ぎようでん》の壇上を経て、軒廊《こんろう》の西第二間に立った〈第一間に立つべきか。〉。「官奏の儀は、通例のとおりであった」と云うことだ。奏者が還り降りて陣座《じんのざ》に踞《うずくま》っている間、出居《でい》の左中将《さちゅうじょう》（源）頼定朝臣《よりさだあそん》が参上し、堂上《どうじょう》の座に着した。次いで左大臣・右大臣（藤原顕光《あきみつ》）・内大臣（藤原公季《きんすえ》）、大納言《だいなごん》道（藤原道綱《みちつな》）、中納言《ちゅうなごん》斉（藤原斉信《ただのぶ》）・俊（源俊賢《としかた》）・隆（藤原隆家《たかいえ》）・忠（藤原忠輔《ただすけ》）、参議《さんぎ》有（藤原有国《ありくに》）・懐（藤原懐平《かねひら》）・行（行成）・経（源経房《つねふさ》）が参上した。次第の儀は通例のとおりであった。但し末座《すえざ》の四種の膳と下器《かづき》を渡した。諸卿が云ったことには、「これはそうであってはならない事である」と。左府（道長）が云ったことには、「これは一説である」と。下官（実資）が答えて云ったことには、「先ず四種を据えて、下器を渡すのです。これは善い例です」と。相府《しょうふ》（道長）が云ったことには、「式次第を書いた懐紙《かいし》は有るか」と。そこで密々にこれを奉った。大納言以下が転じ見て、返し授けた。事は頗る違濫《いらん》である。二献《こん》の盃は、節会《せちえ》の盞《かわらけ》を用いた。そこで左府が追却《ついきゃく》して、土器《かわらけ》の盞に改めた〈一献では土器を用いた。どう

して更に二献に朱漆《しゅうるし》の盞を用いたのか。〉。第二度は、下器を御前に渡した。階下《かいか》に就いて、下物《おろしもの》を受け、還し渡したことは、元のとおりであった。ところが諸卿が云ったことには、「還し渡した時、南階《みなみのきざはし》の下を用いるべきである。例を失した」ということだ。確かに覚えていない事なので、調べて見なければならない〈一、二の記を見たところ、階下を経るということは記されていない。又々、見るべきである。調べて見ると、階下を経る例は無い。ただ、雨の時に階下を経る。卿相《けいしょう》が言ったことは、そうではないのである。〉。夜に入ったので、庭立奏《にわだちのそう》は無かった。出居の侍従《じじゅう》は参上しなかった。三献の御盃が御手を離れた際、左右が乱声《らんじょう》を行なった〈右方が先ず声を発した。〉。舞曲は三曲であった。左大臣が見参簿《げんざんぼ》を奏上した。仗座に於いて、見参簿と禄の目録を、少納言《しょうなごん》と弁《べん》に給わった。少納言(源)守隆《もりたか》が、南庭《なんてい》に進んで、見《げん》参《ざん》を唱えた。諸卿が序列どおりに座を起った際、守隆は還り入った。甚だ奇怪である。卿相が拝舞《はいぶ》を行なった〈西を上座《じょうざ》として北面した。一列であった。〉。侍従は見えなかった。例を失する事である。亥剋の頃、儀が終わった。今日の番奏《ばんそう》は、右衛門佐《えもんのすけ》が参らなかった。そこで六位が伺候した。但し五位の後ろに列した。これは通例である。

厨別当《くりやべっとう》・少納言・弁が参らなかった。そこで左大臣は、左少弁《さしょうべん》(藤原)輔尹《すけただ》に命じて、御贄《みにえ》を供させた。下器が階下を経る事は、後日、あれこれに伝えた。敢えて云うことは無かった。この事は、中納言俊賢が、特に覚えていたものである。そうであってはならない、そうであってはならない。元のように階前《かいぜん》を渡るものである。

出居の膳に四尺の台盤《だいばん》一脚を立てた。もう一脚を立てなければならない。

十五日、庚寅。　**法花寺物忌／怪異**

今日と明日は、京の法花寺《ほっけじ》に物怪《もっけ》の物忌《ものいみ》がある。ただ東門を開いた。頭中将《とうのちゅうじょう》（頼定）が云ったことには、「一昨日、烏が朝餉間《あさがれいのま》の方に入って、御几帳《きちょう》の上に集まりました。昼御座《ひのおまし》を通って飛び去りました。これは怪異《かいい》です。式部卿宮《しきぶきょうのみや》（為平《ためひら》親王）が云ったことには、『村上《むらかみ》先帝が崩御《ほうぎょ》された頃に臨んで、この怪異が有った』と」ということだ。「左大臣は木幡《こはた》に参った」と云うことだ。「三位《さんみ》の病は増す気配は無かった」と云うことだ。

十九日、甲午。　**道長木幡浄妙寺三昧堂供養／法華三昧／橘為愷殺害**

今日は木幡寺《こはたでら》（浄妙寺《じょうみょうじ》）供養《くよう》の日である。僧の食膳〈高坏《たかつき》十二枚。折敷《おしき》を加えた。□□二具《よろい》。〉および諷誦《ふじゅ》の布〈信濃布《しなののぬの》百端《たん》。〉を、暁方、あの寺に送った。左兵衛督《さひょうえのかみ》（懐平）が早朝に立ち寄った。同車して参入した。馬寮《めりょう》の馬を召して、随身《ずいじん》に騎らせた。また、権随身《かりのずいじん》がいた〈右近将監《うこんのしょうげん》（中臣）嘉武《よしたけ》・右近将曹《うこんのしょうそう》（身《む》人部《ひとべの》）保《やす》春《はる》・右近府生保堪《うこんのふしょうやすとう》。〉。寺に参着した際、額銘を見た。「浄妙寺」と書いてあった。諸卿が会合した〈左大臣・内大臣、帥《そち》（藤原伊周《これちか》）、大納言道・懐（藤原懐忠《かねただ》）、中納言斉（斉信）・公（藤原公任《きんとう》）・俊（俊賢）・隆（隆家）・忠（忠輔）、参議有（有国）・懐（懐平）・行（行成）・正（藤原正光《まさみつ》）・経（経房）、三位二人［（平）親信《ちかのぶ》・（藤原）兼隆《かねたか》。］〉。俗客《ぞくきゃく》の饗宴が終わって、諸卿は堂前《どうぜん》の座に着した。これより先に、鐘を打った。式部省《しきぶしょう》と弾正台《だんじょうだい》が南大門から入った。御斎会《ごさいえ》の儀を用いた。講師《こうじ》は輿に乗った〈講師は前大僧正観修《さきのだいそうじょうかんしゅう》。読師《どくし》は大僧都定澄《だいそうずじょうちょう》。

つまりこれは呪願師《じゅがんし》である。〉。十口《く》僧の他、堂達《どうたつ》二人は凡僧《ぼんそう》を用いた〈已講林懐《いこうりんかい》と阿闍梨《あじゃり》庄命《しょうみょう》である。〉。「特に天台座主《てんだいざす》覚慶《かくぎょう》を証誠《しょうじょう》に加えて招請した」と云うことだ。百僧は、衲衆《のうしゅ》〈僧綱《そうごう》が交っていた。〉・讃《さん》衆《しゅ》・梵音衆《ぼんおんしゅ》・錫杖衆《しゃくじょうしゅ》である。また、定者《じょうじゃ》がいた。但し十一口僧〈証誠が中にいた。〉は、皆、法服《ほうふく》が有った。朝廷は度者《どしゃ》を給わった〈右頭中将《うとうのちゅうじょう》(藤原)実成《さねなり》が、講師の高座《こうざ》の辺りに就いて、これを伝えた。〉。所々の諷誦〈公家《くげ》(一条天皇)・二院(冷泉院《れいぜいいん》・花山院《かざんいん》)・東宮(居貞《おきさだ》親王)・女御《にょうご》たち(藤原義子《よしこ》・藤原元子《もとこ》・藤原尊子《たかこ》)・本家の男女子・大臣以下の一族の男女の人々である。布五千四百端・手作布《たづくりのぬの》百端[花山院。]・絹二十疋[十疋は右大臣、十疋は内大臣の女御(義子)。]。〉。公家の御諷誦及び所々の使者に物を被《かず》けた。戌剋の頃、儀が終わった。春宮大夫《とうぐうだいぶ》(道綱)以下は、禄を執って僧綱以下に被けた。殿上《てんじょう》の侍臣《じしん》と諸大夫《しょだいぶ》も、同じく執った。亥剋の頃、家に帰った。権随身以下に禄を下給した。堂は、ただ普賢《ふげん》一体を造顕《ぞうけん》した。「今夜から三昧《ざんまい》を始めることとする」と云うことだ。「堂僧《どうそう》六口に、皆、法服が有った」と云うことだ。今日、特に法華経《ほけきょう》一部を供養した。これは相府(道長)の自筆である。「これは三昧のための経である」と云うことだ。また、百部の法華経を供養した。この寺の事は、前大僧正観修が知行《ちぎょう》する。また、三綱《さんごう》がいた。左府が堂前に於いてあれこれに伝えられて云ったことには、「この寺については、形のとおりに草創《そうそう》したものである。向後《こうご》は一門の方々が興隆《こうりゅう》されるように。また、この寺の事を知行すべき人は、門徒《もんと》と限らない。ただ世に用いられている人の中で、特に道心《どうしん》の者に知行させるように」ということだ。この事は、再三、あれこれに向かって述べられたのである。「今夜、大宰府《だざいふ》の解文《げぶみ》が来た」ということだ〈故(橘)為愷《ためすえ》朝臣が殺害された事を言上《ごんじょう》した。〉。

二十五日、庚子。　花山院、馬を返給／内裏御読経結願／敦康親王石山詣

花山院から先日、召した馬を返給してきた。特に労飼《ろうし》された。口付《くちつき》の男に疋絹《ひっけん》を下給した。今日、内裏の御読経《みどきょう》の結願《けちがん》である。物忌であったので参入しなかった。すぐに左頭中将《さとうのちゅうじょう》(頼定)の許に伝え送った。「今日、今上《きんじょう》(一条天皇)の男一親王《おとこいちのみこ》(敦康《あつやす》親王)が石山寺《いしやまでら》に参った」と云うことだ。(藤原)資平《すけひら》が参入した。子剋の頃、石山寺から帰って来た。左大臣、大納言道綱、中納言俊賢・隆家、参議行成・正光・経房、三位中将《さんみちゅうじょう》兼隆が、御供に供奉《ぐぶ》した。「殿上の侍臣の狩衣装束《かりぎぬしょうぞく》は、善を尽くし美を尽くした」と云うことだ。

〇十一月

二日、丙午。　内裏刃傷

酉剋の頃、(藤原)資平《すけひら》が内裏から退出して云ったことには、「昨夜、丑剋の頃、後涼殿《こうりょうでん》の馬道《めどう》の板敷《いたじき》の上に於いて、阿闍梨《あじゃり》心誉《しんよ》の童子《どうじ》が下女《しもおんな》を刃傷《にんじょう》しました〈「左近蔵人《さこんのくろうど》の従女《じゅうじょ》で、またこの童《わらわ》の妻」と云うことだ。〉。その所で、二間《ふたま》に血が流れました。犯人を追捕《ついぶ》するよう、検非違使《けびいし》に宣下しました」ということだ。未曾有《みぞう》の事である。驚きながら、夜に入って、馳せ参った。殿上間《てんじょうのま》に伺候した。蔵人《くろうど》(藤原)頼任《よりとう》を介して、女房《にょうぼう》に告げさせた。すぐに仰せ事が有った。しばらくして退出した。

子剋の頃、雷電が特に甚しかった。風雨が交った。近代、未だこのような事はなかった。大怪《だいかい》と称すべきである。

九日、癸丑。　**夢想物忌／親王読書始日記／寮試**

夢の物忌《ものいみ》である。ただ西門を閉じた。(源)永光朝臣《ながみつあそん》が、牛一頭を志してきた。上牛と称すべきである。蔵人頭《くろうどのとう》が来て、云ったことには、「親王の読書始《どくしょはじめ》の日記を記して奉るよう、一条《いちじょう》天皇の綸旨《りんじ》が有りました」ということだ。そこで承平《じょうへい》二年記を奉った〈村上《むらかみ》天皇の御読書始。〉。近江守《おうみのかみ》朝臣(藤原知章《ともあきら》)が子の(藤原)章信《あきのぶ》を随身《ずいじん》し、来て云ったことには、「今日、寮試《りょうし》を受けました」ということだ。

十一日、乙卯。　**不堪佃田申文／内宴停止**

内裏に参った。左大臣(藤原道長《みちなが》)、中納言《ちゅうなごん》(藤原)斉信《ただのぶ》・(藤原)時光《ときみつ》・(源)俊賢《としかた》・(藤原)隆家《たかいえ》、参議《さんぎ》(藤原)有国《ありくに》・(藤原)懐平《かねひら》・(藤原)行成《ゆきなり》・(源)経房《つねふさ》が参入した。左府(道長)が不堪佃田申文《ふかんでんでんもうしぶみ》を□させた。蔵人(藤原)広業《ひろなり》朝臣が綸旨を左府に伝えて云ったことには、「内宴《ないえん》を行なうべきであろうか」と。今年は豊稔《ほうねん》である。ところが天変怪異《かいい》が重なっている。但し重陽節会《ちょうようのせちえ》は、天変によって行なわれなかった。その天変怪異は止まない。やはり先ず攘災《じょうさい》の事を行なわれるのが宜しいのではないか。すぐに奏聞《そうもん》を経た。天皇がおっしゃって云ったことには、「定め申したところは、当然である」ということだ。「六月以後、天変が二十九箇度あった。また、神社・仏寺に多く怪異が有った。定め申したところによって、内宴を停止《ちょうじ》とする。加えてまた、何の攘災の行事《ぎょうじ》を修すべきであろうか。同じく定め申すように」ということだ。そこで定め申して云ったことには、「八省院《はっしょういん》に行幸《ぎょうこう》して如法仁王会《にょほうにんのうえ》を行なわれるように。また、七大寺《しちだいじ》と延暦寺《えんりゃくじ》に仁王経御読経《にんのうきょうみどきょう》を行なわせる。また、軽犯《けいはん》の者を原免《げんめん》するように」と。おっしゃって云ったことには、「申請によるように」と。すぐに左府が綸旨を奉った。但し免者《めんしゃ》については、右衛門督《えもんのかみ》(斉信)が宣旨《せんじ》を奉った。私は御書所《ごしょどころ》に於いて、上総《かずさ》国が申請した大垣《おおがき》を造る料物《りょうもつ》を定め宛てた。源納言《げんなごん》(俊賢)も同じく着した。左中弁《さちゅうべん》(源)道方《みちかた》が執筆《しゅひつ》した。議が終わって、黄昏に退出した。

縮線綾《しゅくせんりょう》の表袴《うえのはかま》のための綾を、□□に給わった。使は御倉小舎人《みくらのこどねり》紀貞光《さだみつ》であった。

十三日、丁巳。　亡母遠忌／敦康親王読書始

今日は遠忌《おんき》である。諷誦《ふじゅ》を道澄寺《どうちょうじ》で修した。阿闍梨済仲《さいちゅう》を招請して斎食《さいじき》させた。私もまた、斎食した。

今日、今上《きんじょう》(一条天皇)の一親王《いちのみこ》(敦康《あつやす》親王)の読書始が行なわれた〈「飛香舎《ひぎょうしゃ》」と云うことだ。〉。遠忌に当たっているので、参入することができなかった。深夜、資平が内裏から退出した。おおよそ、御読書始について談った。早朝、権中納言《ごんちゅうなごん》(隆家)が立ち寄られた。今日の御読書始について問う為である。

十四日、戊午。　敦康親王読書始／伊周朝議に預かる宣旨

昨日の御読書始は飛香舎に於いて行なわれた。密々に主上《しゅじょう》(一条天皇)は、この舎に渡御《とぎょ》した。これは后宮《きさいのみや》(藤原彰子《あきこ》)の御在所《ございしょ》である。母屋《もや》廂《ひさし》で、この儀が行なわれた。又廂《またびさし》に公卿の座を敷いた。侍《じ》読《どく》は式部権大輔《しきぶのごんのたいふ》(大江)匡衡《まさひら》、尚復《しょうふく》は文章得業生《もんじょうとくごうしょう》藤原章輔《あきすけ》。御読書が終わって、文章博士《もんじょうはかせ》(藤原)弘道《ひろみち》が題を献上した。その詞に云ったことには、「冬日に飛香舎に於いて、第一皇子(敦康親王)が初めて『御注孝経《ぎょちゅうこうきょう》』を読むのを聴く」ということだ。序者《じょしゃ》は文章博士(大江)以言《もちとき》。「ただ策家《さくか》を召した」ということだ。その他、詩作を得意とする公卿や侍臣《じしん》が詩を献上した。また、管絃《かんげん》の興が有った。地下《じげ》の文人《ぶんじん》は、東廂《ひがしびさし》の砌《みぎり》に伺候した。大臣以下に禄を下給したことは、差が有った〈大臣に女装束《おんなしょうぞく》、褂《うちき》を加えた。納言に女装束。参議に褂と袴《はかま》。〉。御博士および策家の者に禄を下賜した。また、管絃の者も、同じく禄に預かった。「詩を講じた際、主上は密かに御屛風《びょうぶ》を排した。その御簾《みす》の前に於いて、以言が詩を講じた」と云うことだ。或いは云ったことには、「外帥《がいそち》(藤原伊周《これちか》)が朝議《ちょうぎ》に預かるようにとの宣旨を下した」と云うことだ。

見参《げんざん》した公卿は、左大臣・右大臣(藤原顕光《あきみつ》)・内大臣(藤原公季《きんすえ》)、帥《そち》(伊周)、大納言《だいなごん》(藤原)道綱《みちつな》、中納言斉(斉信)・時(時光)・俊(俊賢)・隆(隆家)・忠(藤原忠輔《ただすけ》)、参議有(有国)・輔(菅原輔正《すけまさ》)・行(行成)・正(藤原正光《まさみつ》)・経(経房)である。三位は二人〈(平)親信《ちかのぶ》・(藤原)兼隆《かねたか》〉。この事は、資平が談ったところである。また、左金吾《さきんご》(藤原公任《きんとう》)が伝え送られたものである。そこで記しただけである。大外記《だいげき》(滋野《しげのの》)善言《よしとき》朝臣が云ったことには、「昨日、夜半の頃、召しによって内裏に参りました。左府がおっしゃって云ったことには、『帥が朝議に参預するよう、宣旨を書き下すように』ということでした。未だ前例のない事です」ということだ。

十五日、己未。　陣定／月蝕／内裏焼亡／神鏡を守護

召使《めしつかい》が、定が行なわれるということを告げた。未剋の頃、内裏に参った。諸卿が参入した〈左右内三府（道長・顕光・公季）、中納言斉信、参議有国・懐平・行成・経房。〉。大宰典代長峯忠義《だざいのてんだいながみねのただよし》の罪状を定めた。諸卿は一同に、明法家《みょうぼうか》の勘状《かんじょう》によって行なわれるよう、申した。また、前相模介《さきのさがみのすけ》（橘）輔政《すけまさ》が申請した事を定めた。戌剋の頃、退出した。この頃、月蝕であった。亥剋に及んで、皆既《かいき》となった。同剋の終剋、末に復した。子剋の頃、随身番長若倭部高範《ばんちょうわかやまとべのたかのり》が、□□□から来て、云ったことには、「内裏が焼亡しています」ということだ。驚きながら馳せ参った。左大臣と帥に、郁芳《いくほう》門の内で逢った。一緒に参入した。この間、火勢は、はなはだ猛々しかった。下人が云ったことには、「主上は神嘉《しんか》殿《でん》におられます」ということだ。そこで参着した。「中宮《ちゅうぐう》（彰子）も、同じくいらっしゃいます」と云うことだ。人々が云ったことには、「火は温明殿《うんめいでん》から発した。神鏡《しんきょう》〈謂うところの賢所《かしこどころ》。〉・大刀《だいと》および契《けい》は、取り出すことができなかった」と云うことだ。

しばらくして、天皇は職御曹司《しきのみぞうし》に御幸《ごこう》した。ところが破壊は特に甚しかった。御所として相応しくない。そこでまた、太政官《だいじょうかん》朝所《あいたんどころ》に御幸した。左大臣が私を招いて云ったことには、「将一人を燃えている所に差し遣わし、賢所を守護《しゅご》させるように」ということだ。私が答えて云ったことには、「転じて更に命じることはできません。ただ左右少将《しょうしょう》を召し仰せられますように」と。相府《しょうふ》（道長）は路で左右少将（藤原重尹《しげただ》・源済政《なりまさ》）を差し遣わされた。また、焼亡した御物《ぎょぶつ》を守護するよう、検非違使に命じ

られた。暁方に臨んで、東宮（居貞《おきさだ》親王）に参った〈桂芳坊《けいほうぼう》におられた。〉。諸卿も同じく参った。卯剋の頃、退出した。

十六日、庚申。　一条天皇、朝所・中和院に移御／甲斐真衣野駒牽／吉田祭停止

内裏〈朝所。〉に参った。左大臣以下が参られた。民部卿《みんぶきょう》（藤原懐忠《かねただ》）と式部大輔《しきぶのたいふ》（輔正）は参らなかった。諸卿は朝所の西廂《にしびさし》に伺候した〈地上に畳を敷いた。〉。おおよそ、行幸の日を（賀茂《かもの》）光栄《みつよし》朝臣に問われた。申して云ったことには、「来月十六日」ということだ。坎日《かんにち》であったので、勘申《かんじん》しなかった。左府が云ったことには、「明日、雑事を定めることとする。諸卿は参入するように」ということだ。左府が云ったことには、「焼亡の□に蔵人三人が伺候している。二人は仰せによって御物を運び出させた。もう一人は御供に供奉《ぐぶ》している。また、中宮に伺候する人が二人いる。主上と后宮は、徒歩で中和院《ちゅうかいん》にいらっしゃった。この間、路に参会した上下の人はいなかった」と云うことだ。極めて悲しい事である。夜に入って、中宮に参った。立ったまま帰った。左府の直廬《じきろ》に参った。卿相《けいしょう》が多く会し、雑事を談じた。相府は、賢所が焼損《しょうそん》した事を深く嘆いた。秉燭《へいしょく》の頃、退出した。
昨日の駒牽《こまひき》は、今日、ただ左右馬寮《めりょう》に分給した。便宜《びんぎ》が無かったので、分け取ったのである。
吉田祭《よしだのまつり》は火事によって停止となった。「穢《え》中の祭は停止しなければならない」と云うことだ。

十七日、辛酉。　大祓／神鏡改鋳の可否を定む／神鏡焼損の状況

内裏に参った。左大臣以下が参会した。右大臣、民部卿、大蔵卿《おおくらきょう》（正光）・宰相中将《さいしょうちゅうじょう》（経房）は参らなかった。今日、大祓《おおはらえ》が行なわれた。式部大輔が左府の□によって、着し行なった。この頃、神鏡焼損について定め申した。その定の趣旨は、「改鋳《かいちゅう》すべきか。それとも如何か」ということだ。諸卿が定め申した趣旨は、一同である。神鏡の趣旨および准拠《じゅんきょ》する事を、先ず諸道に勘申させて、定められるべきか。もし改鋳するのならば、俗銅を神物と混ぜてはならない。焼け遺った神物を、ただ奉斎《ほうさい》すべきか。やはり安置されるべきである。鏡体を新たに銅で鋳奉り、相副えて安置し奉っては如何か。そもそも、先ず道々の勘文《かんもん》を進上させ、後にまた、伊勢太神宮《いせだいじんぐう》に祈り申させ、加えて御占《みうら》によって鋳《ちゅう》造《ぞう》されるべきであろうか。昨日、或る識者《しきしゃ》と卿相たちが、左府の宿廬《しゅくろ》に於いて、加鋳《かちゅう》するとの議を行なった。私は感心しなかった。今日、未だ議定《ぎじょう》が行なわれない前に、殿上間に於いてあれこれを談じていた。今、議定の時に及んで、昨日の議を変えて、私の案に従ったのは、如何なものか。定め申した詞は、左大弁《さだいべん》(行成)が書いた。左府が奏聞させた。天皇は、諸道に勘申させるよう、おっしゃられた。また、おっしゃって云ったことには、「行幸の所を定め申すように」ということだ。先ず陰陽師《おんみょうじ》を召して、吉方《えほう》を問われた。申して云ったことには、「南西および南東の方が吉です」ということだ。南西か南東の方で、相応しい処は、方角は東三条院《ひがしさんじょういん》が宜しいのではないか。天皇がおっしゃって云ったことには、「行幸の日時を勘申させるように」ということだ。すぐに勘申して云ったことには、「今月二十七日。時は戌剋」と。奏聞を経たところ、「勘文によれ」ということだ。左府は伊予国《いよ》の別進《べっしん》米《まい》千石の解文《げぶみ》を奏上された。すぐに下給されて左中弁に下した。秉燭の後、しばらくして退出した。

「神鏡・大刀および契は、ことごとく焼亡した。鏡は僅かに帯が有った。他は焼損して、円規《えんき》は無く、鏡の形を失った。また、大刀の刃が有った。但し契と魚符《ぎょふ》が少々あった」と云うことだ。『村上御記《むらかみぎょき》』に云ったことには、「天徳《てんとく》四年九月二十三日、焼亡した」と云うことだ。「二十四日、(大江)重光《しげみつ》朝臣が申して云ったことには、『温明殿に到って探し見たところ、瓦の上に鏡一面があった〈その鏡は、径八寸ほど。頭は一つの瑕疵《かし》が有ったとはいっても、まったく損傷は無かった。円規および帯は、甚だ分明に露出していた。破損した瓦の上に伏してあった。見た者は驚感しない者は無かった。〉。また、大刀の刃を求め得た』と云うことだ。『また、次いで求め得たのは、金銅の魚形《ぎょけい》二隻《せき》〈女官《にょうかん》が或いは云ったことには、「これもまた、神です」と。ところが未だ真偽を知らない。〉・大刀四柄《へい》〈室握《しつあく》は共に焼失した。ただ種々の小調度《こちょうど》を遺した。〉・金銀銅の魚符と契、合わせて四十九隻〈或いは「発兵《はっぺい》・解兵《かいへい》をその国に符《ふ》す」と銘があった。或いは「その官」と銘があった。契は皆、魚形に作っていた。合致したことは、木契《もっけい》の趣旨のとおりであった。また、片々が合わない物が有った。また、鍾と酒壺が合わさって離れない物が有った。これは焼損が致したものである。〉』と云うことだ。二十五日、(源)清遠《きよとお》と(源)伊陟《これただ》が申させた。また、焼けた鏡一面を求め得た。銅の魚契三十余枚、前と合わせて、全部で七十四枚。様々な釼《たち》四十柄〈この中に節刀《せっとう》が有るはずである。また、金銀銅の小調度を加えた。〉」と云うことだ。故殿《ことの》(藤原実頼《さねより》)の御日記に云ったことには、「賢所は火があったとはいっても、灰燼《かいじん》の中でかつて焼損していない」と云うことだ〈「鏡三面、伊勢太神宮と紀伊《きい》国の日前《ひのくま》・国懸《くにかかす》宮と申した」と云うことだ。〉。この説のとおりならば、三面のようである。

二十日、甲子。　大原野祭停止／由の解除

大原野祭《おおはらののまつり》が停止となった。そこで奉幣《ほうべい》しなかった。ところが家に於いて、そのことについて解除《げじょ》を行なった。謹しみの至りである。未剋の頃、内裏に参った。左金吾・尹納言《いんなごん》(時光)・新中納言《しんちゅうなごん》(忠輔)、左武衛《さぶえい》(懐平)・左大丞《さだいじょう》(行成)が、同じく参った。黄昏に退出した。左府は内裏に参った〈直衣《のうし》を着した。〉。宮内省《くないしょう》の南西の角で逢った。権中納言と大蔵卿が扈従《こしょう》した。

二十二日、丙寅。　内裏火災の祟りを勘申

内裏に参った。左右内府以下の諸卿が伺候した。右大臣は、神祇官《じんぎかん》と陰陽寮《おんみょうりょう》に命じて、火災の祟《たた》りを勘申させた〈神祇官は本官に召した。陰陽寮は都合のよい所に召した。〉。また、奉幣を行なう事を承った。左大臣は直衣を着して殿上《てんじょう》に伺候した。会合した。そこで直廬に□。御占が未だ終わらない頃に退出した。黄昏であった。

二十三日、丁卯。　新嘗祭

菅相公《かんしょうこう》(輔正)が来た。内裏に参る為に束帯《そくたい》を着していた際、時剋が経つからである。老人(輔正)の気上《きじょう》を補わせる為、腹子《はらこ》を供した。その後、長い時間、談話した。一緒に内裏に参った。左金吾・尹納言・新中納言、勘解《かげ》(有国)・吏部《りほう》(輔正)・左武衛・左大丞が参った。黄昏に及んで、退出した。新嘗祭《にいなめさい》は神祇官に於いて行なった。権中納言隆家と大蔵卿正光が、これに着した。

二十七日、辛未。　東三条院御読経／冷泉院移御／吉田祭・賀茂臨時祭、停止／神鏡、後日に渡御

／天皇・中宮、東三条院に遷幸／東宮、東三条院南院に移御／御竈神を奉遷

辰剋の頃、東三条院に参った。御読経を催し行なった〈御在所に於いて行なわれた。〉。巳剋に発願《ほつがん》した。諸卿が参入した〈中納言俊賢・忠輔、参議有国・懐平・輔正・行成。〉。殿上人《てんじょうびと》を堂童子《どうどうじ》とした。夕座《ゆうざ》が終わって、行香《ぎょうごう》が行なわれた。冷泉《れいぜい》院が播磨守《はりまのかみ》(藤原)陳政《のぶまさ》の宅に移御した。院司《いんじ》の上達部《かんだちめ》が参入した〈俊賢・懐平卿。〉。行香の人が足りなかった。そこで侍従《じじゅう》で数を満たした。未剋の頃、退出した。黄昏に内裏に参った。左府が云ったことには、「御在所の舎の板敷の下に〈御在所の朝所の舎を謂う。〉、急に犬の産《さん》穢《え》が有った。そこで吉田祭および臨時《りんじ》祭《さい》は停止とする」ということだ〈吉田祭は中の申《さる》の日である。ところが焼亡によって、延引《えんいん》して下の申の日に及んだ。ところがまた、停止した。〉。「内侍所《ないしどころ》は、穢によって渡御し奉ることができない。吉日《きちにち》を選んで、後日に渡御し奉るように」ということだ。天徳の焼亡の時は、しばらく縫殿寮《ぬいどのりょう》に安置し奉った。左右近衛《このえ》および寮官が守護し奉った。冷泉院《れいぜいいん》に移御した後、吉日を選んで更に渡御し奉った。あの例によって、後日、渡御し奉ることになった。また、左右近衛および史《し》一人が守護して伺候するよう、宣旨を下された。戌二剋、天皇は朝所から東三条院に遷幸《せんこう》した〈警《けい》蹕《ひつ》と侍衛《じえい》は、恒例のとおりであった。左大将《さだいしょう》(公季)は東門の内に於いて、御綱を張るよう命じた。〉。大刀・契・鈴・印を持って供奉したことは、通例のとおりであった。但し大刀と契は焼損している。新たな韓櫃《からびつ》に納めて、持って供奉したのである。「大刀は、ただ刃が有った。契は特に損傷は無かった。魚符は、或いは損傷し、或いは損傷していない」と云うことだ。東三条院の西門の外に於いて、神祇官が御麻《ぬさ》を献上した。御輿《みこし》を紫宸殿《ししんでん》に寄せた。御輿が退いた後、鈴奏《すずのそう》および名謁《みょうえつ》が行なわれた。左右内三府が参上した。私は殿上間に伺候した。丞相《じょうしょう》たちは、連れだって右仗座《うじょうのざ》に着した。他の卿相は、前もって仗座にいた〈右仗座を上達部の座とした。〉。饗宴が有った。一献《こん》の後、汁物《しるもの》を据えた。箸を下した。「所々の饗饌《きょうせん》が有った」と云うことだ。右府（顕光）が云ったことには、「中宮は亥剋に移御されることになっている。行啓《ぎょうけい》に供奉することになっている卿相は、早く参入するように」ということだ。そこで諸卿が参入した。また、東宮も同じ時剋に東三条院南院《なんいん》の東対《ひがしのたい》に移御される。宮司《みやづかさ》の上達部が同じく参入した。今日、諸卿はすべて参った。但し式部大輔は、馬に騎らず、密々に院に参った。衰老《すいろう》によるものか。大納言懐忠・式部大輔・下官（実資）は、行啓に扈従せず、直ちに退出した。今夜、亥剋に御《み》竈神《かまどがみ》を移し奉った。中納言隆家が、その役に従った。

二十九日、癸酉。　賀茂臨時祭日時勘申／賀茂臨時祭御禊

頭中将《とうのちゅうじょう》（源頼定《よりさだ》）が云ったことには、「臨時祭について、御占を行なわなければなりません」ということだ。光栄朝臣が云ったことには、「只今、召しによって内裏に参りました。臨時祭の日を勘申しました〈来月六日。〉」と。また、勘申して云ったことには、「紫宸殿に出御《しゅつぎょ》する日〈来月十六日。〉、左府が問われました官奏《かんそう》に伺候する日〈来月十七日。〉と除目《じもく》の日〈二十三日、国忌《こき》か。〉」と。内裏に参った。仗座の後ろを徘徊《はいかい》していた際、左府が近江守を介して伝えられて云ったことには、「しばらく退出してはならない。只今、殿上間に参る」ということだ。左府は殿上間に参上した。私は扈従して参上した。侍所《さむらいどころ》で垸飯《おうばん》が有った。右大臣・内大臣、帥、中納言斉信・時光・俊賢・隆家・忠輔、参議有国・行成・経房、三位中将《さんみちゅうじょう》兼隆が、同じく殿上間にいた。三、四盃《はい》の後、清談《せいだん》したことは長い時間であった。戌二剋に退出した。今日は臨時祭が行なわれるはずの日である。そこで御禊《ごけい》が行なわれるべきか否か、前例を問うよう、左頭中将《さとうのちゅうじょう》頼定を介して仰せ事が有った。御禊は行なわれるということを申した。すぐに御禊が行なわれた。

右府が云ったことには、「来月六日に、臨時祭が行なわれる。今朝、光栄朝臣が云ったことには、『三日を勘申しました』ということだ。あの日は国忌である。そこで改定されたものか。『また、紫宸殿に出御する日は十七日』ということだ。光栄が云ったことには、『十六日』ということだ。『十六日庚寅は忌みが有ります。文書《もんじょ》に見えるものです』ということだ」と云うことだ。

○十二月

六日、庚辰。　賀茂臨時祭

左兵衛督《さひょうえのかみ》(藤原懐平《かねひら》)が訪ねられた。いささか食事を供した。今日、臨時祭《りんじさい》が行なわれた。祭使《さいし》が出立《しゅったつ》するのを見る為、(藤原)資平《すけひら》が訪ねるはずであった。ところが、資平が内裏から退出して云ったことには、「左府(藤原道長《みちなが》)が云ったことには、『内裏に於いて装束《しょうぞく》を着すように。退出してはならない』ということでした」と。そこですぐに帰り参った。午剋の頃、参入した。左大臣(道長)・内大臣(藤原公季《きんすえ》)、大納言《だいなごん》道(藤原道綱《みちつな》)、中納言《ちゅうなごん》斉(藤原斉信《ただのぶ》)・時(藤原時光《ときみつ》)・俊(源俊賢《としかた》)・隆(藤原隆家《たかいえ》)・□、参議《さんぎ》有(藤原有国《ありくに》)・行(藤原行成《ゆきなり》)・正(藤原正光《まさみつ》)、三位中将《さんみちゅうじょう》兼(藤原兼隆《かねたか》)が、殿上間《てんじょうのま》に伺候した。左大臣が殿上間に於いて、式日《しきじつ》の延引《えんいん》と、辞別《ことわけ》が有るべきか否かを奏上させた。一条《いちじょう》天皇は、辞別は有るということをおっしゃられた。すぐに大内記《だいないき》(菅原)宣義朝臣《のぶよしあそん》に命じて起草《きそう》させ、奏聞《そうもん》された。この間、御禊《ごけい》が行なわれた〈北対《きたのたい》、つまりこれは御在所《ございしょ》である。この対の南庭《なんてい》に於いて、この事が行なわれた。〉。使〈(藤原)知章《ともあきら》朝臣。〉・舞人《まいびと》・陪従《べいじゅう》の座席に衝重《ついがさね》を給わった〈西を上座《じょうざ》として北面した。〉。上達部《かんだちめ》の座も、同じ庭にあった〈北を上座として東面した。〉。酒が巡□した〈未だ挿頭《かざし》を下給しない頃に、左大臣が宣命《せんみょう》の清《せい》書《しょ》を奏上した。〉。挿頭を下給した。御忌月《きげつ》であったので、□しなかった。

九日、癸未。　伊勢使触穢、改替／神鏡、東三条院に移御

左兵衛督が伝え送って云ったことには、「宰相中将《さいしょうちゅうじょう》(源経房《つねふさ》)は、明日、伊勢《いせ》に参ることになっている。そこで他所に住んで、特に潔斎《けっさい》している。ところが夜に犬の産穢《さんえ》が有った」ということだ。外記《げき》(文室《ふんやの》)清忠《きよただ》を召した。触穢《しょくえ》によって月次祭《つきなみのまつり》に着すことができないということを伝えた。左頭中将《さとうのちゅうじょう》(源頼定《よりさだ》)が来た。立ったまま、云ったことには、「今日、酉剋に神鏡《しんきょう》を太政官《だいじょうかん》から東三条院《ひがしさんじょういん》に移し奉ります。『その事に供奉《ぐぶ》するように』ということでした。前例では少将《しょうしょう》が奉仕するということを奏聞しました。天皇がおっしゃって云ったことには、『中将が供奉しても、何事が有るであろうか』ということでした。そこで供奉することになりました」ということだ。「伊勢使《いせし》は、宰相中将が穢によって障りがあります。そこで急に、参議左《さ》大弁《だいべん》行成を差し遣わしました」ということだ。頭中将《とうのちゅうじょう》（頼定）は宿所《しゅくしょ》に帰った。告げ送って云ったことには、「神鏡を移し奉る際、勅使《ちょくし》は弓箭《きゅうせん》を帯びるべきでしょうか」ということだ。答えて云ったことには、「弓箭を帯びるべきであろうか」ということだ。

十日、甲申。　神鏡、照り耀く

頭中将が伝え送って云ったことには、「神鏡は昨日、移し奉りました。但し古い御韓櫃《からびつ》を開いて、まさに新しい辛櫃《からびつ》に納め奉ろうとしていた際に、急に日光のように照り耀《かがや》くことが有りました。内侍《ないし》や女官《にょうかん》も、同じく見ました。神験《しんげん》は、やはり灼《あらた》かです。最もこれは畏み驚くに足ることです」ということだ。

十七日、辛卯。　臨時旬／御鎰奏・官奏・番奏・庭立奏

随身《ずいじん》に衣服を下給した〈番長《ばんちょう》に三疋、手作布《たづくりのぬの》一端《たん》。近衛《このえ》に二疋、布は同じ。〉。番奏《ばんそう》の簡《ふだ》を持って来た〈右近《うこんの》府生《ふしょう》(紀)正方《まさかた》〉。加署《かしょ》して返給した。今日、天皇が初めて紫《し》宸殿《しんでん》に出御《しゅつぎょ》する日である。そこで参入した。諸卿も同じく参入した〈すべて参った。〉。紫宸殿の儀のようであった。但し東を西としたことは、大宮院《おおみやいん》（一条院《いちじょういん》）と同じであった。旬《しゅん》の儀は、通例のとおりであった。そもそも失錯《しっさく》が有った。その一は、最初の下器《かづき》を、内豎《ないじゅ》が南庭を渡って東　階《ひがしのきざはし》に就いた。諸卿が事情を伝え、索餅《さくべい》を頒《わか》つ所に遣わした〈東中門《ひがしちゅうもん》の内。〉。ところが内豎は確執《かくしつ》して向かわなかった。再三、仰せ遣わして、やっと向かった。「内豎は下物《おろしもの》を渡すことを知っていながら、ただ盤《ばん》を持った」ということだ。甚だ奇怪である。そこで階下《かいか》から密々に朱器《しゅき》を持って向かった。この頃、秉燭《へいしょく》となった。下器を還し渡した。その二は、少納言《しょうなごん》(源)守隆《もりたか》が庭立奏《にわだちのそう》を終え、主鈴《しゅれい》が通例によって机の下に就いて捺印《なついん》しようとした。ところが左府は追い返し、少納言守隆に捺印させた。すでにこれは、前例を失するものである。左府が思慮して云ったことには、「その事は、虚覚《うろおぼ》えか、如何か」と。諸卿は答えなかった。階下に於いて大外記《だいげき》(滋《しげ》野《のの》)善言《よしとき》朝臣が高声に云ったことには、「主鈴が奉仕すべきものです」ということだ。ところが左府は数度、少納言が奉仕するよう命じた。そこで守隆が捺印した。左府の大失錯である。また、左府は見《げん》参簿《ざんぼ》を奏上しようとする様子が有った。左金吾《さきんご》(藤原公任《きんとう》)と私が語り合って云ったことには、「臨時《りんじの》旬《しゅん》では、見参簿を奏上されることは無いのではないか」と。このことを、左府は側で聞き、見参簿を奏上されなかった。未だ御膳を撤去しない前に、天皇は入御《にゅうぎょ》した。左将軍(公季)が警蹕《けいひつ》を称した。左府が私に向って云ったことには、「座を起って称すべきか」と。「そうです」と答えたのである。

今日、御鎰奏《みかぎのそう》・官奏《かんそう》・番奏・庭立奏が行なわれた〈番奏の時、右《う》近衛尉《このえのじょう》大春日遠晴《おおかすがのとおはる》は、後列を離れて五位の列に進み立った。これは弓奏《ゆみのそう》である。本来ならば、先ず弓を置いて前列に進むものである。闈司《いし》は、番奏の際に西の方から進み立つ。ところが左府は、東の方から出るよう命じた。諸卿が云ったことには、「諸衛が参入する方から参入するものである」ということだ。そこでその言葉に従った。但し未だ勅答《ちょくとう》が有る前に進み立った。そこで事情を伝え、しばらく退かせて、賜わった。〉。明朝、天徳《てんとく》四年の例を見てみると、冷泉院《れいぜいいん》に於いて初めて紫宸殿に出御した日は、見参簿を奏上された。今回は臨時旬の儀であるので、この事は無かった。

閑《しず》かに考えると、今月は御忌月である。見参簿の儀が無いことは、自ら道理に当たるばかりである。また、この東三条院は、院がおられるわけではない。仮に御在所としたのである。まったく冷泉院の儀に准じるべきではないのではないか。

二十一日、乙未。　陣申文／造宮定／播磨重任宣旨

内裏に参った。文書《もんじょ》〈文書五枚。〉を申させた。左大弁が座にいた。私は思い誤って、間違った文書を執って、他の文書を置いた。そうであってはならない事である。先例では、文書を執る際に、間違った文書については、取り落とすようにするだけである。

左大臣・右大臣（藤原顕光《あきみつ》）、大納言道綱、中納言斉信・公任・時光・俊賢・隆家〈早く退出した。〉・（藤原）忠輔《ただすけ》、参議懐平・行成・経房が参入した。今日は天皇の御物忌《ものいみ》である。左府が召しによって、御前に参上した。しばらくして座に復した〈御前に於いて、内裏造営の行事《ぎょうじ》の人を定めて書いた。すぐに笏《しゃく》に執り副えて、陣座《じんのざ》に復した。中納言俊賢、参議行成、左中弁《さちゅうべん》（源）道方《みちかた》、右少弁《うしょうべん》（藤原）広業《ひろなり》、史《し》（内蔵《くらの》）為親《ためちか》・（伴《ともの》）季随《すえより》、第三の史である。〉。左府が勅語《ちょくご》を伝えて云ったことには、「内裏造営が重なり、諸国は亡弊《ぼうへい》している。随ってまた、官物《かんもつ》もその実体は無い。また、国司《こくし》の勧賞《けんじょう》は、もしかしたら有るべきか否か。造営し終わる時期はいつか。宜しく定め申すように」ということだ。諸卿が申して云ったことには、「料物《りょうもつ》を立用《りゅうよう》しない国司については、賞を給うべきである。造作料《ぞうさくりょう》を立用する国司は、勧賞は行なうべきではない。もしこのようなことが有ったならば、公損《こうそん》は無いのではないか」と。先ず内裏造営の

日を陰陽寮《おんみょうりょう》に問うた。申して云ったことには、「明年三月十日と九月三日」と。諸卿が云ったことには、「九月三日は廃務《はいむ》である。便宜《びんぎ》が無いであろう。但し三月十日壬子は、前回の内裏造営の日である。もしかしたら忌むべきか」と。諸卿が云ったことには、「誠に忌避《きひ》すべきであるとはいっても、吉日《きちにち》を撰んで始め行なわれるべきである。やはりその徴が有った。但し、この壬子の日は吉日である。まったく何事が有るであろうか」と。そこでこの日を勘申《かんじん》させた。また、殿舎《でんしゃ》・内廊《ないろう》を造営する国々を定め宛てていた際、播磨守《はりまのかみ》（藤原）陳政《のぶまさ》の申文《もうしぶみ》〈「私物で常寧殿《じょうねいでん》と宣耀殿《せんようでん》を造営するので、重任《ちょうにん》を聴《ゆる》されたい」ということだ。〉を下給した。諸卿が定め申した。左大臣が申して云ったことには、「今の堂や殿に加えて許されるのが宜しいのではないか。近江国《おうみ》は美福門《びふく》を造営し、丹波国《たんば》は豊楽院《ぶらくいん》を造営し、紀伊国《きい》は日前《ひのくま》・国懸《くにかかす》宮を造営する。そこで殿舎を造営することはできない。小所を割り充てるべきである。特に紀伊国は、すべて他の造営を勤めることができないのである。そこで割り宛てる国々は、多く不足している。坂東《ばんどう》については、すでに亡弊国であり、敢えて宛てることはできない」ということだ。右大臣、中納言時光・俊賢・忠輔、参議懐平・経房・□□。公任、参議行成が云ったことには、「造営を始め奉仕する国が、このような事を申請してきた。未だその事が始まらない前に申請するというのは、そうであってはならないのではないか」と。内裏造営を定め宛てた国々、また造殿の日時《にちじ》勘文《かんもん》、および陳政の申請した定文《さだめぶみ》等の文書を奏上した。また造営が終わる時期〈明年三月十日・明年十一月以前。明後年は内裏遷御《せんぎょ》の方角が御忌《ぎょき》〔絶命《ぜつめい》・鬼吏《きり》の方角。〕に当たるので、陰陽寮が申したものである。おおよそ、内裏還御《かんぎょ》の時期は、「明年十二月二十六日。子細は追って勘申することとする」ということだ。〉を定めた。申請については、「もし枢要《すうよう》の殿々を割り充てた諸国に不足が有ったならば、陳政朝臣の申請は、申請によるように」ということだ。左府は割り充てられる国が無いということを奏上された。そこで裁許《さいきょ》された。但し蔵人宿所《くろうどしゅくしょ》の屋を加えられた〈「常寧殿は国に託す。宣耀殿と蔵人屋は、陳政が私物で造営することになった。常寧殿は、官物を宛て用いてはならない」と云うことだ。〉。大工《だいく》・少工《しょうく》を奏し定めた。深夜であったので、奏上せずに下給した。深夜に及び、諸卿は退出した。播磨《はりま》の重任宣旨を下した。

寛弘三年（一〇〇六）

藤原実資五十歳（正二位、権大納言・右大将）　一条天皇二十七歳　藤原道長四十一歳　藤原彰子十九歳

○正月

一日。（『三条西家重書古文書』一・依焼亡後年節会無立楽事による）　**元日節会**

度々の内裏焼亡の翌年は、節会《せちえ》で音楽を奏さない。

○二月

十六日。（『蹴鞠口伝集』上による）　**小二条第射儀・蹴鞠**

小《こ》二条第《にじょうてい》に於いて射儀《しゃぎ》と鞠《まり》の興が行なわれた。（藤原）資平《すけひら》が伝え送って云ったことには、「只今、菓子を送ってください」と。種々の菓子を託して廻らし送った。

○六月

二十七日、丁酉。（『神木動座之記』四による）　**興福寺愁訴／大和国司上申**

山階別当僧都《やましなべっとうそうず》（定澄《じょうちょう》）が来た。「山階寺《やましなでら》（興福寺《こうふくじ》）の愁訴《しゅうそ》によって、左府（藤原道長《みちなが》）に参りましたが、前に

召しませんでした。また、この事によって、已講《いこう》蓮聖《れんしょう》の公請《くじょう》は停止《ちょうじ》されました」と。僧都には、すでに忿怒《ふんぬ》の様子が有った。「今に至っては、参入することができません」ということだ。「この蓮聖は、左馬允《さまのじょう》当麻為頼《たいまのためより》と、田を争う事が有った。為頼は、ひとえに前美濃守《さきのみののかみ》(源)頼光《よりみつ》と大和国司《やまとこくし》(源)頼親《よりちか》の威勢を借りて、進退《しんたい》を制した。特に、新たに歌馬を作って、山階寺は嘲弄《ちょうろう》された。礼が無い」と云うことだ。「そこで寺家《じけ》は僧数百人を率いて、その事を問い糾す為に、あの所に向かったのである。すぐに国司《こくし》は朝廷に言上《ごんじょう》した」と云うことだ。「為頼の宅五所と民家若干に放火し、焼亡した。また田三十余町を損亡《そんもう》させた」ということだ。寺家が申して云ったことには、「一歩の田も損亡させていない。また、焼亡については、為頼が宅内の財物を運び出そうとした。故に放火して焼亡させたものである」と云うことだ。「本来ならば検非違使《けびいし》の官人を下し、確かに損亡した田を実検《じっけん》させなければならない」ということだ。「ところが左府は、ひとえに国司が言上した趣旨を信じ、寺家の愁いを理□しなかったので、寺中の騒動は抑え申すことができなくなった。後日、制止を加えるとはいっても、敢えて承引《しょういん》しない。□□□□為頼の所に向かった」ということだ。「国司は、未だ着任していない。来月下旬、着任することになっている」と云うことだ。相府《しょうふ》(道長)は、□□□□かつて未だその事情を知らない。

二十八日、戊戌。(『神木動座之記』四による)　**大和国司の解文**

内裏に参った。左頭中将《さとうのちゅうじょう》(源頼定《よりさだ》)が云ったことには、「大和国司が言上した解文《げぶみ》を、左府に下しました。『その□□□□蓮聖は、すでに三会《さんえ》の已講である。これを如何にしようか。もしかしたら綱所《こうしょ》に於いて召問《しょうもん》させるべきであろうか。宜しく定めるように』と云われました」ということだ。また、「放火した者を追捕《ついぶ》するよう、官符《かんぷ》を国司に下給することになりました」ということだ。この事は、驚き怪しむことは少なくなかった。国司が勝ちに乗じているので、寺家は、いよいよ愁訴を抱くのではないか。必ず巨害《きょがい》が有るであろう。恐るべき事である。密々に国司の解《げ》を見ると、「焼亡された屋は十六宇《う》、損亡された屋は三百余宇、□□された田は三百余町」ということだ。

二十九日、己亥。(『神木動座之記』四による)

左頭《さとう》(頼定)が伝え送って云ったことには、「和州《わしゅう》の国類《こくるい》の下手人を、蓮聖を介して召し進めさせるよう、左府が奏上されました。但し、俗者は国司が追捕することになりました」ということだ。今日、殿上間《てんじょうのま》に於いて、左府は和州の事を談られた。山階別当僧都に遇って、闘争について談じた。

三十日、庚子。(『神木動座之記』四による)

早朝、興福寺の僧たちが来て、闘争について愁えた。

○七月

一日、辛丑。(『神木動座之記』四による)　**定澄、実資と面談**

山階《やましな》(興福寺《こうふくじ》)の定澄僧都《じょうちょうそうず》が来た。寺家《じけ》の愁事を談じた。この僧都は、先日、二度、左府(藤原道長《みちなが》)に参ったが、左府は逢われなかった。いよいよ忿怒《ふんぬ》を起こした。一昨日、殿上間《てんじょうのま》に於いて清談《せいだん》した次いでに、私はほぼこの事を申した。左府は頗る和気《わき》が有った。「僧都に逢って、この事を伝えるように」ということだ。この趣旨を、昨日、伝え送ったところである。そこで来たものである。また、云ったことには、「□□□するということを、融碩《ゆうせき》が伝えたので、七大寺《しちだいじ》および諸山・諸寺の僧は、同心して愁訴《しゅうそ》されることになります」と云うことだ。誠に凶乱のようなものである。僧都が云ったことには、「清直《せいちょく》な使を派遣していただき、虚実を実検《じっけん》させるよう、申請するものです」ということだ。また、云ったことには、「一歩の損田《そんでん》もありません」ということだ。

二日、壬寅。(『神木動座之記』四による)　**定澄、道長と面談**

「今朝、山階僧都が左府に参った。寺家の愁訴について談じられた」と云うことだ。もしかしたら、一日の談説によるものか。

十二日、壬子。(『神木動座之記』四による)　**興福寺僧入京**

晩方、人々が云ったことには、「興福寺僧数千が参上した。諸寺の僧を集結させている」と云うことだ。また、云ったことには、「その数は三千余人ほどである」と云うことだ。甚だ閑《しず》かではない事である。

十三日、癸丑。(『神木動座之記』四による)　**興福寺僧の参入を停む**

召使《めしつかい》が云ったことには、「定められなければならない事が有ります。参入されますように」ということだ。人々が云ったことには、「興福寺□□□□馬に騎り、或いは歩行して、数千人が入京し、八省《はっしょう》院《いん》に会集している。次いで左府に到ることになるであろう」と云うことだ。仮□□□□□右金吾《うきんご》(藤原斉信《ただのぶ》)が伝え送って云ったことには、「左府から参るようにとの命が有りました。閑かではない事によるものでしょうか。先ず□□に参り□平□」ということだ。或いは云ったことには、「卿相《けいしょう》が多く参った」と云うことだ。そこで左府に参った。すぐに逢われた。右金吾は同じく□□□□府が云ったことには、「昨日、山階別当《やましなべっとう》定澄が来て、云ったことには、『大衆《だいしゅ》が参上する事は、止めさせました。但し僧綱《そうごう》・已講・所司《しょし》が、参上して愁訴し申すことになりました』ということだ」と。御前から退出した。侍所《さむらいどころ》に於いて右衛門督《えもんのかみ》(斉信)と遇った。種々の悪言《あくげん》を吐いた。同じく云ったことには、「四、五千人の僧が、相府《しょうふ》(道長)の東西門を囲繞《いにょう》し、加えて国司《こくし》の宅〈(源)頼親朝臣《よりちかあそん》。〉に到った。念仏《ねんぶつ》の声を発した。『すぐに頭を剃るべきだ』と言っている」ということだ。すぐにこの趣旨を伝えて談った。事の奇怪は、敢えて云うことができない。今に至っては、氏長者《うじのちょうじゃ》(道長)の邸を囲み、国司を陵轢《りょうれき》している。すでに近くにいるのではないか。「たとえ非常の事が有ったとはいっても、憚かり恐れるほどのことではない。濫吹《らんすい》の甚しいことは、王威《おうい》が無いようなものである」ということだ。右金吾が□云ったことには、「弁別当《べんべっとう》〈右大弁《うだいべん》(藤原)説孝《ときたか》。〉を召し仰せられ、先ず事情を伝えられるべきでしょうか。その趣旨は、『もし、愁い申すことが有るのならば、僧綱・已講・所司が参入し、申すべきものである。数千の僧を引率して押しかけ、訴える事は、そうであってはならない』ということである」と。

相府はすぐに右大弁を召し遣わした。この頃、私は内裏に参った。陣座《じんのざ》には□は無かった。しばらくして、内大臣(藤原公季《きんすえ》)と右衛門督が参入した。時剋が移って、左大臣(道長)・右大臣(藤原顕光《あきみつ》)、帥《そち》(藤原伊周《これちか》)、中納言《ちゅうなごん》(藤原)公任《きんとう》・(藤原)時光《ときみつ》・(源)俊賢《としかた》、参議《さんぎ》(藤原)有国《ありくに》・(藤原)行成《ゆきなり》・(藤原)正光《まさみつ》・(源)経房《つねふさ》が参入した。巽星《そんせい》について□申した。

○九月

二十三日。(『三条西家重書古文書』一・五月節会事による)

五日節は、ひとえにこれは節会《せちえ》である。六日の儀は、ひとえにまた、競馬《くらべうま》である。

二十三日。(『三条西家重書古文書』一・有兼大将大臣之時大臣昇殿以後太子昇給事による)　**上東門院行幸**

競馬

「昨日、上東門院《じょうとうもんいん》に行幸《ぎょうこう》した。競馬が行なわれた。大臣は腋《わき》の階から昇り、座に着した。次いで皇太子(居貞親王《おきさだ》)は休廬《きゅうろ》を出て、同じ階を昇って着した」と云うことだ。

○十月

一日。(『三条西家重書古文書』一・闈司持蝙蝠扇事による)　**旬政**

旬《しゅん》である。闈司《いし》は蝙蝠扇《かわほねおうぎ》を持っていた。未だ見たことのない事である。

十三日。（『小右記』長元五年十一月二十九日条による）　**宇佐使香椎廟宣命**

宇佐宮使《うさぐうし》については、私が承り行なった。皆、香椎廟《かしいびょう》の宣命《せんみょう》が有った。

〇是年

日不詳。（『胡曹抄』による）　**四位の袍**

四位に叙された者は、近代は三位以上の袍《ほう》を著すことを聴《ゆる》している。奇怪な事である。

寛弘四年（一〇〇七）

藤原実資五十一歳（正二位、権大納言・右大将・按察使）　一条天皇二十八歳　藤原道長四十二歳　藤原彰子二十歳

○正月

十四日。（『台記』久安六年正月十四日条による）　**御斎会**

夜に入ったとはいっても、功徳《くどく》によって奏舞《そうぶ》を停めなかった。

○三月

四日。（『三長記』建永元年二月十六日条による）　**曲水宴**

地上で詩を講じられた。

六日。（『三条西家重書古文書』一・臨時祭以前被行季御読経事による）　**臨時仁王会**

大極殿《だいごくでん》で百座の仁王講《にんのうこう》が行なわれた。

九日。（『三条西家重書古文書』一・臨時祭以前被行季御読経事による）　**石清水臨時祭**

臨時《りんじ》祭《さい》が行なわれた。

○四月

二十六日。（『御遊抄』一・中殿御会による）　**内裏密宴**

笛〈右少将《うしょうしょう》（源）済政《なりまさ》。〉
琵琶《びわ》〈左中弁《さちゅうべん》（源）道方《みちかた》朝臣《あそん》。〉
左衛門督《さえもんのかみ》藤原公任《きんとう》、参議《さんぎ》従三位右近中将《うこんのちゅうじょう》源経房《つねふさ》、頭中将《とうのちゅうじょう》藤原実成《さねなり》朝臣が、或いは拍子《ひょうし》を執り、或いは答笙《とうしょう》を吹いた。楽所《がくしょ》の楽人《がくにん》は、呉竹《くれたけ》の北頂に伺候した。

○十二月

二日。（『三条西家重書古文書』一・塔供養年々による）　**浄妙寺塔供養**

浄妙寺《じょうみょうじ》の塔を、左大臣（藤原道長《みちなが》）が供養《くよう》した。

寛弘五年（一〇〇八）

藤原実資五十二歳（正二位、権大納言・右大将・按察使）　一条天皇二十九歳　藤原道長四十三歳　藤原彰子二十一歳

○七月

七日、乙丑。　**観修重態**

「左《さ》相府《しょうふ》（藤原道長《みちなが》）が長谷《ながたに》（解脱寺《げだつじ》）に向かい、観修僧正《かんしゅうそうじょう》を見舞った」と云うことだ。伝え聞いたことには、「昨日の辰剋の頃、入滅《にゅうめつ》した。申剋の頃、蘇生《そせい》した。その後、有って亡いような容態であった」と云うことだ。

十日、戊辰。　**中宮内裏退出延引**

左《さ》金吾《きんご》（藤原公任《きんとう》）が伝え送って云ったことには、「去る夕方、中宮《ちゅうぐう》（藤原彰子《あきこ》）の行啓《ぎょうけい》が急に延引《えんいん》となった〈十六日。〉。その理由は、大将軍《たいしょうぐん》が遊行《ゆぎょう》している方角であるからである。本宮《ほんぐう》は、饗饌《きょうせん》および所司《しょし》の室礼《しつらい》を行なっていた。ところがその期に臨んで撤却した。頗る怪異《かいい》のようなものである」と云うことだ。

十二日、庚午。　**安倍為方出家**

「滝口《たきぐち》安倍為方《ためかた》は、途中で左《さ》衛門権佐《えもんのごんのすけ》（橘）為義《ためよし》に会った。為義は下馬しなかったことを咎め、弓箭《きゅうせん》を

弾こうとした。為方は滝口であることを称した。そこでただ、狩衣《かりぎぬ》の袖を切った。為方は、ひとえに恥辱に思い、自ら髪を切って母の宅に投げ入れ、急に走って東山の寺に到り、剃頭《ていとう》した」と云うことだ。この為方は故(安倍)忠並朝臣《ただなみあそん》の孫で、滝口内舎人《うどねり》(安倍)為良《ためよし》の子である。

二十六日、甲申。　長門守の愁訴

長門守《ながとのかみ》(藤原)良道《よしみち》が来て、云ったことには、「昨日、入京しました。ただ(土師《はじの》)朝兼宿禰《あさかねすくね》の為に館《たち》を囲まれ、および郎等《ろうどう》を殺害されたということを朝廷に愁訴《しゅうそ》し申すことにします」ということだ。国解《こくげ》と調度《ちょうど》の文書《もんじょ》を持って来た。一見して返し授けた。

二十八日、丙戌。　直物・小除目／上臈の中弁

今日、直物《なおしもの》が行なわれた。次いで小除目《こじもく》が行なわれた。丑剋の頃、右兵衛督《うひょうえのかみ》(源憲定《のりさだ》)と頭中将《とうのちゅうじょう》(源頼《より》定《さだ》)が、除目《じもく》を書き送ってきた。召物《めしもの》が数々有る中で、相模守《さがみのかみ》平孝義《たかよし》と左中弁《さちゅうべん》(源)道方《みちかた》を正四位上に叙した〈内裏造営行事《ぎょうじ》の賞を申請させた。〉。右大弁《うだいべん》(藤原)説孝《ときたか》は正四位下である。大弁《だいべん》が下臈《げろう》、中弁《ちゅうべん》が上臈《じょうろう》となってしまった。はなはだ便宜《びんぎ》が無いのではないか。「この事を大丞《だいじょう》(説孝)が愁えた」と云うことだ。「大弁と中弁の間は、その仲は宜しくない。各々、悪言《あくげん》を吐いた」と云うことだ。

〇八月

二日、庚寅。　勝蓮華院四巻経供養

「天台《てんだい》(延暦寺《えんりやくじ》)の勝蓮華院《しょうれんげいん》に於いて、数部の四巻経《しかんぎょう》(金光明経《こんこうみょうきょう》)を供養《くよう》した。殿上《てんじょう》の侍臣《じしん》が参上した。頭《とうの》中将《ちゅうじょう》(源頼定《よりさだ》)を首とした」と云うことだ。秉燭《へいしょく》の頃、(藤原)資平《すけひら》が下山して、来向した。

三日、辛卯。

或いは云ったことには、「勝蓮華院の御堂《みどう》は、未だ供養していない。ところが昨日、あの院に於いて御経を供養された。そうあるべきであろうか」と云うことだ。

八日、丙申。　**大般若御読経僧名定／長門守愁訴による陣定**

召使《めしつかい》が云ったことには、「今日、定が行なわれます。参入されますように」ということだ。未剋の頃、内裏に参った。左大臣〈道(藤原道長《みちなが》)。〉・右大臣〈顕(藤原顕光《あきみつ》)。〉、右衛門督《えもんのかみ》〈(藤原)斉信《ただのぶ》。〉・左衛門督《さえもんのかみ》〈(藤原)公任《きんとう》。〉・権中納言《ごんちゅうなごん》〈(藤原)隆家《たかいえ》。〉・源中納言《げんちゅうなごん》〈俊賢《としかた》。〉、勘解由長官《かげゆのかみ》〈(藤原)有国《ありくに》。〉・右近中将《うこんのちゅうじょう》〈(藤原)兼隆《かねたか》。〉・左近中将《さこんのちゅうじょう》〈(源)経房《つねふさ》。〉が参入した。左大臣が、不断大般若御読経《ふだんだいはんにゃみどきょう》の僧名《そうみょう》を定め申した。日《にち》時勘文《じかんもん》を加えて奏聞《そうもん》された。右大臣以下が、長門国司《ながとこくし》(藤原良道《よしみち》)が申した、阿武《あぶ》郡に居住している(土《は》師《じの》)朝兼宿禰《あさかねすくね》および男の鋳銭判官《ちゅうせんのじょう》(土師)為基《ためもと》の為に囲陵《いりょう》され、加えて郎等《ろうどう》三人を殺害された事を定め申した。この国解《こくげ》を下給された次いでにおっしゃって云われたことには、「国司《こくし》の申すところは、疑うことはできないとはいっても、行なうべき法は、諸卿の議定《ぎじょう》に随うべきである」ということだ。諸卿が申して云ったことには、「事態は極めて非常である。本来ならば申し問うこと無く、朝兼を追捕《ついぶ》されるべきである。ところが朝兼は、身は五品《ごほん》を帯している。また、参上するという風聞が有る。確かな使を介してその身を召し、召問《しょうもん》された後に、法に任せて行なわれるべきであろうか。もし参上しなければ、使を住処に遣わして、全く召し搦められるべきであろうか」ということだ。右大臣以下は、この趣旨を、(藤原)広業《ひろなり》朝臣《あそん》を介して奏聞させた。一条《いちじょう》天皇がおっしゃって云ったことには、「定め申したことによれ」ということだ。また、奏上させて云ったことには、「検非違使《けびいし》を遣わして召させるべきでしょうか」と。未だ勅報《ちょくほう》を承らないうちに、私は退出した。

十五日、癸卯。　霖雨・飢饉・水害

この何日か、雨が頻りに降った。晴れる日は少ない。「諸国は連雨《れんう》を愁いている」と云うことだ。「洛《らっ》下《か》の人間に飢饉《ききん》が有る。また、水害に遭った者は、往々に多い」と云うことだ。秋霖《しゅうりん》の天災は、祈禱《きとう》すべきであろうか。

十八日、丙午。　道長・彰子の怪異／仁王会検校、隆家に代替

「昨夕、左府(道長)の井屋《いや》が、理由も無く、忽然と顚倒した。昨日は風雨は無かった。忽然と顚倒するのは怪異《かいい》となる」と云うことだ。「近頃、中宮《ちゅうぐう》(藤原彰子《あきこ》)の御在所《ございしょ》の塗籠《ぬりごめ》の内で犬産が有った。また怪異とした」と云うことだ。先年、私が二条第《にじょうてい》に住んでいた頃、寝屋《ねや》の内で犬産が有った。怪異は無かった。

今日、右中弁《うちゅうべん》(藤原)経通《つねみち》が来て、勅を伝えて云ったことには、「仁王会検校《にんのうえけんぎょう》の中納言《ちゅうなごん》藤原朝臣〈(藤原)時光《ときみつ》。〉が障りを申してきた。その替わりを左衛門督藤原朝臣〈公任。〉に命じた。ところが服親《ぶくしん》の假《か》が有って、行なうことができない。そこでこの事を命じることとした」ということだ。この何日か、私は心神《しんしん》が宜しくない。この一、二日、頗る倍している。奉仕に耐えられそうもないということを奏聞させた。今月、特に慎しまなければならない。あの二十四日は堅固《けんご》の物忌《ものいみ》である。そこで病悩を奏上させた。経通が来て、云ったことには、「詳しく奏聞しました。『権中納言に命じるように』ということでした」と。

二十四日、壬子。　仁王会

「今日、仁王会を大極殿《だいごくでん》で行なわれた」と云うことだ〈一所に百高座《こうざ》を立てた。〉。上達部《かんだちめ》が加供《かぐ》を行なった。

二十八日、丙辰。　諸司累代物損失についての定／定考

内裏に参った。左大臣・右大臣・内大臣（藤原公季《きんすえ》）、左衛門督、大蔵卿《おおくらきょう》（藤原正光《まさみつ》）・侍従宰相《じじゅうさいしょう》（藤原実《さね》成《なり》）が参入した。左府が外記《げき》を召した。陣座《じんのざ》に伺候している上達部は参入するよう命じた。左府が勅《ちょく》命《めい》を伝えて云ったことには、「諸司の累代物《るいだいぶつ》は、或いは損なわれ、或いは失なわれている。これを如何すべきか。定め申すように」ということだ。諸卿が申して云ったことには、「諸司の交替《こうたい》は、絶えて行なわれていない。また、往代《おうだい》の文書《もんじょ》は、留め置くことは無かった。そうとはいっても、代々の交《こう》替帳《たいちょう》を調べられ、また現在、在る物を記して申され、必要な物については調備して揃えさせるのが、もっとも宜しい事である」と。すぐに頭中将頼定を介して奏聞された。天皇がおっしゃって云ったこ

とには、「申請によるように。但し実在しているもの、および顚倒して実在していない屋の数を記させるように」ということだ。

今日、定考《こうじよう》が行なわれた。「音楽と挿頭《かざし》は無かった」と云うことだ。資平が云ったことには、「大外記《だいげき》(滋野《しげのの》)善言《よしとき》が云ったことには、『音楽を停止《ちようじ》するのは、未だその理由がわからない。何年の例であるか』ということでした。頗る傾き怪しむ様子が有りました」と云うことだ。調べ問わなければならない。

○九月

十日、丁卯。　中宮彰子産気

鶏鳴《けいめい》の頃、人々は、中宮《ちゆうぐう》(藤原彰子《あきこ》)に御産の気配があるということを告げ送った。そこで卯剋の頃、参入した。(藤原)資平《すけひら》を、これより先に参入させた。帰って来て、車後《くるまじり》で待たせた。辰剋の頃、相府《しようふ》(藤原道長《みちなが》)は、強飯《こわいい》と粥を卿相《けいしよう》や殿上人《てんじようびと》に供した。卿相は、暁方から簀子敷《すのこじき》に伺候した。私は巳剋の頃、退出した。御産の気配が微々たるものであったからである。また、相府は直接、久しく伺候するよう、おっしゃった。見参《げんざん》した卿相は、大納言《だいなごん》道(藤原道綱《みちつな》)・懐(藤原懐忠《かねただ》)、中納言《ちゆうなごん》斉(藤原斉信《ただのぶ》)・隆(藤原隆家《たかいえ》)・時(藤原時光《ときみつ》)・俊(源俊賢《としかた》)、参議《さんぎ》……

十日。(『御産部類記』四・後一条院による)　**中宮彰子産気**

……気配が微々たるものであった□である。また、相府は直接、久しく伺候するよう、おっしゃった。見参した卿相は、大納言道・懐、中納言斉・隆・時・俊、参議有(藤原有国《ありくに》)・懐(藤原懐平《かねひら》)・兼(藤原兼《かね》隆《たか》)・正(藤原正光《まさみつ》)・経(源経房《つねふさ》)・実(藤原実成《さねなり》)である。「(藤原)行成《ゆきなり》は早く退出した」と云うことだ。左《さ》衛門督《えもんのかみ》(藤原公任《きんとう》)は、この何日か、腰に腫物《しゅもつ》を患い、参入しなかった。新中納言《しんちゅうなごん》(藤原)忠輔《ただすけ》は参らなかった。

辰剋、白木《しらき》の御帳《みちょう》および白木の御屏風《びょうぶ》と御几帳《きちょう》を立てた。御産は未だ遂げておらず、急に御帳を立てられた。先例であろうか。「戌剋の頃、一、二人が、御産が遂げられたということを告げた」ということなので、資平を参らせて、事情を聞いた。子剋の頃、帰って来て、云ったことには、「邪気《じゃけ》を人々に駆り移しました。但し気配は有るとはいっても、未だ御産は有りません」と云うことだ。

十一日、戊辰。　道長、伊周と謁談せず／伊勢例幣使

左武衛《さぶえい》(懐平)が伝え送られて云ったことには、「丑剋の頃、宮(彰子)から退出した。すでに御産の気配は無かった。但し邪気が出て来た。昨日、右府(藤原顕光《あきみつ》)と内府(藤原公季《きんすえ》)が参入された。左《さ》相府《しょうふ》(道長)は謁談《えつだん》した。ところが、帥《そち》(藤原伊周《これちか》)が参入したが、謁されなかった。何か理由が有るのであろうか」と云うことだ。……

今日、中納言忠輔は、別勅《べっちょく》が有って例幣使《れいへいし》の上卿《しょうけい》を勤めた。発遣の儀が終わって、宮に参った。……

十一日、戊辰。(『御産部類記』四・後一条院による)　**皇子敦成誕生**

左武衛が伝え送られて云ったことには、「丑剋の頃、宮から退出した。すでに御産の気配は無かった。但し邪気が出て来た。昨日、右府と内府が参入された。左相府は謁談した。ところが、帥が参入したが、謁されなかった。何か理由が有るのであろうか」と云うことだ。資平が宮の事情を奉った。午剋の頃、伝え送って云ったことには、「只今、御産を遂げられました〈男。〉」と。驚きながら参入した。左府〈道長〉に謁した。談られて云ったことには、「昨日からその気配が有った。特に、亥剋の頃から重く悩《や》まれた。今日に及んで、すでに不覚となった。私は心神《しんしん》が措《お》くことは無かった。たまたま仏神の冥助《みょうじょ》によって、平安に遂げた」と。御喜悦《きえつ》の心は、喩《たと》えることのできる方法も無かった。様子は敢えて云うこともできない。内大臣〈公季〉は、立ったまま参られた。源納言《げんなごん》〈俊賢〉を介して、申し通された。すぐに退帰された。頭中将《とうのちゅうじょう》〈源頼定《よりさだ》〉を勅使《ちょくし》として、御釼《みはかし》〈野釼《のだち》。袋に納めた。〉を持って参った。御簾《みす》の前に伺候した〈茵《しとね》を敷いた。〉。左府に逢った。中宮大夫《ちゅうぐうだいぶ》斉信卿が禄を執った〈持参したようであった。〉。相府が伝え取って、これを被《かず》けた。勅使は南階《みなみのきざはし》から下りて、これを持った。陰陽師《おんみょうじ》が、雑事の日を撰び申した。「御湯殿《おゆどの》の雑具は、内匠寮《たくみりょう》が作る」と云うことだ。諸卿が参会した。今日、中納言忠輔が別勅を給わることが有った。例幣の儀が終わって、宮に参った。或いは云ったことには、「左府は馬八疋を諸社に奉った〈石清水《いわしみず》宮・賀茂上下《かものかみしも》社・春日《かすが》社・大原野《おおはらの》社・吉田《よしだ》社・梅宮《うめのみや》社・北野《きたの》社。〉。石清水宮と大原野社には釼《たち》を奉った。宮に於いて、これを給わられたものである」と。善事《ぜんじ》は、間隙が無かった。修法《しゅほう》七壇と不断読経《ふだんどきょう》三種が行なわれた。神社・仏寺の祈願は、敢えて記すことができない。

仏天《ぶってん》の霊験《れいげん》は顕然であると謂うべきか。諸卿が参会した。左衛門督は無理をして参入した。新中納言は八省院《はっしょういん》から参入した。他の公卿は宮に伺候した。民部卿《みんぶきょう》(懐忠)は参らなかった。左府が云ったことには、「読書博士《どくしょはかせ》は三人。伊勢守《いせのかみ》中原致時《むねとき》〈元はこれは明経博士《みょうぎょうはかせ》である。父(中原)有象《ありかた》は、当代(一条天皇《いちじょう》)の御降誕《こうたん》の時の清書《せいしょ》である。そこで丞《じょう》ではあるが、当代の博士(清原)広澄《ひろずみ》が定めたものである。〉・右少弁《うしょうべん》藤原広業《ひろなり》〈延長《えんちょう》四年、(藤原)元方《もとかた》卿。〉・大江挙周《たかちか》」と云うことだ。或いは云ったことには、「今日、加持僧《かじそう》は退出した。読経した僧綱《そうごう》以下に、すべて綾絹を下給したことは、各々、差が有った。陰陽師三人に絹を下給した〈『四位に三疋、五位に二疋』と云うことだ。〉」と。「鞍を石山寺《いしやまでら》の諷誦《ふじゅ》に充てた。また、諸霊の所に於いて、同じく鞍で諷誦を修した」と云うことだ。人々が説いたものである。

十二日、己巳。　**御湯殿儀**

御湯殿の儀の間、五位十人と六位十人が、弓を執って庭中《ていちゅう》に立った〈皆、白い襲《かさね》を着した。〉。その前に読書人が立った。朝の読書は伊勢守致時朝臣《あそん》、夕は挙周朝臣。

十三日、庚午。　**皇子敦成三夜産養／実資修善**

「今日、后宮《きさいのみや》(彰子)の御産養《うぶやしない》の三夜が行なわれた。本宮《ほんぐう》の調備が有った」と云うことだ。「諸卿が参入した」と云うことだ。ところが私は、修善《しゅぜん》によって参入しなかった。後々、夜々、参入することにする。

十四日、辛未。(『御産部類記』四・後一条院による)　**勧学院歩**

資平が云ったことには、「昨日、勧学院有官別当《かんがくいんうかんのべっとう》と学生《がくしょう》が、中宮に参り、東対《ひがしのたい》の前庭《ぜんてい》に列立《れつりつ》しました。別当右大弁《うだいべん》(藤原説孝《ときたか》)が列に加わって、拝礼《はいらい》を行ないました。但し禄を給わることは見ませんでした」と。或いは云ったことには、「禄を給わることが有った」と云うことだ。後に聞いたことには、「右大弁に大褂《おおうちき》、他に疋絹《ひっけん》」と云うことだ。(清原)為信《ためのぶ》が云ったことには、「右大弁が列に加わった事は、そうであってはならない」と云うことである。「調べなければならない」と云うことだ。

藤原氏の后の御産の時に、勧学院の衆《しゅ》が参入した例は見えない。もしかしたら仮の儀か。調べなければならない事である。長者《ちょうじゃ》が慶賀《けいが》されたので、勧学院が同じく賀したのであろうか。そうあるべき事である。資平は召しによって内裏に参った。しばらくして、帰って来て云ったことには、「もしかしたら勅使が宮に参ったので、御書状はありません。存問《そんもん》されるべきです」と。

十五日、壬申。　皇子敦成五夜産養

酉剋の頃、中宮に参った。今日、御産の後、第五日である。東対の西面《にしおもて》に卿相の饗宴が有った。南《みなみ》面《おもて》に殿上人の饗宴が有った〈上達部《かんだちめ》と殿上人の座に、白い綾の屛風があった。そうであってはならない事か。〉。傅大納言《ふだいなごん》(道綱)以下が、すべて参入した。左相府は饗の座にいた。卿相を促して着した。「相府では、内府が参入されることになっている」と云うことだ。数剋、待った。亥の終剋の頃、参入した。左府は盃酌《はいしゃく》を勧めた。内府は深夜、参入した。未だその理由を知らない。満座は傾き怪しんだ。今日の産養は、左府が準備したものである。或る卿相が云ったことには、「管絃《かんげん》の興が有るであろう」と云うことだ。私が答えて云ったことには、「管絃は無かった。また、凡人《ぼんにん》の産の際には、管絃の興は無い」と。事情を中宮大夫〈斉信。〉に伝えた。頗る承諾の様子が有った。特にまた、諸卿を簾《すだれ》の前に召すのは、如何であろう。今日は申《さる》の日である。思慮が有るべきである。中宮大夫は左府に伝え談った。左府は承諾した。そこで管絃の興は無かった。御厨子《みずし》二脚〈白木。〉は、六位が舁いた。御台盤《だいばん》六脚〈浅香《せんこう》か。螺鈿《らでん》が有った。〉。銀の馬頭盤《ばとうばん》。御膳は皆、銀器に盛った。御飯は銀笥《ぎんし》。御台盤および御膳の物は、地下《じげ》の四位が供した。采女《うねめ》〈白い装束《しょうぞく》を着した。〉が待ち取って、女官《にょうかん》に託した。次々に采女が、御厨子所《みずしどころ》の方から、威儀御膳《いぎのごぜん》を供し、花盤《かばん》に盛った〈三十杯か。確かに見ていない。〉。御《おん》衣筥《ぞのはこ》四合《ごう》〈台は無かった。〉は、親昵《しんでい》の三位および宰相《さいしょう》が執って、女房《にょうぼう》に託した。屯食《とんじき》は南に羅列《られつ》した。諸卿は座を起って、更に渡殿《わたどの》の座に着した。衝重《ついがさね》を召した。「一、二巡《じゅん》の後、和歌会《わかかい》が行なわれた」ということだ。左衛門督〈公任。〉。その後、擲采《てきさい》の戯が行なわれた。暁方に臨んで、大臣以下殿上人に禄を下給したことは、差が有った。主殿寮《とのもりょう》の立明《たちあかし》の官人以下に疋絹を下給した。左大将《さだいしょう》（公季）および私の随身《ずいじん》に、同じく疋絹を下給した。寅剋の頃、退出した。

廻粥《めぐりがゆ》は、五位七人と六位二人であった。燭《しょく》を秉《と》って前行した。讃岐守《さぬきのかみ》（大江）清通《きよみち》が、南簀子敷に伺候して、これを問うた。

今日、見参した諸卿は、内大臣〈公。〉、大納言道綱・懐忠、中納言斉信・公任・隆家・時光・俊賢・

忠輔、参議有国・行成・懐平・兼隆・正光・経房・実成、散二位《さんにい》(平)親信《ちかのぶ》、三位(藤原)頼通《よりみち》・(源)憲《のり》定《さだ》。

十七日、甲戌。　皇子敦成七夜産養

黄昏、中宮に参った。右大臣(顕光)以下が参入した。但し内大臣と民部卿は参らなかった。その他が皆、すべて参入したことは、五日の夜のようであった。今夜は公家《くげ》(一条天皇)が調備されたものである。饗饌《きようせん》を給わったのは、五夜と同じであった。蔵人右少将《くろうどうしようしよう》(藤原)道雅《みちまさ》を勅使とした。御膳および禄物を随身して参入した。別に書いた注文《ちゆうもん》が有った。この文を宮司《みやづかさ》に託した。屯食を庭中に舁き立てた。上達部の座の末に、更に座を設けて、机を立てた。道雅を招いて着させ、女装束《おんなしようぞく》を下給した。遣《やり》水《みず》の辺りで再拝《さいはい》した。また、東対の南唐廂《みなみからびさし》に、更に座を敷き、机を立てた。読書の人を召して着させた〈致時朝臣・広業・挙周である。〉。一巡の後、禄を下給した〈白い褂《うちき》と袴《はかま》。〉。座から下り、庭の辺りで再拝した。退出した。公卿の座を渡殿に移した。衝重を給わった。一、二巡の後、和歌の興が有った。参議有国が執筆《しゆひつ》した。いささか今夜の志を記した。その後、攤《だ》を打った。内蔵《くら》寮《りよう》が攤の紙を進上した。本宮もまた、攤の紙を出した。これより先に、内膳司《ないぜんし》が御膳を供した。采女が伝え取って女官に託した。御飯の笥《け》及び御膳を盛る御器《ごき》・御酒《みき》の盞《かわらけ》は、皆、すべて銀を用いた。采女〈字は少《こ》高島《たかしま》。〉は博覧の者である。容貌は美好である。諸卿は当日の戯言《ざれごと》として酔談《すいだん》を行なった。左府は衣を脱いで下給した。少高島は受け取ろうとはしなかった。左府は再三、戯言して執らせた。公家が禄を下給したことは、差が有った〈上達部・殿上人・諸大夫《しょたいふ》及び宮司か。〉。延長の例と同じであった。その後、中宮が公卿以下に禄を下給した。上達部に女装束、皇子の御衣《おんぞ》を加えられた。或いは襁褓《むつき》を加えられた。詳しく記すことはできない。殿上人の被物《かずけもの》は、差が有った〈四位に褂と袴、五位に褂、六位に袴。四位以上は皇子の衣と襁褓を加えた。或いは御衣、或いは襁褓」と云うことだ。〉。

子剋の頃、各々、分散した。今夜の月は、最も朗明であった。公家が侍臣《じしん》に禄を下給した。宮が諸大夫に疋絹を下給した。

十九日、丙子。　皇子敦成九夜産養

申剋の頃、頭中将が春宮権大夫《とうぐうごんのだいぶ》〈頼通。〉の書状を伝えて云ったことには、「今夜、中宮で儀が有ります。参入されますでしょうか」ということだ。「あの大夫が御産養を奉仕する」と云うことだ。物忌《ものいみ》であることを称し、参入しなかった。毎夜、欠かさないのは、便宜《びんぎ》が無いことであろう。そこで参入しなかっただけである。

二十日、丁丑。　宇佐宮禰宜、上洛

宇佐宮禰宜《うさぐうねぎ》(大神《おおみわの》)成子《なりこ》命婦《みょうぶ》が慮外の事によって参上するということを、書状で申させたのである。「大宮司《だいぐうじ》大神邦利《くにとし》が成子の懐妊《かいにん》について申した。それは弥勒寺《みろくじ》講師《こうじ》元命《げんみょう》法師が、成子を姦《おか》したのである」ということだ。「事は無実であって、この事を愁訴《しゅうそ》する為に参上したものである」ということだ。事は多くは記さない。「この事は、先日、大宰大弐《だざいのだいに》(藤原高遠《たかとお》)の御許から伝え送られたことが有った」

ということだ。

二十三日、庚辰。　興福寺僧参賀／季御読経始

伝え聞いたことには、「今日、興福寺《こうふくじ》僧が中宮に参った」と云うことだ。今日、季御読経始《きのみどきょうはじめ》が行なわれた。そこで内裏に参った。右大臣が御前僧《ごぜんそう》を定めて奏上した。大臣は右中弁《うちゅうべん》(藤原)経通《つねみち》に命じて、鐘を打たせた。外記《げき》を召し、堂童子《どうどうじ》を戒めた。出居《でい》が参上した後、諸卿が参上した。秉燭《へいしょく》の頃、行香《ぎょうこう》を行なった。侍従《じじゅう》が足りなかった。そこで出居二人〈左中将《さちゅうじょう》(藤原)頼親《よりちか》と右少将道雅。〉を用いた。出居は共に礼を失した。頼親は釼を帯びたまま座の末を起ち、階下《かいか》に於いて釼を解いた。道雅は堂前《どうぜん》を渡ろうとした。卿相が指示した。驚いてまた、南階から下りようとした。卿相はまた、意向を示した。そこで西階《にしのきざはし》の下から下りた。今日、右衛《え》門督《もんのかみ》〈斉信。〉・権中納言《ごんちゅうなごん》〈隆家。〉・源中納言《げんちゅうなごん》〈俊賢。〉、右宰相《うさいしょう》中将《ちゅうじょう》〈兼隆。〉が、御前に伺候した。天皇の御物忌に籠ったからである。右大臣〈顕。〉・内大臣〈公。〉、左衛門督〈公任。〉、勘解由長官《かげゆのかみ》〈有国。〉・左大弁《さだいべん》〈行成。〉・左兵衛督《さひょうえのかみ》〈懐平。〉・大蔵卿《おおくらきょう》〈正光。〉・侍従宰相《じじゅうさいしょう》〈実成。〉が、紫宸殿《ししんでん》に伺候した。左兵衛督以下は座席が無かったので、更に座に着さなかった。

二十七日、甲申。　土御門第行幸日時勘申

人々が云ったことには、「来月、中宮に行幸《ぎょうこう》が行なわれることとなった」と云うことだ。大外記《だいげき》(滋野《しげのの》)善言《よしとき》朝臣……左府が云ったことには、「明日、行幸の日を勘申《かんじん》させるように」ということだ。

二十八日、乙酉。

左府は、内々に(賀茂《かもの》)光栄《みつよし》・(県《あがたの》)奉平《ともひら》・(安倍)吉平《よしひら》を召して、来月の行幸の日を問うた。「十六日が吉日《きちにち》であることを申した」ということだ。

○十月

五日、壬辰。　弓場始

今日、射場始《いばはじめ》が行なわれた。参入しなかった。子剋の頃、(藤原)資平《すけひら》が来て、云ったことには、「只今、儀が終わりました。左大臣(藤原道長《みちなが》)・右大臣(藤原顕光《あきみつ》)・内大臣(藤原公季《きんすえ》)、傅大納言《ふだいなごん》(藤原道綱《みちつな》)、右衛門督《えもんのかみ》(藤原斉信《ただのぶ》)・権中納言《ごんちゅうなごん》(藤原隆家《たかいえ》)・源中納言《げんちゅうなごん》(俊賢《としかた》)・新中納言《しんちゅうなごん》(藤原忠輔《ただすけ》)、両宰相中将《さいしょうちゅうじょう》(源経房《つねふさ》・藤原兼隆《かねたか》)・侍従宰相《じじゅうさいしょう》(藤原実成《さねなり》)が参入しました。所掌右少将《しょしょううしょうしょう》(藤原)道雅《みちまさ》は、失錯《しっさく》が多くありました」と云うことだ。「能く射た者の第一は権中納言で、最初の矢を的に当てました」と云うことだ。「科《か》を射た者はいませんでした」と云うことだ。

十六日、癸卯。　土御門第行幸

暁方、諷誦《ふじゅ》を清水寺《きよみずでら》で修した。行幸《ぎょうこう》に扈従《こしょう》することになっているからである。巳剋、内裏に参った。左大臣以下が参入した。午剋、一条《いちじょう》天皇の鳳輿《ほうよ》は、東門から御出《ぎょしゅつ》した〈葱花形《きのはながた》の御輿《みこし》を用いるべきであろうか。〉。后宮《きさいのみや》(藤原彰子《あきこ》)〈上東門院《じょうとうもんいん》である。〉に行幸した。警蹕《けいひつ》と鈴奏《すずのそう》は、通例のとおりであった。左大《さだい》将《しょう》(公季)が、東中門《ひがしちゅうもん》の外に於いて御綱について命じた〈還御《かんぎょ》の時、内裏に於いて同じく御綱について命じる。〉

還御の時、命じることを見なかったことについて、調べなければならない。今日、大舎人《おおとねり》は緑の衫《さん》と表衣《うえのきぬ》を着した。失儀《しつぎ》である。先例では、緋《ひ》の袍《ほう》と白い布袴《ほうこ》・帯を着す。後日、召問《しょうもん》されることが有った。〉。乗輿《じょうよ》が后宮の西中門《にしちゅうもん》に御入《ぎょにゅう》した際、竜頭《りょうとう》・鷁首《げきしゅ》に乗った楽人《がくにん》が御輿を迎え、楽を奏した。御輿が退いた後、諸卿は座に着した〈西対《にしのたい》の南廂《みなみびさし》。〉。新皇子敦成《あつひら》を親王とするという宣旨《せんじ》を下した。頭弁《とうのべん》（源）道方《みちかた》を介して、左府（道長）に仰せ下された。一族の公卿と侍臣《じしん》は、御在所《ございしょ》の南西の方に於いて、頭弁道方を介して慶賀《けいが》を奏上させた。拝舞《はいぶ》した。次いで中納言《ちゅうなごん》〈中宮大夫《ちゅうぐうだいぶ》。〉斉信を介して、あの宮（敦成親王）の勅別当《ちょくべっとう》とした。中門の内に於いて慶賀を奏上させた。拝舞した。申剋に臨んで、寝殿《しんでん》の簾《すだれ》を巻き、大床子《だいしょうじ》と御置物《おきもの》机《づくえ》を供した〈皆、新たに造った。紫檀地《したんじ》の螺鈿《らでん》。大床子の敷物は唐錦《からにしき》を用いた。蔵人左兵衛尉《くろうどさひょうえのじょう》（藤原）惟任《これとう》と左《さ》衛門尉《えもんのじょう》（高階《たかしなの》）成行《しげゆき》［非蔵人《ひくろうど》。］が大床子を舁いて、南階《みなみのきざはし》から退いて下りた。大きな失儀である。〉。すぐに天皇が御座に出御《しゅつぎょ》し、諸卿を召した〈簀子敷《すのこじき》。円座《わろうだ》を座とした。〉。序列どおりに参上し、座に着した。衝重《ついがさね》を給わった。この頃、舟楽《ふながく》を奏した。大唐《だいとう》・高麗楽《こまがく》、互いに奏した〈各二曲。〉。秉燭《へいしょく》の頃、舟に棹《さお》さして退いた。また、特に楽所《がくしょ》の人を階下《かいか》に召して、管絃《かんげん》を奏させた。衝重を給わった。また、公卿と侍従《じじゅう》も、管絃を合奏した。これより先に、御膳を供した〈御台二本。紫檀地の螺鈿。〉。傅大納言を陪膳《ばいぜん》とした。宰相中将二人・中宮権大夫《ちゅうぐうごんのだいぶ》（俊賢）・侍従宰相が益供《やくぐ》した〈御菓子八種を銀器に盛った。その様子は異例であった。御盤《ばん》は紫檀地の螺鈿。〉。陪膳の人が御酒《みき》を供した。御酒は、本来ならば御座に進み、御酒を盛って供さなければならない。ところが長押《なげし》の下に於いて盛らせた。前例を知らないのか。時剋が経ち、漸く闌《たけなわ》であった。左府の意向によって、内大臣が菊枝を折らせ、一枝を撰び取って、天皇に献上した〈御挿頭《かざし》にするためか。天皇の御意向も無いのに、勝手に献上するのは、如何なものか。〉。天皇は取られた。ただ御手に持った。次いで左府は、同じ花を挙げさせ、群卿の冠に挿した。また、諸卿に命じて伺候させた。殿上人《てんじょうびと》と地下人《じげにん》の管絃は、声を合わせた。左府は主殿寮《とのもりょう》に命じて、立明《たちあかし》を退かせた。月華《げっか》を賞翫する為である。后（彰子）が贈物を献上した〈笙《しょう》・横笛《よこぶえ》・高麗笛《こまぶえ》。中宮大夫斉信・中宮権大夫俊賢・中宮亮《ちゅうぐうのすけ》実成が、これを執った。〉。これより先に、公卿以下に禄を下給した〈公卿に大褂《おおうちき》、殿上《てんじょう》の侍臣に衾《ふすま》。供奉《ぐぶ》の諸司の色目《しきもく》は、調べなければならない。〉。

天皇は簾中《れんちゅう》に入御《にゅうぎょ》された。諸卿は座を起って、本座に復した。この頃、頭弁は仰せを奉って、右大臣を召した。大臣（顕光）は進んで簾下《れんか》に伺候した。勅を承って、叙位《じょい》二枚を書かせた〈一枚は男、一枚は女。〉。正二位に藤原斉信〈中宮大夫。〉、従二位に源俊賢〈中宮権大夫。〉、従二位に藤原頼通《よりみち》〈家の子。年十六。〉、従一位に源倫子《ともこ》〈后の母。〉。叙位の文を笏《しゃく》に取り副えて、本座に復した。内記《ないき》に下給し、位記《いき》を作成するよう命じた。左大臣・内大臣および慶賀の人々は、御所に進んで慶賀を奏上させた〈両大臣（道長・公季）は、子の慶賀による。同じく賀すのが通例である。〉。左右大将《たいしょう》は、都合のよい所に立った。子三剋、天皇は内裏に還った。途中、にわか雨があった。諸卿は西対の南《みなみ》・東廂《ひがしびさし》に列立《れつりつ》した。雨が降っていたので、すぐに止めた。

鈴奏と諸卿の通籍《つうせき》は、通例のようであった。今日の事は、天が然らしめたものである。但し頼通は、春秋十六歳である。二品《にほん》に加えるのは如何であろう。

二十七日、甲寅。　**臨時御読経結願**

内裏に参った。今日、四十口《く》臨時御読経《みどきょう》の結願《けちがん》〈仁王経《にんのうきょう》。〉が行なわれた。申剋、鐘を打った。出居《でい》が参上した。次いで卿相《けいしょう》、次いで僧侶。左中将《さちゅうじょう》（源）頼定《よりさだ》が御導師《どうし》律師《りっし》澄心《ちょうしん》の辺りに就いて、執杖《しつじょう》を給うということを伝えた。酉一剋、行香《ぎょうごう》が行なわれた。参入した諸卿〈右大臣・内大臣、大納言《だいなごん》道綱、中納言隆家・俊賢・（藤原）時光《ときみつ》・忠輔、参議《さんぎ》（藤原）有国《ありくに》・（藤原）懐平《かねひら》・兼隆・（藤原）正光《まさみつ》・経房。〉。大外記《だいげき》（滋野《しげのの》）善《よし》言朝臣《ときあそん》が雑事を申した次いでに、行幸の日に大舎人が緋の衫を着さなかった事を問うた。当色《とうじき》が無いのならば、寮に着さない。申請しなかった懈怠《けたい》である。

二十九日、丙辰。　**除目／受領功過定**

召使《めしつかい》が申して云ったことには、「今日から除目《じもく》が行なわれます」ということだ。申剋、内裏に参った。しばらくして、諸卿に召しが有って参上したことは、通例のとおりであった。傅《ふ》（道綱）・私・右金吾《うきんご》（斉信）三人が、筥文《はこぶみ》を執った。左府が御前に於いて、下官（実資）におっしゃって云ったことには、「受領《ずりょう》の功過《こうか》を定め申すように」ということだ。右少弁《うしょうべん》（藤原）広業《ひろなり》を召して、伝え述べた。すぐに陣《じん》座《のざ》から帰って来て、云ったことには、「一国が文書《もんじょ》を揃えていません」ということだ。このことを申上した。左府が、府生《ふしょう》で将曹《しょうそう》に転じるべき者を問われた。第一は（多《おおの》）武吉《たけよし》、恪勤《かくご》は（紀）正方《まさかた》である。両人の間で定め任じられることになった。戌の終剋、諸卿が退下した。

○十一月

一日、戊午。　敦成親王五十日の儀

日没の頃、后宮《きさいのみや》(藤原彰子《あきこ》)に参った。今日、皇子(敦成親王《あつひら》)の五十日《いか》の儀が行なわれた〈昨日、五十日に満ちた。ところが日次《ひなみ》が宜しくなかった。そこで今日、この儀が行なわれた。〉。左右内三府(藤原道長《みちなが》・藤原顕光《あきみつ》・藤原公季《きんすえ》)、大納言《だいなごん》(藤原)道綱《みちつな》、中納言《ちゅうなごん》(藤原)斉信《ただのぶ》・(藤原)公任《きんとう》・(藤原)隆家《たかいえ》・(源)俊賢《としかた》・(藤原)時光《みつ》、参議《さんぎ》(藤原)有国《ありくに》・(藤原)懐平《かねひら》・(藤原)兼隆《かねたか》・(藤原)正光《まさみつ》・(源)経房《つねふさ》・(藤原)実成《さねなり》、非参議《ひさんぎ》二位(平)親《ちか》信《のぶ》・(藤原)頼通《よりみち》、三位(源)憲定《のりさだ》が参入した。東対《ひがしのたい》に於いて、卿相《けいしょう》および殿上人《てんじょうびと》の饗宴が有った。御産の時のようであった。「戌剋、皇子は初めて餅を食された」と云うことだ。御前の物は、御台六本。侍従宰相《じじゅうさいしょう》(実成)〈中宮亮《ちゅうぐうのすけ》を兼ねる。〉が打敷《うちしき》を執った。殿上人の四品《しほん》が御台を執った。次いで母后《ははきさき》(彰子)の御膳〈懸盤《かけばん》六基《き》。〉。右近中将《うこんのちゅうじょう》兼隆〈宰相《さいしょう》。〉が打敷を執った。殿上人の五位が御膳を益送《やくそう》した。次いで籠物《こもの》五十捧《ささげ》を折敷《おしき》に据えた〈或いは銀籠《ぎんこ》は銀で作った枝に付けた。沈香《じんこう》の折敷に据えた。洲浜《すはま》の装飾が有った。「蔵人頭《くろうどのとう》と殿上人の四品が、左府(道長)の命によって奉仕したものである」と云うことだ。〉。地下人《じげにん》の四位と五位が、これを執った。次いで折櫃物《おりびつもの》五十合《ごう》〈大和守《やまとのかみ》(源)頼親朝臣《よりちかあそん》が奉仕した。善を尽くし、美を尽くした。籠物のようであった。〉。卿相は酩酊《めいてい》した。召しによって進み、簀子敷《すのこじき》に伺候した。衝重《ついがさね》を給わった。管絃《かんげん》の興が有った。公卿と殿上人に禄を下給したことは、差が有った。立明《たちあかし》の主殿寮《とのもりょう》の官人に

疋絹《ひっけん》、右大臣(顕光)と内大臣(公季)に引出物《ひきでもの》〈馬。〉が有った。両丞相《じょうしょう》(顕光・公季)は、綱の末を執って一拝した。更に昇って座に復した〈引出物は、深夜に座に復すことは、見たことのない事である。馬の拝の後、直ちに退出すべきである。〉。内大臣は衣を脱いで、左大臣(道長)の随身左近府生《ずいじんさこんのふしょう》(秦《はたの》)為国《ためくに》に下給した。次いで左大臣が衣を脱いで、内大臣の随身左近府生(榎本《えのもとの》)季理《すえまさ》に下給した。傅大納言《ふだいなごん》(道綱)が衣を脱いで、内大臣の随身番長《ばんちょう》(藤原)兼光《かねみつ》に下給した。左府は私の随身番長(下毛野《しもつけのの》)公頼《きんより》を召して、衣を脱いで下賜した。私は左府の随身右近府生《うこんのふしょう》(秦)正親《まさちか》を召して、衣を下給した。その後、和歌の興が有った。これより先に、右府は早く退出した。今日の儀は、左府が奉仕したものである。子剋の頃、儀が終わった。

六日、癸亥。　宇佐大宮司・弥勒寺講師訴訟の議定

左金吾《さきんご》(公任)・権中納言《ごんちゅうなごん》(隆家)・左武衛《さぶえい》(懐平)が伝え送って云ったことには、「昨日、弥勒寺講師《みろくじこうじ》元命《げんみょう》が愁訴《しゅうそ》し申した条々について定められた。宇佐宮禰宜《うさぐうねぎ》大神成子《おおみわのなりこ》を強姦《ごうかん》した事について、初めは三昧《さんまい》僧神願《そうしんがん》が和姦《わかん》であるということを申した。後に元命が強姦したということを申した。事は追告《ついこく》に渉る。大宮司《だいぐうじ》(大神)邦利《くにとし》を故入人罪《こにゅうにんざい》に処すということを定め申した」ということだ。「また、成子の懐妊《かいにん》の実否について、大宰府《だざいふ》が捜問《そうもん》して言上《ごんじょう》するよう、同じく定め申した」ということだ。故入人罪の定については、如何なものか。これは有司の事ではないか。

八日、乙丑。　内裏大垣門修造の国々等を定む

未剋の頃、内裏に参った。左大臣、中納言斉信・公任・隆家・俊賢・(藤原)忠輔《ただすけ》、参議有国・実成〈実成は定の間に座を起った。もしかしたら定を聞いた際、凶事《きょうじ》によるものか。〉が、同じく参った。内裏の四面の大垣および門を修造する国々を定め充てた。また、防河《ぼうか》の国々〈畿《き》内《ない》五箇国。〉を定めた。次いで前大宰《さきのだざいの》少監《しょうげん》(大蔵《おおくらの》)種材《たねき》朝臣について定め申した〈「検《け》非《び》違《い》使《し》庁《ちょう》に於いて召問《しょうもん》されることになった」ということだ。事が多く、記さない。〉。「また、諸牧の駒牽《こまひき》の違期《いご》について、先日、官符《かんぷ》を国々に下給した。その後、いよいよ懈怠《けたい》が有った。行なうよう、定め申すべきである」ということだ。国司《こくし》を召し上げて召問された後、弁解の余地が無ければ、過状《かじょう》を進上させ、罪状を下し勘じられるよう、一同が定め申した。戌剋、諸卿は退出した。

十日、丁卯。　敦成親王政所・侍所始

(藤原)資平《すけひら》が云ったことには、「今日、新皇子の政所《まんどころ》・侍所始《さむらいどころはじめ》です。左府は侍所《さむらいどころ》に於いて近習《きんじゅう》の卿相と会われて、同食します。侍所の簡《ふだ》は、多く付けられています。殿上《てんじょう》の人々は、或いは願い、或いはそうではありませんでした」ということだ。

十四日、辛未。　大蔵種材の愁訴

種材朝臣が来て、云ったことには、「検《け》非《び》違《い》使《し》別当《べっとう》(懐平)は恩がありません。私を肱禁《こうきん》させるという意向が有ります」と云うことだ。「昨日、左府に申させました。今夜、重ねて申させたようです」ということだ。

十六日、癸酉。　大蔵種材を肱禁せず弓場に拘禁

種材朝臣を今日、左衛門府《さえもんふ》の射場《いば》に拘禁《こうきん》させた。「大宰府の使から検非違使《けびいし》の官人が請い取った」と云うことだ。明法道《みょうぼうどう》の官人が云ったことには、「肱禁して請け取り、拘禁するように」と云うことだ。「ところが左相府《さしょうふ》（道長）の意向によって、禁法《きんぽう》を用いなかった」と云うことだ。「（平）維衡《これひら》や（平）致頼《むねより》朝臣は肱禁しなかった。どうしてましてや、種材については、犯したところが明らかではない。まったく肱禁すべきではないのではないか。肱禁については、検非違使別当に、頗るその意向が有る」と云うことだ。この事は、再三、申し伝えた。

十七日、甲戌。　中宮・敦成親王、内裏還御

天が晴れた。行啓《ぎょうけい》に扈従《こしょう》することになっていたので、諷誦《ふじゅ》を清水寺《きよみずでら》で修した。秉燭《へいしょく》の頃、中宮《ちゅうぐう》（彰子）に参った。戌二剋、行啓が行なわれた〈本宮《ほんぐう》の西門から出て、大宮院《おおみやいん》（一条院《いちじょういん》）の東面北門から入られた。〉。皇后は若宮《わかみや》〈敦成親王。〉と同輿《どうよ》した。私は車に乗って扈従した。左丞相《さじょうしょう》（道長）が親王を抱き奉った。殿上人の四品と五品《ごほん》は馬に騎り、続松《つぎまつ》を秉《と》って扈従した。上達部《かんだちめ》以下は、大宮院に於いて饗禄《きょうろく》が有った〈左府が禄に関わった。〉。供奉《ぐぶ》した公卿は、大納言道綱・私、中納言斉信〈中宮大夫《ちゅうぐうだいぶ》。〉・公任・隆家・俊賢〈中宮権大夫《ちゅうぐうごんのだいぶ》。〉・時光、参議有国・懐平・兼隆・経房・実成〈中宮亮。〉。

二十三日、庚辰。　豊明節会

申剋の頃、内裏に参った。諸卿が参入した。左大臣が内弁《ないべん》を勤めた。内大臣、大納言道綱、中納言斉信〈小忌《おみ》。〉・公任・隆家・俊賢・忠輔、参議有国・懐平・兼隆〈小忌。〉・経房・実成、二位頼通、三位憲定は外弁《げべん》に着した。秉燭の後、幾《いくば》くもなく門を開いた。小忌の少納言《しょうなごん》(源)朝任《あさとう》が、召しに応じた。内大臣は、小忌が未だ進まない前に、座に着そうとした。そこで諸卿が指示した。思失《ししつ》していたのか。諸卿の謝座《しゃざ》と謝酒《しゃしゅ》の儀は、恒例のとおりであった。節会《せちえ》の中間に、左大臣は内大臣に譲って退出した。国栖《くず》は参らなかった。そこで国栖奏《くずのそう》は無かった。小忌の座を下させた際、右衛門督《えもんのかみ》斉信は、起って簀子敷に居り立った。座を直し終わって、座に復した。未だ見たことのない事である。座を下す間に退下し、更に還り昇って座に復すのが吉いのである。斉信卿は大歌別当《おおうたのべっとう》であったので、小忌とはいっても、通例によって大歌《おおうた》を召す役を勤めた。この事は疑慮《ぎりょ》が有り、昨日、問うことが有った。そこで報答した。内大臣が宣命《せんみょう》と見参簿《げんざんぼ》を給う際、前例を知らないようなものであった〈文書《もんじょ》を取って参議に給う際、口伝《くでん》が有るからである。〉。亥の終剋の頃、儀が終わった。右衛門督以下は、すべて五節所《ごせちどころ》に向かった。ただ傅大納言・私・左兵衛督《さひょうえのかみ》(懐平)が、向かわなかっただけである。

二十六日、癸未。　**賀茂臨時祭試楽**

今日、臨時祭試楽《りんじさいしがく》が行なわれた。「秉燭の頃、資平は内裏から退出した」と云うことだ。舞人《まいびと》三人が参らなかった〈(藤原)兼綱《かねつな》・(藤原)忠経《ただつね》・朝任である。〉。権中納言一人が、御物忌《ものいみ》に伺候した。

二十八日、乙酉。　**賀茂臨時祭**

臨時《りんじ》祭《さい》が行なわれた。資平が暁方に退出して、云ったことには、「諸卿に御衣《おんぞ》が下給されました。見《げん》参《ざん》した卿相は、左大臣、大納言道綱、中納言斉信・公任・隆家・俊賢、参議有国・懐平・兼隆・経房、二位頼通でした」と云うことだ。公任と懐平は、御神楽《かぐら》の間に参入した。御物忌に籠り候じなかったからである。左府の催促によって参入したものか。相府《しようふ》（道長）の子の中将《ちゆうじよう》（藤原）教通《のりみち》を祭使《さいし》とした。「相府は直盧《じきろ》に於いて、朝夕の準備が有りました。その中で、特に卿相を催されました」と云うことだ。

○十二月

十五日、辛丑。　御仏名結願

丑剋の頃、内裏に参った〈初夜《そや》の御導師《どうし》の中間。〉。初夜の御導師は戒秀《かいしゆう》であった。本来ならば日歓《にっかん》が奉仕するはずであった。ところが特に仰せ事が有り、戒秀を初夜の御導師とした。日歓にとっては、はなはだ面目が無い。これは右衛門督《えもんのかみ》（藤原斉信《ただのぶ》）が談ったものである。初日の御導師は二人〈初夜は法橋《ほっきよう》慶算《きようさん》が第一の御導師、後夜《ごや》は日歓が第二の御導師。〉。初日の後夜の御導師を今夜の初夜の御導師とした。ところが昨夜の初夜の御導師戒秀を今夜の初夜の御導師とした。「これは格別な勅定《ちよくじよう》である」と云うことだ。後夜の御導師に錫杖《しやくじよう》の間、綿を下給した。五位蔵人《ごいのくろうど》（藤原）広業《ひろなり》、蔵人《くろうど》（藤原）惟規《のぶのり》・（藤原）惟任《これとう》が、綿を盛った筥《はこ》を執り、御導師の下に就いて頒《わか》ち給わった。但し惟規と惟任は筥を執った。先例では、一筥に御導師の綿を盛り、もう一筥に弟子僧の綿を盛る。ところが二筥とも、御導師の綿を納めた。惟規は更に簾下《れんか》に就いて、弟子の綿を盛った筥を執り、皆、弟子に下給した。本来ならば普《あまね》く頒ち給うのである。ところが数帖《じょう》の綿を一人に下給した。他の僧が奪い取った際、極めて狼藉《ろうぜき》であった。蔵人は故実《こじつ》を失したようなものである。諸卿は傾き怪んだ。御結願《けちがん》が終わって、行香《ぎょうごう》が行なわれた。その後、左大臣（藤原道長《みちなが》）・内大臣（藤原公季《きんすえ》）、帥《そち》（藤原伊周《これちか》）、私、右《う》金吾《きんご》（斉信）・尹中納言《いんちゅうなごん》（藤原時光《ときみつ》）が、禄を執った。僧侶は退下した〈丑一剋。〉。名対面《なだいめん》の次いでに薯蕷《しょよ》を下給した。見参《げんざん》した公卿は、左大臣・内大臣、帥、右衛門督・権中納言《ごんちゅうなごん》（藤原隆家《たかいえ》）・新中納言《しんちゅうなごん》（藤原忠輔《ただすけ》）、右近中将《うこんのちゅうじょう》（藤原兼隆《かねたか》）・侍従《じじゅう》宰相《さいしょう》（藤原実成《さねなり》）である。

十七日、癸卯。　大神祭／中宮読経発願／元日侍従・荷前使定

今日、大神祭《おおみわのまつり》の日であるが、宮中に於いて仏事《ぶつじ》を修された。また、荷前使《のさきのつかい》を定められた。前例は有るのであろうか。調べなければならない。中宮属《ちゅうぐうのさかん》兼良《かねよし》が来て、云ったことには、「今日、御読経《みどきょう》の発願《ほつがん》〈秋季《しゅうき》。〉が行なわれます。参入されますように」ということだ。未剋の頃、内裏に参った。次いで后宮《きさいのみや》（藤原彰子《あきこ》）の方に参った。左府（道長）、右衛門督・権中納言・源中納言《げんちゅうなごん》（俊賢《としかた》）、勘解由長官《かげゆのかみ》（藤原有国《ありくに》）・左大弁《さだいべん》（藤原行成《ゆきなり》）、春宮権大夫《とうぐうごんのだいぶ》（藤原頼通《よりみち》）・修理大夫《しゅりだいぶ》（平親信《ちかのぶ》）、右近中将・左近中将《さこんのちゅうじょう》（源経《つね》房《ふさ》）・侍従宰相が、宮（彰子）に伺候した。饗饌《きょうせん》が有った。儀が終わって、鐘を打った。僧侶が参上した。行香が終わった。左大臣は陣座《じんのざ》に着した。元日奏賀《がんじつそうが》の侍従《じじゅう》と荷前使を定めて奏上した。式部卿《しきぶきょう》親王（敦康《あつやす》親王）と中務卿《なかつかさきょう》親王（具平《ともひら》親王）の他には親王はいない。ところが中務卿親王は重服《じゅうぶく》である。そこで先ず事情を奏上した。二位親信を親王代《しんのうだい》とした。荷前使は、山階《やましな》(天智《てんじ》天皇)は大納言《だいなごん》(藤原)道綱《みちつな》、柏原《かしわばら》(桓武《かんむ》天皇)は私、深草《ふかくさ》(仁明《にんみょう》天皇)は中納言《ちゅうなごん》(藤原)公任《きんとう》、田邑《たむら》(文徳《もんとく》天皇)は中納言時光、後山階《のちのやましな》(醍醐《だいご》天皇)は参議《さんぎ》(藤原)懐平《かねひら》、宇治《うじ》(藤原穏子《やすこ》)は参議兼隆、中宇治《なかのうじ》(藤原安子《やすこ》)は参議(藤原)正光《まさみつ》、後宇治《のちのうじ》(藤原懐子《かねこ》)は参議実成。

明年、聖上《せいじょう》(一条《いちじょう》天皇)は重く慎しまれなければならない。そこで諸国に命じて、大般若経《だいはんにゃきょう》を書写《しょしゃ》して供養《くよう》させるよう、定めて命じられたのである。「三月以前に書き始め、八月以前に供養し奉るように」ということだ。左大臣が左大弁に命じた。四天王寺《してんのうじ》別当《べっとう》法橋慶算の前後の任の間の成功《じょうごう》について、勤公《きんこう》が有るということを定め申した。戌剋、退出した。

大神祭の日に荷前使を定められた例は、応和《おうわ》元年にあった。

二十日、丙午。　**敦成親王百日の儀／伊周序題を書く**

内裏に参った。今日、若宮《わかみや》(敦成《あつひら》親王)の百日《ももか》の儀が行なわれた。諸卿が参入した。宮の御方に、銀籠《ぎんこ》百と折櫃《おりびつ》百合《ごう》、その他、大折櫃十合を、皆、后の御前に羅列《られつ》した。籠物《こもの》と据物《すえもの》の装飾は、敢えて記すことができない。百合の折櫃は、金銀を加えないものは無かった。過差《かさ》の極みは、加えることは無いばかりである。大折櫃に染絹《そめぎぬ》・生絹《すずし》・綿を盛った。これは相府《しょうふ》(道長)が準備したものである。但し他の籠物は、公卿・殿上人《てんじょうびと》・受領《ずりょう》が奉仕したものである〈公卿は大納言道綱、中納言斉信・公任・隆家、参議行成、二位頼通、参議懐平・兼隆・正光・経房・実成。以上は籠物の人である。〉。酉剋の頃、聖上が后宮に渡《と》御《ぎょ》した。その後、籠物と折櫃を、侍従を介して御所に献上した。この頃、公卿と侍従が饌宴の座に着した。盃酌《はいしゃく》が頻りに巡り、すでに酩酊《めいてい》に及んだ。戌剋、若宮に饌宴を供した〈御台は銀器を用いた。中《ちゅう》宮大夫《ぐうだいぶ》斉信卿が奉仕した。〉。次いで后に膳を供した〈蘇芳《すおう》の懸盤《かけばん》は銀器。中宮権大夫《ちゅうぐうごんのだいぶ》俊賢が奉仕した。〉。夜が更けて闌《たけなわ》となり、玉簾《たますだれ》を巻いた。宸儀《しんぎ》(一条天皇)が出御《しゅつぎょ》した〈平座《ひらざ》。〉。上達部《かんだちめ》を召した。序列どおりに参入した。下臈《げろう》は座席が無かったので、御前に伺候しなかった。次いで衝重《ついがさね》を給わった。一、二巡《じゅん》の後、天皇に御膳を供した〈銀の懸盤。装飾は絶妙を尽くした。御器《ごき》は貝の形に造った。〉。斉信卿を陪膳《ばいぜん》とした。打敷《うちしき》を執って、御前に進んだ。ところが右大臣(藤原顕光《あきみつ》)が座を離れ、更に打敷を取り替えて、陪膳を奉仕した。未だその理由を知らない。満座は目を向けた。泥酔の様子が有った。御酒台《しりざら》の具が有った〈机上に瑠璃《るり》の御酒瓶と同じ御盃を据えた。〉。右大臣は陪膳が終わって、御酒台の辺りに就いた。御盃を執って、御所に進んだ。大夫斉信は瓶で御酒《みき》を御盃に盛った。右大臣は御酒を供し終わって、座に復した。次いで内大臣が御酒を供したことは、初めのようであった。御膳や御酒を供する人は、皆、警蹕《けいひつ》を称す。但し打敷を執る陪膳は、称さない。右大臣は御膳を伝え取って、更に警蹕を称した。未だその儀を知らない。奇怪に思った。陪膳の人は、釼《たち》を解いて笏《しゃく》を挿んだ。益供《やくぐ》の人は解かない。また、酒を供する人は解かない。内大臣は、御酒を供そうとしていた際、下官(実資)の辺りに寄って、事情を問うた。詳しく答えた。内府は淵酔《えんすい》して、酒を供した後、退出した。左府は左衛門督《さえもんのかみ》公任に命じて、献盃《けんぱい》を行なわせた。命が有って、左大弁行成卿が硯を執った。近くに進んで、和歌を書こうとした。帥が紙筆を乞い取って、序題《じよだい》を書いた。満座は頗る傾き怪しむことが有った。帥は自分を丞相《じようしよう》に擬した。どうしてたやすく筆を執ったのか。身にはまた、忌諱《きき》が有る。思い知っていないようなものである。大底は無心か。源中納言俊賢卿も、同じくこのような趣旨を談った。更にまた、左大弁に和歌を書かせた。左大臣は天皇に御酒を供そうとした。ところが、天皇の御盃を給わるという意向を得た〈左大臣が御酒を供し、また御盃を給わっても、何の妨げが有るであろうか。ところが右大臣を介して、重ねて献上させた。未だその意味を得ない。〉。右大臣は御酒を供して退帰した。御盃を酒台の机に置いた際、顚倒した。上下の者は目を向けた。酔気の致したところか。左大臣は御前に進んで、御盃を給わった。酒台に就いて、御盃を置いた。腋《わき》の方から下りようとした。私は御前から降りるよう告げた。そこで更に帰って、御前から庭前に降りて、舞踏《ぶとう》した。東方から昇った。土器《かわらけ》を執って飲み、座に復した。左衛門督が進み寄って、指示した。そこで盃を置いて、酒台の下に進み寄った。更に御盃を執って、座に復した。土器の盃を召して、御酒を注いだ。この際、御酒の盞《かわらけ》を席上に据えた。あれこれが、人に給わるようにと伝えた。そこで土器の盃を持って来た人に給わった。その後、序列どおりに流し巡らせた。この作法は、すでに不覚であった。初め本来ならば御盃を給わった後、御盃を持ったまま座に復さなければならない。土器を召して御酒を注ぎ、御盃を給わった人が、先ず飲んだ。御盃を終わって、盃を据え、御前から下りた。舞踏し、腋の方から帰り昇って、本座に復し、流し巡らせなければならないものである。事は前伝《ぜんでん》に背いている。そこで子細を記した。その後、左府は天皇の意向を承けた。すぐに御製《ぎょせい》が有った。相府は御前に進んで、仰せを奉り、伝え書かせた〈左大弁。〉。相府は御返歌《へんか》を献上した。頗る思うところが有った。親王が後ろに向かった頃、しばらくして主上《しゅじょう》(一条天皇)が入御《にゅうぎょ》した。相府は私に命じた。そこで警蹕を行なった。このような際は、必ずしも称さない。ところが時の状況に従っただけである。大臣以下侍従は、燭《しょく》を秉《と》った。私は御釼《みはかし》を執って前行した。昼御座《ひのおまし》に置いて、退出した〈子四剋。〉。

二十八日、甲寅。　荷前使

酉剋の頃、内裏に参った。荷前使であるからである〈権随身《かりのずいじん》、また通例の随身《ずいじん》は、馬に騎って従った。左馬寮《さめりょう》の馬に騎らせた。番長《ばんちょう》以下も、皆、騎った。〉。大外記《だいげき》(滋野《しげのの》)善言朝臣《よしときあそん》が左府の御書状を伝えて云ったことには、「今日、参入してはならない。早く催し行なうように」ということだ。外記《げき》(文室《ふんやの》)清忠《きよただ》を召して、使の上達部が参っているかどうかを問うた。申して云ったことには、「山階使大納言道綱・深草使中納言公任・田邑使中納言時光・宇治使参議兼隆・中宇治使参議正光は、皆、故障を申しました。参議懐平と実成が参入しています」と。使は極めて足りない。未だこのような例はなかった。そこで外記清忠を遣わして、先ず左府に申し達した。その次いでに、使の上達部が多く参らないということを奏上させた〈差し宛てられた使の障りは、子細を奏上させた。〉。一、二度、仰せ事が有った。また、奏聞《そうもん》の趣旨は、詳しく記すことができない。その頃、左府の御返事に云ったことには、「頼通は、本来ならば参入させるところである。ところが、未だ神事を勤めない前に、初めてこの役を奉仕させるのは、憚るところが有るであろう。使々は多く欠いている。極めて非常である。今に至っては、修理大夫と右兵衛督《うひょうえのかみ》（源憲定《のりさだ》）を召し遣わして、その役に従わせるしかない」ということだ。また、このことについて奏聞を経た。但し、参って、加えて奏上させた。深夜に及んでいる。召し遣わしたといっても、必ずしも参入することはできない。また、殿上人が荷前使を奉仕した例を外記に問うた。申して云ったことには、「その例はありません。臨時山陵使《さんりょうし》については、前々、奉仕しました」と。三人の上達部に数所を兼ねて奉仕させては如何であろう。この頃、左府は中宮《ちゅうぐう》（彰子）に参った。また、この趣旨を申させた。勅答《ちょくとう》および左府の報答は、私の請うたことに従った。そこで使の座に着した。造酒司《しゅし》が糟《かす》と菓子を供した。外記清忠が作り合わせた文を進上した。「宇治四所」と記した。事の誤りが有ったので、そのことを伝えた〈宇治三所。宇治・中宇治・後宇治である。〉。幣物《へいもつ》を舁き立てたことは、恒例のとおりであった。撤去し終わって、各々、山陵《さんりょう》に向かった〈山階使は私、柏原・深草・田邑使は参議懐平、後山階使・宇治三所使は参議実成。〉。亥剋の頃、内裏から退出した。権随身に饗禄《きょうろく》を下給した〈右近将監《うこんのしょうげん》（凡河内《おおしこうちの》）有宗《ありむね》に絹二疋、右近将曹《うこんのしょうそう》公方《きんかた》に一疋の綿、右近府生《うこんのふしょう》（多《おおの》）武吉《たけよし》に一疋、番長以下は通例の禄。〉。私は馬に騎って参入した。丑剋の頃、家に帰った。寮の馬七疋を召し用いた〈一疋は私の騎る分、六疋は随身の分。〉。口付《くちつき》に、各々、布一端《たん》を下給した。

三十日、丙辰。　大蔵種材・土師朝兼を原免

（藤原）資平《すけひら》が云ったことには、「（大蔵《おおくらの》）種材《たねき》朝臣と（土師《はじの》）朝兼宿禰《あさかねすくね》を原免《げんめん》しました。広業朝臣が検非違《けびい》使《し》を召し遣わしました」ということだ。朝兼の原免は、未だその理由を知らない。世が怪しむに違いない事である。未だ道路が物を言うことを聞いたことがない。後日、左武衛《さぶえい》(懐平)〈検非違使別当《けびいしべっとう》。〉が云ったことには、「両人は病であることを申した。射場《いば》から出させる為である」ということだ。その様子を見させたところ、恩免《おんめん》が有ったのか。これは左府の御意向である。

寛弘六年（一〇〇九）

藤原実資五十三歳（正二位、大納言・右大将・按察使）　一条天皇三十歳
藤原道長四十四歳　藤原彰子二十二歳

○五月

十五日。（『御産部類記』五・後朱雀院による）　**中宮懐妊**

（藤原）資平《すけひら》が内裏から退出して云ったことには、「頭弁《とうのべん》（源道方《みちかた》）が云ったことには、『皇后（藤原彰子《あきこ》）が懐妊《かいにん》した。宇佐宮使《うさぐうし》を立てられるか否か、前例を問うよう、一条《いちじょう》天皇の仰せ事が有った。これは密々の事である。事情を伝えるように』ということでした。『皇后は去る二月から懐妊されている』と云うことでした」と。

十六日、庚午。（『御産部類記』五・後朱雀院による）　**宇佐宮発遣の可否**

『醍醐御記《だいごぎょき》』に云ったことには、「延喜《えんぎ》十六年八月二十五日、この日、宇佐・香椎《かしい》および平野廟《ひらのびょう》に幣帛《へいはく》を奉った」と云うことだ。十一月二十三日、この夜、更衣《こうい》源周子《ちかこ》が産した。いささかこの御記《ぎょき》を記し、資平に託した。皇后が御懐妊した際、宇佐使を出立《しゅったつ》された事は見えないけれども、更衣が懐妊した際、この使を出立されたことは、すでにこれと同じである。詳しく御記に見えるであろう。また、諒闇《りょうあん》の時に使を出立されるということを、資平に教えた。晩方、内裏から退出した。今、□□□書き出した

記を頭弁に授け、すぐに天覧《てんらん》を経た。頭弁が云ったことには、「この例は、相合います。天皇が覧られたところ〈御記。〉、また同じです。諒闇の際に使を出立されることも、覧られた事です。御記を引《いん》見《けん》するよう、仰せ事が有りました」と云うことだ。

色条、「八月二十五日、宇佐使が出立した。御禊《ごけい》が行なわれた。皇后が懐妊した。ところが延喜御□□□懐妊の際、宇佐使を出立された。あの例によって、これを祈る」と云うことだ。……

○十月

五日。(『百錬抄』四による)　**一条天皇の寿限の夢想**

主上《しゅじょう》(一条天皇《いちじょう》)の御年は、今年で三十歳である。御寿命が尽きるという夢が有った。ところが今、内裏の火事が有った。すでに禍《わざわい》を転じられたようなものである。

○十一月

二十五日、丙子。(『御産記』による)　**皇子敦良誕生**

寅剋の頃、源宰相《げんさいしょう》(経房《つねふさ》)・前大和守《さきのやまとのかみ》朝臣《あそん》(源頼親《よりちか》)・(藤原)資平《すけひら》の許から、中宮《ちゅうぐう》(藤原彰子《あきこ》)に御産の気配が有るということを告げ送った。そこで事情を取ると、「上下の者は首を挙げて参会した」ということだ。辰の初剋の頃、参入した。これより先に、諸卿が参入した。下官(実資)が参った後、内府(藤原公季《きんすえ》)、次いで右府(藤原顕光《あきみつ》)が参入された。辰剋の正中《せいちゅう》、御産が有った〈男。〉。その後、左相府《さしょうふ》(藤原道《みち》長《なが》)が簾外に出た。喜悦《きえつ》は特に甚しかった。おっしゃって云ったことには、「寅剋の頃から、その気配が有った。今、この時に臨んで、幾《いくば》くの陣痛《じんつう》も無く、平安に遂げられた。今般に至っては、男女を顧みず、ただ平安を祈った。ところが平安に遂げられた上に、また、男子の喜びが有る」ということだ。加持《かじ》僧《そう》や陰陽師《おんみょうじ》たちに禄を下給したことは、去年と同じであった。また、云ったことには、「今日、御湯殿《おゆどの》の儀が行なわれる」ということだ。私は、しばらく伺候して、退出した。

資平が云ったことには、「頭中将《とうのちゅうじょう》(藤原)公信《きんのぶ》が、勅使《ちょくし》として御釼《みはかし》を持って参りました」と。夜に入って、資平が来て、云ったことには、「御湯殿の儀の際、弓を執った者は、朝大夫《ちょうたいふ》十人と六位十人。(藤原)広業《ひろなり》朝臣が読書を勧めました」と。

二十七日、戊寅。(『御産記』による)　**皇子敦良三夜産養**

酉剋の頃、中宮に参った〈東御門から参った。〉。上達部《かんだちめ》の饗饌《きょうせん》を東対《ひがしのたい》の西面《にしおもて》に設備したことは、去年と同じであった。左大臣(道長)は、諸卿を勧引して座に着させた。参入しなかった人は、ただ右大臣(顕光)・内大臣(公季)・帥《そち》(藤原伊周《これちか》)だけであった。勧学院《かんがくいん》の学生《がくしょう》が、秉燭《へいしょく》の後、参入した。先ず見参簿《げんざんぼ》を啓上《けいじょう》した。その後、召させたので、東対の南庭《なんてい》に参入した。別当左大弁《べっとうさだいべん》(藤原)説孝《ときたか》は、上首《じょうしゅ》として別に立った。拝礼《はいらい》し終わって、禄を下給した〈弁《べん》に袿《うちき》、学生に疋絹《ひっけん》。〉。上達部の座に、二、三盃《はい》の後、御膳を供した〈懸盤《かけばん》六脚［打敷《うちしき》が有った。］は、すべて銀器であった。馬頭盤《ばとうばん》が有った。〉。四位と五位がこれを取って、采女《うねめ》に託した〈采女は白い装束《しょうぞく》であった。〉。この御膳は、中宮権大夫《ちゅうぐうごんのだいぶ》(源)俊賢《としかた》卿が奉仕したものである。俊賢が云ったことには、「入れた銀は四百余両である」と云うことだ。皇子(敦良《あつなが》)の御《おん》衣《ぞ》を筥《はこ》二合《ごう》に納め〈筥は玉で飾った。〉、机上に据えた。覆いが有った〈「左中将《さちゅうじょう》(藤原)教通《のりみち》が奉仕した」と云うことだ。〉。また、銀の鶴一双《そう》を洲浜《すはま》に立てた。その鶴は皇子の衣を納め、翼を蓋とした。鶴の長さは二尺余りほどであった。中宮大夫《ちゅうぐうだいぶ》(藤原)斉信《ただのぶ》卿が奉仕したものである。斉信卿が云ったことには、「これは如何でしょうか」ということだ。私が答えて云ったことには、「毛衣《けごろも》であろう」と。左丞相《さじょうしょう》(道長)が云ったことには、「最も感嘆に足る。記しておくように」ということだ。斉卿(斉信)も同じく感詞が有った。その後、盃酌《はいしゃく》が数巡《じゅん》し、杖酔《じょうすい》して朗詠《ろうえい》した。更に座を渡殿《わたどの》に移し、衝重《ついがさね》を供した。一巡の後、中宮大夫が戯れて云ったことには、「やはり二巡では令者《れいしゃ》が有るべきでしょう。その盃を執られるように」ということだ。数度、勧めたけれども、私は固辞して聞かなかった。中宮大夫は硯を召し、筆を染めて序題《じょだい》を記した。左相国《さしょうこく》(道長)は左中将教通に、瓶子《へいじ》を執って来るよう命じた。意向が有るようなものである。そこで私が盃を執って云ったことには、「命が有るのですから、精選した後に行ないます」と云うことだ。「あれこれに和歌を□」と云うことだ。私は祈詞《きし》を献じた。去年と今年の和歌に、相府《しょうふ》が深く感嘆したことが有った。卿五、六輩《はい》が和歌を詠んだ。和歌の後、相府は盃を執り、下官(実資)に差し出て云ったことには、「去年と今年の祈詞は、もっとも賀すべきものである。そこで盃を勧める」ということだ。大納言《だいなごん》(藤原)道綱《みちつな》は、上座《じょうざ》にいた。ところがあの雅意《がい》によって、受けて道卿（道綱）に差し出した。二巡の後、擲采《てきさい》の戯が行なわれた。粥大夫《かゆのたいふ》は、すでにその戒めが無かった。そこですべて退去した。「（平）重義《しげよし》・（藤原）信通《のぶみち》・（藤原）則孝《のりたか》朝臣三人の他に、また人はいなかった」ということだ。この三人を、その事に使役させた。（大江）清通《きよみち》朝臣がこれを問うたことは、去年と同じであった。子の終剋の頃、退出した。

二十九日、庚辰。（『御産記』による）　**皇子敦良五夜産養／藤原能信、藤原伊成を陵轢**

酉剋の頃、中宮に参った。諸卿が参会したことは、一昨日と同じであった。饗饌の準備も、また同じであった〈「左府（道長）が準備したものである」と云うことだ。〉。御膳を供した〈皆、銀器の盤。一昨夜と同じであった。〉。皇子の御衣は、衣筥に納めて机に据えた。覆いが有った〈机四脚。〉。数盃の後、諸卿は渡殿の座に移り着した。衝重が有った。一、二盃を行なった後、擲采の戯が行なわれた。粥を持った朝大夫五人が堂上《どうじょう》を廻った。雨が降っていたので、五位の宮司《みやづかさ》二人が脂燭《しそく》を執って前行した。一昨夜は地下《じげ》の属《さかん》二人であったので、続松《つぎまつ》を執って前行した。今夜、粥役《かゆやく》を勤めた者は、一昨夜の朝大夫の他に、（藤原）輔公《すけきみ》と（藤原）佐光《すけみつ》朝臣であった。左府は、特に私の随身《ずいじん》を召し出し、疋絹を下給した。子の初剋の頃、退出した。今夜、殿上人《てんじょうびと》の座で喧嘩《けんか》が有った。後に聞いたことには、「左少将《さしょうしょう》（藤原）伊成《これなり》を陵轢《りょうれき》した。伊成はその責めに堪えず、笏《しゃく》で右兵衛佐《うひょうえのすけ》（藤原）能信《よしのぶ》の肩を打った。蔵人《くろうど》（藤原）定輔《さだすけ》が、縁から伊成を突き落とした。能信は従者を召し集めて、伊成を殴り、髪を執って打擲《ちょうちゃく》させた」と云うことだ。言うに足りない、言うに足りない。悲嘆すべきである、悲嘆すべきである。実説《じっせつ》に云ったことには、「ただ踏み臥し、続松で打った」と云うことだ。

○十二月

一日、辛巳。（『御産記』による）　**藤原伊成出家**

昨夜、随身《ずいじん》に疋絹《ひっけん》を給わった恐縮を、(藤原)資平《すけひら》を介して左中将《さちゅうじょう》(藤原)教通《のりみち》に伝えさせた。すぐに相府《しょうふ》(藤原道長《みちなが》)に申した。御返事が有った。資平が云ったことには、「(藤原)伊成朝臣《これなりあそん》が出家しました」と云うことだ。私は何年来、子孫が無いことを愁いていたが、今、伊成を見るにつけ、子供というのは、かえって嘆きとなるようである。

二日、壬午。（『御産記』による）　**皇子敦良七夜産養**

諷誦《ふじゅ》を清水寺《きよみずでら》で修した。深夜、中宮《ちゅうぐう》(藤原彰子《あきこ》)に参った。諸卿が参会した。秉燭《へいしょく》の後、右大臣(藤原顕光《あきみつ》)と内大臣(藤原公季《きんすえ》)が参入した。左大臣(道長)以下が饗宴の座に着した。勅使《ちょくし》は左少将《さしょうしょう》(藤原)忠経《ただつね》〈蔵人《くろうど》。〉であった。特に座を鋪設し〈殿上人《てんじょうびと》の座の上。〉、饌宴を供した。禄を下給した〈女装束《おんなしょうぞく》。〉。出納《すいとう》と小舎人《こどねり》に、隠所《いんじょ》に於いて禄を下給した〈五品《ごほん》がこれを執った。〉。読書の者は、左少弁《さしょうべん》藤原広業《ひろなり》・明経《みょうぎょう》博士《はかせ》惟宗為忠《これむねのためただ》・大内記《だいないき》菅原宣義《のぶよし》であった。南唐廂《みなみからびさし》で饗宴を給わった。禄を下給した。大雨であったので、勅使及び読書の者は禄を給わったけれども、拝さなかった。今夜は内裏(一条《いちじょう》天皇)の産養《うぶやしない》である。雨によって、御膳を御膳宿《おものやどり》に設けた。采女《うねめ》が伝え供した。雨であったので、晴よりも御膳を供さなかった。両日と同じように、卿相《けいしょう》は酩酊《めいてい》した。渡殿《わたどの》に着して、衝重《ついがさね》を給わった。二献《こん》。中宮権大《ちゅうぐうごんのだい》夫《ぶ》(源)俊賢《としかた》が盃を執って出て、和歌を読ませた。参議《さんぎ》(藤原)有国《ありくに》が、筆を執ってこれを書いた。公卿の他に蔵人頭《くろうどのとう》二人(源道方《みちかた》・藤原公信《きんのぶ》)が、命に応じた。その後、攤《だ》を打った。内蔵寮《くらりょう》が碁手《ごて》の紙を進上した。この紙は頗る麁悪《そあく》であった。相府は檀紙《だんし》を卿相の碁手とし、粉紙《ふんし》を殿上人の碁手とした。内蔵寮が禄を下給した〈上達部《かんだちめ》に大褂《おおうちき》、殿上人に疋絹。〉。次いで宮(彰子)が禄を下給したことは、また差が有った〈上達部に女装束、皇子の被□。襁褓《むつき》を加えた。上﨟《じょうろう》には衣を加えた。下﨟《げろう》には襁褓を加えた。殿上人に纏《まとい》物《もの》。諸大夫《しょたいふ》に疋絹。〉。上達部の前駆《ぜんく》の五位も、同じく禄に預かった。但し大臣の前駆の六位も、同じく預かった。また、左将軍(公季)と私の随身は、特に疋絹を給わった。丑剋に及んで、退出した。

四日、甲申。(『御産記』による)　**皇子敦良九夜産養**

左衛門督《さえもんのかみ》(藤原頼通《よりみち》)が資平を招き、伝え送って云ったことには、「今夜、奉仕する事が有る。もしかしたら宮に参るであろうか。意向を見て告げるように」ということだ。今、様子を見ると、相府が金吾(頼通)の口を借りたものか。そこで参入するということを答えた。黄昏、中宮に参った。これより先に、諸卿が参入した。ただ右大臣・内大臣・中納言《ちゅうなごん》二人〈(藤原)時光《ときみつ》と(藤原)忠輔《ただすけ》。〉が参らなかった。今夜、左金吾《さきんご》〈頼通。〉がもっぱら奉仕したものである。左大臣は、出て饗の座に着した。諸卿は序列どおりに座に着した。次いで威儀御《いぎのご》膳《ぜん》を供した〈御膳宿に立てた。御厨子所《みずしどころ》の御膳を木の器に盛った。〉。皇子の衣を献上した〈筥《はこ》に盛って机二脚に据えた。覆いが有った。〉。酒が闌《たけなわ》となって、渡殿に移り着した。

衝重を賜わったことは、三箇夜と同じであった。二巡《じゅん》で和歌の興が有った。令者《れいしゃ》の大納言《だいなごん》(藤原)公任《きんとう》が云ったことには、「令が有ったので、精選した後に、寿詞《よごと》を献上することとする」ということだ。中納言(藤原)行成《ゆきなり》が筆を執って、序題《じょだい》を書いた。各々、和歌を詠んだ。左大臣は酔いに乗じて衣を脱ぎ、左近将監尾張兼時《さこんのしょうげんおわりのかねとき》に下給した。兼時は同じく来たけれども、老病が相侵し、進退《しんたい》は難儀《なんぎ》している。今、この時に臨んで、病を我慢して参入した。特に哀憐《あいれん》を垂れたものか。相府の意向によって、傅大納言《ふだいなごん》(藤原道綱《みちつな》)が衣を脱いで、左近将監(茨田《まんだの》)重方《しげかた》に下給した。次いで相府は、私の随身番長《ばんちょう》(下《しも》毛野《つけのの》)公頼《きんより》を召し、袙《あこめ》一襲《かさね》を下給した。次いで左金吾が、綿の袙を被《かず》けた。相府が云ったことには、「毎夜、参入されるのは、極めて悦びに思う」ということだ。度々、この詞が有った。今夜、近衛府《このえふ》の官人が立明《たちあかし》を勤めた。後の三箇夜は、主殿寮《とのもりょう》が燎《ひ》を執った。衛府《えふ》の者に加えて雅楽寮《ががくりょう》の者が、立明に交じった。立明の者に疋絹を下給した。兵部属秋道《ひょうぶのさかんあきみち》が禄に預かった。時々、この事が有った。笛の師である。縫腋《ほうえき》の者は、未だ聞いたことのない事である。亥の終剋、儀が終わって退出した。夜、雨は止まなかった。

十四日、甲午。(『御産記』による)　**大宰大弐の書状**

大宰大弐《だざいのだいに》(藤原高遠《たかとお》)の書状が到来した。書状に云ったことには、「(平)政和《まさかず》朝臣を召す使の右衛《え》門番《もんのばん》長坂上為親《ちょうさかのうえのためちか》は、十月八日に入府し、同日の夜、館《たち》に来て、官符《かんぷ》を見せた。請印《しょういん》しなければならない文書《もんじょ》が有ったので、しばらく官鑰《かんやく》を送らなかった。同日、警固《けいご》官符を下した」ということだ。雑事が繁多であって、詳しく記さないばかりである。去月十四日の書札《しょさつ》である。返事を遣わし奉った。

十七日、丁酉。（『御産記』による）　**申文／官奏**

内裏に参った。右大臣・兵部卿《ひょうぶきょう》〈忠輔。〉・右近中将《うこんのちゅうじょう》〈（藤原）兼隆《かねたか》。〉・左近中将《さこんのちゅうじょう》〈（源）経房《つねふさ》。〉・左兵衛督《さひょうえのかみ》〈（藤原）実成《さねなり》。〉が参入した。右大臣が文書を申させた。次いで官奏《かんそう》が行なわれた〈秉燭の頃。〉。暗夜に官奏を行なうのは、近代の例である。右府（顕光）が退出した後、文書を申させた〈一日に二度、文書を申すのは、そうであってはならない事である。ところが近代は、三、四箇度に及ぶ。そこで申させたものである。また、右府に伝えて行なったものである。常陸《ひたち》の無実《むじつ》と不挙《ふきょ》、また、備後《びんご》の勘出文《かんしゅつもん》と匙文《さじぶみ》一枚である。〉。蔵人広業朝臣が、宣旨《せんじ》四枚を下給した。すぐに同じ弁に下した。

二十日、庚子。（『御産記』による）　**大宰府召使、入京**

政和朝臣を召す使の右衛門番長坂上為親が、昨日の夜半の頃、入京した。為親は大宰府《だざいふ》の解《げ》を持って来た。大宰府の解に云ったことには、「政和朝臣は、父が死んだという告げによって参上した。（藤原）保相《やすすけ》は、母の病によって京上《きょうじょう》した。（藤原）憲通《のりみち》は、暇を窺って京上した。（秦《はたの》）定重《さだしげ》は、晦日《つごもり》の夜、逃亡した」ということだ。重ねて申した詞を伝えた。釐務《りむ》を停めるという返解《へんげ》が有った。為親が云ったことには、「十月八日、都督《ととく》（高遠）の御館《みたち》に参りました。すぐに二通の官符を重ねました。二十二日、出立《しゅったつ》して警固しました。同日、印鎰《いんやく》を大宰少弐《だざいのしょうに》（藤原）永道《ながみち》朝臣に渡しました。去月十七日、船に乗りました」ということだ。

二十四日、甲辰。（『御産記』による）**叙位**

右衛門督《えもんのかみ》(藤原斉信《ただのぶ》)が訪ねられた。語った次いでに、「昨日、左中将(藤原)頼宗《よりむね》に一階を叙し、尚侍《ないしのかみ》(藤原妍子《きよこ》)の乳母《めのと》(藤原高子《たかこ》)を従五位下に叙しました。何箇月か、東宮(居貞《おきさだ》親王)は枇杷殿《びわどの》にいらっしゃいました。慶賀《けいが》を行なう為に、東宮から奏上されたものです」と云うことだ。また、「尚侍が領している処であるので、あの乳母に叙位《じょい》が行なわれました」と云うことだ。

寛弘七年（一〇一〇）

藤原実資五十四歳（正二位、大納言・右大将・按察使）　一条天皇三十一歳　藤原道長四十五歳　藤原彰子二十三歳

〇三月

六日。（『三条西家重書古文書』一・臨時祭以前被行季御読経事による）　**春季御読経**

季《きのみ》御読経《どきょう》が行なわれた。

十五日。（『三条西家重書古文書』一・臨時祭以前被行季御読経事による）　**石清水臨時祭**

臨時《りんじ》祭《さい》が行なわれた。

〇七月

十七日。（『蛙抄』二・無品親王着之例による）　**敦康親王、元服・加冠**

敦康《あつやす》親王が加冠《かかん》した。浅黄《あさぎ》の服を着した。一条《いちじょう》天皇の御前に進み、拝舞《はいぶ》した後、三品《さんぼん》に叙した。

〇八月

二十五日。（『北山抄』九・「羽林要抄」裏書による）　**駒牽**

「駒牽《こまひき》が行なわれた〈真衣野牧《まきのまき》と柏前牧《かしわざきのまき》。〉」。その儀は、通常のとおりであった」と云うことだ。「但し、取手《とりて》の将は、牧の名を申さなかった。故実《こじつ》を知らないのか。両牧有る時は、牧の名を加えなければならないものである」と云うことだ。

左少将《さしょうしょう》(藤原)忠経《ただつね》と右少将《うしょうしょう》(藤原)朝経《あさつね》。

○十月

四日、丙辰。(『小右記』長和三年十二月四日条による)　**府生奏への署**

一、二人の時は、大将《たいしょう》の宣を書いた。多数の時、定文《さだめぶみ》を書く。大将以下が署した。

○十一月

二十八日、癸卯。(『遷幸部類記』所引『野記』による)　**一条院内裏還御／叙位**

雨を伺っている間に、内裏に参った。途中、小雨であった。時々、やはり雨であった。晴気《せいき》は無かった。陣座《じんのざ》に着そうと思ったが、饗饌《きょうせん》を据えている間には、便宜《びんぎ》が無い。そこで徘徊《はいかい》した。あれこれの者が参会した。一緒に殿上間《てんじょうのま》に参った。また、饗饌を据えた。これによって、射場殿《いばどの》の辺りに停まり立った。左右両丞相《じょうしょう》(藤原道長《みちなが》・藤原顕光《あきみつ》)が、殿上間の方から来られて、云ったことには、「陣座の饗饌は終わったであろうか。そうすれば着すこととする」と云うことだ。四条大納言《しじょうだいなごん》(藤原公任《きんとう》)が云ったことには、「饗饌を据えました」ということだ。そこで諸卿は陣座の饗饌に着した。一巡《じゅん》の後、汁物《しるもの》を据え、食し終わった。諸卿は殿上間に着した。しばらくして、一条《いちじょう》天皇の御前に召した〈その座は、南又廂《みなみのまたびさし》に円座《わろうだ》を敷いた。〉。左大臣〈道長〉が御馬十疋を貢上した〈家司《けいし》の中将《ちゅうじょう》・少将《しょうしょう》・兵衛佐《ひょうえのすけ》、及び他の中少将・外衛佐《げえのすけ》・衛府蔵人《えふのくろうど》が御馬を牽いた。片口《かたくち》は、近衛府《このえふ》の官人が、これを取った。〉。この頃、黄昏に及んだ。また、雨が降った。そこで騎らせなかった。ただ一、二回、廻らせた。左府〈道長〉が云ったことには、「中分《ちゅうぶん》して左右馬寮《めりょう》に給うべきか。それとも序列どおりに給うべきか」と。私が答えて云ったことには、「上の五疋を左馬寮《さめりょう》に給い、下の五疋を右馬寮《うめりょう》に給わったならば、右馬寮は愁いが有るでしょう。やはり序列一の馬を左馬寮に給い、序列二を右馬寮に給わってください。このように分給したならば、愁いは無いのではないでしょうか」と。相府《しょうふ》〈道長〉は頗る笑気《しょうき》が有った。右大臣〈顕光〉がこのことを奏聞《そうもん》したところ、天皇の許容が有った。「申請に任せて給うように」ということだ。そこで分給した〈一・三・五・七・九の馬は左馬寮、二・四・六・八・十の馬は右馬寮。〉。衝重《ついがさね》を諸卿に給わった。一、二巡が終わって、御膳を供した〈蘇芳《すおう》の懸盤《かけばん》六脚。螺鈿《らでん》が有った。各々、赤色の織物《おりもの》の打敷《うちしき》。〉。陪膳《ばいぜん》は大納言《だいなごん》公任、益供《やくぐ》は左衛門督《さえもんのかみ》〈藤原〉頼通《よりみち》。〉、及び参議《さんぎ》であった〈詳しく記さない。〉。御贈物が有った。模本《もほん》の『注文選《ちゅうもんぜん》』と模本の『白氏文集《はくしもんじゅう》』である。中納言《ちゅうなごん》〈藤原〉行成《ゆきなり》と頼通が、これを取った。右大臣は、本座のまま、これを問うた。次いで上達部《かんだちめ》に禄〈大褂《おおうちき》。〉を下給した。「上達部・殿上人《てんじょうびと》、及び諸衛・女官《にょうかん》の饗禄《きょうろく》は、皆、これは左相府《さしょうふ》〈道長〉が準備したものである」と云うことだ。子細を尋ねなかった。御衣《おんぞ》を左大臣に下給した。大臣(道長)は廊下に於いて拝舞《はいぶ》し、終わって退出した。侍所《さむらいどころ》の方から参上し、座に復した。聖上《せいじょう》(一条天皇)が入御《にゅうぎょ》した。左大将《さだいしょう》(藤原公季《きんすえ》)が警蹕《けいひつ》を称した。意味がわからない。尋常の御在所《ございしょ》に於いては、この事は行なわれないのである。諸卿は座を起って、侍所に出た。秉燭《へいしょく》の後、更に右大臣を召し、叙位《じょい》が行なわれた。従三位に藤原教通《のりみち》〈元、従四位上。〉、正四位下に藤原頼宗《よりむね》、従四位上に藤原顕信《あきのぶ》、正五位下に藤原能信《よしのぶ》〈以上、左大臣の子。〉、従五位上に藤原公則《きんのり》と丹波奉親《たんばのともちか》〈以上、家司。〉、正二位に藤原妍子《きよこ》〈尚侍《ないしのかみ》。〉、正四位下に藤原威子《たけこ》、従四位上に藤原媞子《ひろこ》〈以上、左大臣の女《むすめ》。〉、従五位下に藤原徳子《のりこ》・藤原義子《よしこ》・藤原親子《ちかこ》・菅原成子《なりこ》。右大臣は叙位簿を笏《しゃく》に執り副えて、侍所に退出した。左大臣が開き見て、云ったことには、「(藤原)頼宗が無いのは、書き落とされたのか」と。驚いて懐中の書を見て言った〈内々に任じたものか。〉。すでに事は漏れていた。左大臣は急いで自ら天皇の御前に参った〈台盤所《だいばんどころ》から参った。〉。奏聞して、帰り出られた。左府が云ったことには、「奏聞したところ、天皇がおっしゃって云ったことには、『早く書き下すように』ということであった」と。左府が云ったことには、「書き入れられるように」ということだ。右府(顕光)は更にまた、書き改めた。卿相《けいしょう》は目を向けた者が有った。蔵人頭《くろうどのとう》を介して奏上させるべきであろうか。また、御前に於いて叙位を書いて、更に侍所に於いて書き改めさせた。そうであってはならない。ただ頼宗一人を書き入れるべきものである。左衛門督頼通が正二位に叙されることになった。ところが相府(道長)と同階となることになったので、辞して叙位に預からなかった。右大臣は勅定《ちょくじょう》を奉って、左金吾《さきんご》(頼通)におっしゃって云ったことには、「申させることがあったので、加級《かきゅう》を停められる。彼(頼通)は、もし申請するところが有れば、申請に随うこととする」ということだ。「あれこれは、大納言に昇るという謀略か」と云うことだ。慶賀《けいが》の人々は、慶賀を奏上させた。その後、左大臣が慶賀を奏上させた。本来ならば先に奏上すべきか。この頃、酉の終剋に及び、雨脚は降りしきっていた。天皇が紫宸殿《ししんでん》に出御《しゅつぎょ》した〈時剋を推定すると、酉の終剋か戌の初剋に及んだのではないか。雨によって懈怠《けたい》した。〉。先ず(賀茂《かもの》)光栄朝臣《みつよしあそん》に命じて反閇《へんばい》を奉仕させた。諸卿が列立《れつりつ》した。左大将が云ったことには、「陣座の南西の壇上か」と。私が云ったことには、「紫宸殿の南西です」と。便宜の所に従った。少納《しょうな》言《ごん》が鈴奏《すずのそう》を行なった〈東中門《ひがしちゅうもん》に於いて奏した。中間、闈司《いし》が上裳《うわも》を曳いて、弓場殿亭《ゆばどのてい》から庭中《ていちゅう》に進み出た。数度、これを制止した。仰せ事と称して進み出て、これを奏したのは、極めて奇怪である。東中門に於いて奏すべきである。ところが西方から出て庭中に進むのは、そうであってはならない。特に大雨の間である。後日、左府が談って云ったことには、『闈司については、主上《しゅじょう》(一条天皇)も怪しんでおっしゃっておられた』と云うことだ。誰の仰せによって行なったものか」と云うことだ。〉。次いで御輿《みこし》を寄せた〈雨皮《あまがわ》を張った。〉。警蹕は通常のとおりであった。天皇は東中門を御出《ぎょしゅつ》した。未だ東門に到らない頃、しばらく御輿を留めた。左大将が御綱を命じた。この頃、雨脚は注ぐようであった。狼藉《ろうぜき》は極まり無かった。大舎人《おおとねり》は見えなかった。吉儀《きつぎ》は多端《たたん》である。御輿は東洞院《ひがしのとういん》大路および土御門《つちみかど》大路から出て、一条院《いちじょういん》の東門に到った頃、しばらく御輿を留めた。門外に於いて、神祇官《じんぎかん》が御麻《ぬさ》を献上した。天皇は御入《ぎょにゅう》した。これより先に、左右馬寮の史生《ししょう》各一人が黄牛《あめうし》を牽き、御輿の前に立った。先ず牛、次いで輿。両牛を紫宸殿の南階《みなみのきざはし》の東西に牽き立てた〈「両牛は南門の東張《ひがしはり》の飼葉《かいば》桶《おけ》に立てた」と云うことだ。〉。御輿を南階に寄せた。警蹕は、御出の儀と同じであった。光栄は、紫宸殿に於いて反閇を行なった。諸卿は西廊に列立した。私は紫宸殿の南西に立った。左大将は見えなかった。もしかしたら紫宸殿の南東に立ったのか。少納言は南《みなみ》中門《ちゅうもん》に於いて鈴奏を行なった。右中将《うちゅうじょう》(源)済政《なりまさ》が問うた。諸卿は籍《しゃく》を称した。殿上間に参上した。警固《けいご》が無かったので、解陣《げじん》以前に左大臣が云ったことには、「今日は吉日《きちにち》である。諸卿は着座《ちゃくざ》するように〈宜陽殿《ぎようでん》の座に擬した。〉」と。一巡の後、汁物を据えるよう命じた。長い時間、据えなかった。そこで箸を下した。陣座に着した〈今日は衰日《すいにち》である。頗る猶予が有った。ところが正式な内裏の陣座ではない。また、遷御《せんぎょ》の日である。次々と各々、自分の忌みを廻らせてはならないのではないか。特に上古《じょうこ》の人は、衰日を忌まない。着座について問うと、内大臣(公季)も衰日であった。申し合わせて、着されることとした。〉。左大臣は宣旨《せんじ》を下した〈右大弁《うだいべん》(藤原説孝《ときたか》)が宣旨を下した。すぐに同じ弁に下した。その文を知らない。〉。諸卿は陣座を起ち、また殿上間に参上した。左相府が云ったことには、「子剋、中宮《ちゅうぐう》(藤原彰子《あきこ》)が御入されることになっている。そこで先ずあの宮に参って、帰り参るように」ということだ。大納言(藤原)道綱《みちつな》・公任、中納言、参議が、左府に従って、あの宮に参った。右府・内府(公季)、私、中納言(藤原)忠輔《ただすけ》は、参入しなかった。殿上間に伺候した。大納言(藤原)斉信《ただのぶ》〈中宮大夫《ちゅうぐうだいぶ》〉は病悩が有って、退出した。子の終剋、中宮が御入された。左大臣以下が帰り参った。丑剋に臨んで、諸卿を御前に召し、衝重を給わった。一、二盃《はい》の後、禄を下給した〈大褂。「造宮行事所《ぞうぐうぎょうじしょ》が準備した」と云うことだ。〉。攤《だ》の紙を召した。先ず御料の紙を献上した〈折敷《おしき》に盛り、高坏《たかつき》に据えた。左京大夫《さきょうだいぶ》（源）長経《ながつね》が、これを取り、御前に立った。〉。次いで上達部に下給した〈折敷に盛った。〉。仰せによって、諸卿は進んで、御前に伺候した。下﨟《げろう》の侍《じ》臣《しん》から聚攤《しゅうだ》の紙を献上した。聚攤を打ったことは三箇度。主上は、最初度に攤を打ちなされた。終わって入御した。諸卿は退下した。「今日、殿上間の台盤所の饗宴は、内蔵寮《くらりょう》が調備したものである。但し行事所が料物《りょうもつ》を渡した」と云うことだ。

寛弘八年（一〇一一）

藤原実資五十五歳（正二位、大納言・右大将・按察使）　一条天皇三十二歳　三条天皇三十六歳　藤原道長四十六歳　藤原彰子二十四歳

○正月

一日、乙亥。　四方拝／小朝拝／元日節会

四方拝《しほうはい》は通例のとおりであった〈天が晴れた。星宿《せいしゅく》は分明であった。〉。未剋の頃、内裏に参った。申剋、小朝拝《こちょうはい》が行なわれた〈左右内三丞相《じょうしょう》（藤原道長《みちなが》・藤原顕光《あきみつ》・藤原公季《きんすえ》）・大中納言《だいちゅうなごん》・参議《さんぎ》六人が、皆、参った。三位中将《さんみちゅうじょう》は（藤原）教通《のりみち》たちである。〉〉。諸卿は陣座《じんのざ》に復した。黄昏に臨む頃、頭弁《とうのべん》（源道方《みちかた》）が左大臣（道長）におっしゃって云ったことには、「諸司奏《しょしのそう》を内侍所《ないしどころ》に託すように」ということだ。これより先に、一《いち》条《じょう》天皇は紫宸殿《ししんでん》に出御《しゅつぎょ》した。しばらくして、陣を引いた。警蹕《けいひつ》の声が有った。御座を定めていた頃か。右大臣〈顕（顕光）。〉以下は、外弁《げべん》に出た。秉燭《へいしょく》の後、幾《いくば》くもなく、門を開いた。両丞相が座を起つ毎に、動座《どうざ》した。節会《せちえ》の作法は、恒例のとおりであった。但し、内膳司《ないぜんし》が御膳を供した。次いで諸卿の前に粉熟《ふずく》を据えた。御箸を下した後、左大臣は内弁《ないべん》を右大臣に委ねて、退出した。左丞相《さじょうしょう》（道長）は頗る病悩の様子が有った。次々の事は、通例のとおりであった。国栖奏《くずのそう》は行なわれなかった。国栖《くず》が参上しなかったからである。近年はこのようである。「これは大和守《やまとのかみ》（源）頼親《よりちか》の時に打擲《ちょうちゃく》され、そ

れから参上しない」と云うことだ。未だ天皇が還御《かんぎょ》しない前に、諸卿は多く退出した。左大臣・内大臣（公季）、大納言《だいなごん》（藤原）道綱《みちつな》・（藤原）公任《きんとう》、中納言（藤原）行成《ゆきなり》・（藤原）時光《ときみつ》、参議（藤原）有国《ありくに》・（藤原）懐平《かねひら》・（藤原）兼隆《かねたか》である。宣命《せんみょう》を拝した際、主上《しゅじょう》（一条天皇）は本殿に還御した。私は座に復さず、退出した。子剋か。

四日、戊寅。　中宮和歌会

藤納言《とうなごん》（隆家《たかいえ》）が伝え送って云ったことには、「昨夜、左府（道長）は卿相《けいしょう》を引率して、后宮《きさいのみや》（藤原彰子《あきこ》）に於いて和歌を読みました。纏頭《てんとう》が行なわれました」と云うことだ。

五日、己卯。　叙位議

大外記《だいげき》（菅野）敦頼朝臣《あつよりあそん》が来て、云ったことには、「今日、叙位《じょい》の議を始めます。小勘文《こかんもん》の土代《どだい》を、昨日、左府に覧せました。今日、清書《せいしょ》を持参します」ということだ。密々にこれを見た。一昨日、敦頼朝臣が云ったことには、「小勘文一通を奏覧《そうらん》するということを、頭弁が伝えてきました。この事は、そうであってはならない事です。如何でしょう」ということだ。私が答えて云ったことには、「数年の事は、確かに覚えていない。但し、一上《いちのかみ》に覧せる他に、別にまた奏覧するということは、覚えていないものである。そもそも近代の例によるように」と。また、相府《しょうふ》（道長）の定に随うよう、伝えておいた。そこで昨日、相府に申した。おっしゃって云ったことには、「進上する小勘文を伝奏《てんそう》させるものである。もっぱら別奏《べっそう》は無い」ということだ。未剋の頃、召使《めしつかい》が来て、叙位の議を行なうということを告げた。物忌《ものいみ》によって参ることができないということを答えた。

七日、辛巳。　叙位／白馬節会／御弓奏

未の終剋の頃、内裏に参った。諸卿が参入した〈右大臣・内大臣、中納言(源)俊賢《としかた》・(藤原)頼通《よりみち》・(藤原)忠《ただ》輔《すけ》、参議兼隆・(源)経房《つねふさ》・(藤原)実成《さねなり》、三位中将教通。〉。私が未だ参らない前に、右大臣は下名《おりな》を給う為に、兀子《ごっし》に着した。二省は遅参した。申の終剋に臨んで、兵部丞《ひょうぶのじょう》(橘)俊孝《としたか》が笏《しゃく》を挿んだ。長い時間、笏を挿むことができなかった。卿相は頤《あご》が外れるほど笑った。左右の手で、僅かに挿んだ。この間、進退《しんたい》は極めて便宜《びんぎ》がなかった。曲を舞うようであった。最も笑うべきである。大臣(顕光)は下名を給い終わって、還り入った。内大臣以下は外弁に出た。御弓奏《みたらしのそう》を内侍所に託された。兵部輔《ひょうぶのすけ》が伺候しなかったからである。秉燭の頃に及んで、列を引いた。謝座《しゃざ》と謝酒《しゃしゅ》の儀は、通例のとおりであった。叙列と云った。

八日、壬午。　御斎会／昇殿・蔵人・雑色定

未剋の頃、八省院《はっしょういん》に参った。諸卿が参入した。内大臣を上首《じょうしゅ》とした。申剋、鐘を打った。諸卿は東廊《ひがしろう》の座を起って、大極殿《だいごくでん》に着した。式部丞《しきぶのじょう》は一人が参入し、もう一人は遅参した。日はすでに暮れようとしていた。そこで揃っていないとはいっても、参らせるよう、あれこれが定めて、命じさせたものである。すぐに式部省《しきぶしょう》と弾正台《だんじょうだい》が参った。講読師《こうどくし》は腰輿《たごし》に乗って参入した〈講師《こうじ》は増祐《ぞうゆう》。〉。雅楽寮《ががくりょう》が楽を挙げて前行した。その後、大唐《だいとう》・高麗《こま》舞《まい》、各二曲が奏された。夜に入っていたので、各一曲を停めるよう〈式のとおりであれば、各一曲である。ところが近年は各二曲が奏された。そうであってはならない。〉、大臣が召使を介して命じさせた。ところが確かに命じなかったのか。講読師が退下した後、行香《ぎょうごう》は恒例のとおりであった〈戌剋に法会が終わった。〉。今日、参入した卿相は、内大臣、大納言(藤原)斉信《ただのぶ》・公任、中納言俊賢・隆家・行成・頼通・時光、参議懐平・(藤原)正光《まさみつ》・経房。「昇殿《しょうでん》・蔵人《くろうど》・雑色《ぞうしき》を定められた」と云うことだ。昇殿は(藤原)広業《ひろなり》〈還昇《げんしょう》。東宮学士《とうぐうがくし》、伊予守《いよのかみ》。〉、右衛《え》門佐《もんのすけ》(藤原)輔公《すけきみ》、玄蕃助《げんばのすけ》源為善《ためよし》・源公隆《きみたか》。蔵人は橘義通《よしみち》〈元は昇殿の者である。〉・藤原章信《あきのぶ》〈文章生《もんじょうしょう》、雑色。〉。雑色は藤原頼成《よりしげ》。

九日、癸未。　賭弓日時勘申

十八日の賭射《のりゆみ》について、詳細を頭弁に聞いた。一条院《いちじょういん》に遷御《せんぎょ》した後、未だ天皇は射場《いば》に臨御《りんぎょ》していない。あの日は坎日《かんにち》、十九日は没日《もつにち》である。頭弁の返事に云ったことには、「二十一日に賭射が行なわれます」ということだ。「陰陽家《おんみょうか》が勘申《かんじん》しました」と云うことだ。

十一日、乙酉。　政始・除目の日

大外記敦頼朝臣が云ったことには、「外記政《げきせい》は十四日□□から始めます」と。今日、左府に申した。おっしゃって云ったことには、「十四日は御斎会《ごさいえ》の結願《けちがん》の日である。如何なものか」ということだ。先例は有るということを申した。また、おっしゃって云ったことには、「除目《じもく》は、もし日が近いのならば、十四日に始めることとする。但し明日、事情を奏上し、決定を伝えることとする」ということだ。

十三日、丁亥。　行成の質問／右近衛府真手結

昨日、侍従中納言《じじゅうちゅうなごん》〈行成。〉が、(藤原)資平《すけひら》を介して問い送ってきた事が有った。節会の日に親王が宜陽殿《ぎようでん》に着すか否かについて、読奏《どくそう》の日の大臣の座は北面か東面かについてである。「右大臣と相論《そうろん》しました」と云うことだ。疑問が有ったのか。今日、詳しく答報した〈節会の日、親王は宜陽殿に着す。これは通例の事である。読奏の日、大臣は北面し、次席は東西に面する。ただ、太政大臣《だいじょうだいじん》がいる時は、太政大臣が北面し、左大臣以下は東西に面するのである。〉。梨・棗《なつめ》・味煎《みせん》・薯蕷《しょよ》を陣に下給した。明日の上達部《かんだちめ》の分である。

今日、歩射《ほしゃ》の真手結《まてつがい》が行なわれた。垣下《えんが》の五位と六位を遣わした。また、中少将の禄の大褂《おおうちき》五領《りょう》、射手《いて》の官人の禄の絹八疋、射手の物節《もののふし》以下の禄の布八十四端《たん》・米十五石〈先日、下給した。〉を遣わした。深夜、右近府生《うこんのふしょう》(清井《きよいの》)正武《まさたけ》が手結《てつがい》を持って来た。権中将《ごんのちゅうじょう》(藤原)頼宗《よりむね》と権少将《ごんのしょうしょう》(源)雅通《まさみち》が、着して行なった。

十六日、庚寅。　踏歌節会

未の終剋、内裏に参った。諸卿は参らなかった。しばらくして、左宰相中将《ささいしょうちゅうじょう》(経房)が参入した。その後、兵部卿《ひょうぶきょう》(忠輔)と左兵衛督《さひょうえのかみ》(実成)、次いで右衛門督《えもんのかみ》(懐平)、次いで左衛門督《さえもんのかみ》(頼通)が参入した。すでに黄昏に及んだ。右大臣が参入した。頭弁が勅を承って、内弁を命じた。相府(顕光)は、そこで雑事を催し仰せた。私は外弁に出た。左金吾《さきんご》(頼通)以下が従った。召使を介して、式筥《しきばこ》を取り下させた。外記《げき》を召して、中務省《なかつかさしょう》・侍従《じじゅう》・大舎人《おおとねり》が伺候しているかどうかを問うた。秉燭の頃、門を開いた。大舎人は称唯《いしょう》した。少納言《しょうなごん》(源)守隆《もりたか》が召した。私は座を起ち、立った。次々に従って、列を引いた。小臣《しょうしん》(実資)を貫首《かんじゅ》とした。謝座と謝酒の儀は、恒例のとおりであった。造酒正代大監物《みきのかみだいだいけんもつ》(永道《ながみちの》)輔《すけ》範《のり》が参上した。主上は御物忌によって出御しなかった。そこで玉簾《たますだれ》を垂れた。二献《こん》の後、雅楽寮が音楽を奏した〈大唐・高麗《こま》楽《がく》、各一曲。内弁が命じたものである。夜に入ったからである。〉。大臣(顕光)は、西《にしの》階《きざはし》の下に於いて内教坊奏《ないきょうぼうそう》を執って参上した〈別当《べっとう》は参らなかった。そこで内弁が奏上した。〉。簾下《れんか》に進んで〈北簾の南の妻。〉、内侍《ないし》に託し、座に復した〈その道は、更に西階の上の小簀子敷《こすのこじき》に降り立った。また、更に南廂《みなみびさし》から座に復した。本来ならば南廂の上達部の後ろを経て、座に復さなければならない。更に簀子敷に降りてはならないのではないか。〉。次いで踏歌《とうか》を行なった。月光は朗明であった。妓女《ぎじょ》は雲を歩んで踏歌した。宮人が退入した後、諸卿は右仗座《うじょうのざ》の南に退下した。拝舞《はいぶ》が終わって、参上した。大臣は、宣命と見参《げんざん》簿《ぼ》を執って参上した。簾《すだれ》の辺りに就いて、内侍に託した。大臣は笏を執って、御障子にいた。御修法《みしほ》と御加持《かじ》の間は、奏を申さないのではないか。時剋が推移した後、内侍は宣命と見参簿を大臣に返給した〈出御しない時は、やはり御所に進んで奏上すべきである。今夜の事を見ると、全て便宜がないのである。〉。大臣は退下し、書杖《ふづえ》を外記に給わった。宣命と見参簿を笏に執り副えて参上し、座に復した。宣命を左近中将《さこんのちゅうじょう》源朝臣〈経房。〉に給わった。見参簿は右衛門督藤原朝臣に給わった。次いで諸卿は右仗座の下に重行《じゅうこう》した。次いで宣命使《せんみょうし》が版位《へんい》に就いた。宣制《せんせい》と拝舞は、恒例のとおりであった。私は禄所《ろくしょ》に向かわずに退出した。亥の終剋か。

二十一日、乙未。　藤原公成元服／賭弓

早朝、資平が来て云ったことには、「昨日の戌剋、内府(公季)の孫(藤原)公成《きんなり》に元服《げんぷく》を加えました。傅《ふ》大納言《だいなごん》(道綱)が加冠《かかん》、左中弁《さちゅうべん》(藤原)朝経《あさつね》が理髪《りはつ》を勤めました。大納言斉信、中納言頼通・行成・時光・忠輔、参議正光・経房が参りました。殿上人《てんじょうびと》は何人もいました。また、楽人《がくにん》を召しました。管絃《かんげん》の興が有りました。すでに暁方に及んで、加冠と理髪を行ないました」と云うことだ。「また、加冠に馬二疋、卿相及び殿上《てんじょう》の侍臣《じしん》に禄を下賜しました」と云うことだ〈今「時光は弾正尹《だんじょういん》であるので、禄に預からず、退出した」と云うことだ。〉。但し斉信卿に、特に釼《たち》を志した。また、頼通卿に答笙《とうしょう》を与えた。行成卿は頼通卿の上﨟《じょうろう》である。ところが別志《べつし》を頼通卿に致した。時勢を思ったものか。およそ加冠の他は、全く別志は有ってはならないものである。

或いは云ったことには、「初冠《ういこうぶり》は中宮《ちゅうぐう》(彰子)の御給《ごきゅう》を給わって、爵を申請する」と。内府は晩方、冠者《かじゃ》(公成)を随身《ずいじん》し、内裏に率いて参った。すぐに昇殿を聴《ゆる》された。人々が云ったことには、「随身して率いて参られたのは、如何なものか。往古《おうこ》から聞いたことがない」と云うことだ。

今日、賭射が行なわれた〈遷御の後、日次《ひなみ》が宜しくなく、今日に及んだ。〉。午剋、「左将軍(公季)〈内大臣。〉が参ることができない」と云うことだ。右大臣、大納言斉信・公任、中納言行成・頼通・時光、参議懐平・正光・経房が参った。中納言時光は、弓矢を随身しなかった。そこで御前に参らず、陣座から

退出した。頭弁が陣座を出て、右大臣に説明して云ったことには、「矢取《やとり》の近衛《このえ》は、垜《あづち》の前を渡ります。垜の西は、はなはだ露わでしょう。もしかしたら矢は垜の前を渡らず、また東方に伺候すべきでしょうか」と。右府(顕光)が云ったことには、「垜の西方に幔《まん》を立て、その後ろに伺候するのが宜しいのではないか」ということだ。あれこれである。頭弁は帰去した。すぐに幔を立てさせた。右大臣は陣座を起ち、しばらく壁の後ろを徘徊《はいかい》した。この頃、右少将《うしょうしょう》雅通朝臣が来て、諸卿を召した。下官(実資)は、先ず座を起った。壁の後ろに於いて弓箭《きゅうせん》を執った。次々の者も同じであった。また、右大臣は殿上間《てんじょうのま》の方から来て、召しが有るということを告げた。すぐに弓箭を取った。大臣以下は南に渡り、射場の南および東を経て、射場の北壁の下の座に着した。終わって、私は座を起った。東《ひがしの》対《たい》の西を経て、幔門《まんもん》から出た。四府の奏を督促した。しばらくして、私は弓を右近将曹《うこんのしょうそう》(下毛野《しもつけのの》)助《すけ》宣《のぶ》に給わった。矢を腰に挿した。先ず左近衛府《さこのえふ》の射手奏《いてのそう》を取った。次いで左兵衛府《さひょうえふ》の奏〈矢取の奏を加えた。〉。左兵衛府の奏・矢取の奏を左近衛府の奏の杖に挿んだ。次いで右近衛府《うこのえふ》の奏。右兵衛府《うひょうえふ》および矢取の奏は、左と同じであった。四府の奏を、各々、二本の杖に挿み〈一本の杖は左近衛府と左兵衛府、一本の杖は右近衛府と右兵衛府。〉、幔門から入った。御前を経て、いささか北に進んだ。そして段々と南に進んだ。正に御前に当たって膝行《しっこう》し、四府の奏を奉った。主上は取られて、御置物机《おきものづくえ》に□。私は坐ったまま、いささか退いた。左廻りに退出した。幔の後ろに於いて書杖を撤去し、弓を執って、座に復した〈矢はまだ、腰に挿していた。〉。主上は大臣に目くばせした。大臣は称唯した〈前々、称唯は無かった。〉。矢を置いて弓を執り、御前に進んだ〈履《くつ》を着さなかった。〉。四府の奏を給わって、右廻りに座に復した。大臣は的付《まとつけ》を問うた。左少将《さしょうしょう》(源)朝任《あさとう》と右少将雅通朝臣であった。大臣は誤って、(藤原)定頼《さだより》を召した。満座は奇怪に思った。定頼は称唯した。後に雅通朝臣を召した。称唯して、参った。右の奏を左少将に給い、左の奏を右少将に給わった。各々、退出した。但し定頼は的付の座に着そうとした。人々が指示した。そこで着さずに退出した。本来ならば退出し、硯を取って、的付の座に着さなければならない。この頃、秉燭に及ぼうとしていた。私は座を起ち、廊の西戸〈殿上人が伺候する所。〉から入り、紫宸殿の北を経た。つまりこれは、御前である。陣頭に到って、随身および前駆《ぜんく》を召し揃えた。左中弁朝経と左京大夫《さきょうだいぶ》(源)長経《ながつね》が送った。その後、資平が追って来た。彼に命じて、また随身を召させた。しばらくして、参って来た。秉燭の頃、退出した。

二十三日、丁酉。　道長御嶽精進

「左府は長斎《ちょうさい》によって籠居《ろうきょ》されていて、除目に参ることができないということを奏上された」と云うことだ。様子を見させたところ、参入されるのではないだろうか。「除目は、穢《え》を過ごすべきであるという定が有るからである」と云うことだ。

二十八日、壬寅。　一条天皇、道長参入を仰す

「昨日、左府が内裏に参られ、おおよそ参ることができないということを申された」と云うことだ。ところが、召すようにとの仰せ事が有った。そこで只今、退出して申すこととなった。「もし遂に御障りが有るのならば、次席の大臣たちに申さなければならない」ということだ。「今日と明日は、天皇の御物忌である。けれども外宿《がいしゅく》していた公卿も参られることになったのである」ということだ。

二十九日、癸卯。　除目召仰／内裏触穢／祈年祭・春日祭・釈奠、延引／受領功過定／東宮御給申文

「今日は除目始《じもくはじめ》である」と云うことだ。そこで内裏に参ろうとした。人々が告げ送って云ったことには、「宮中に穢が有った。これは人の頭が御湯殿所《おゆどのしょ》の板敷《いたじき》の下に置かれていた」と。はなはだ驚き怪しんだ。未剋の頃、内裏に参った。勘解由長官《かげゆのかみ》（有国）が云ったことには、「召仰《めしおおせ》が無かったので、外《げ》記政《きせい》に参る為、先ず右衛門陣《えもんのじん》に着し□」と。左宰相中将が先ず着し、中宮大夫《ちゅうぐうだいぶ》（斉信）も着すということを聞いた。しばらく待った。ところが、故障を称して着さなかった。そこで座を起った際、召使が申して云ったことには、「只今、除目の召仰が有ります」と。右府が内裏に参って、召仰を行なわれた。そこで遅々としたのか。「諸卿は召仰について聞いていない」と云うことだ。右大臣〈顕。〉・内大臣〈公。〉、両大納言〈斉信・公任。〉、両納言〈隆家・忠輔。〉、三参議〈有国・経房・実成。〉が、宜陽殿の座に着した〈宜陽殿に擬した座を議所とした。〉。饗饌《きょうせん》が有った。大臣は横座《よこざ》であった〈北面した。〉。次席の者は南北に対座《たいざ》した〈筥文《はこぶみ》や籍簡《しゃくかん》を、西中門《にしちゅうもん》の北腋《きたわき》に立てた。はなはだ遠い。上達部の座の南辺りの壁に立てるべきか。〉。頭弁が勅を奉って膝突《ひざつき》に進み、右大臣に伝えて云ったことには、「宮中に穢が有った。来月五日に及ぶ。春日祭使《かすがさいし》は三日に出立《しゅったつ》することになっている。ところが内侍使《ないしし》と近衛府使《このえふし》は、内裏に伺候して穢となった。そこで延引《えんいん》することにする。但し祈年祭《としごいのまつり》は、供奉《ぐぶ》の人が少ない。もしかしたら穢《けが》れていない所司《しょし》に祭らせるべきであろうか。但し春日祭は穢によって延引する。祈年祭を行なうのは如何であろう。諸卿は定め申せ」ということだ。定め申して云ったことには、「前例を勘申されて、定め申すべきである」ということだ。すぐに大外記敦頼朝臣に問われて、この祭が穢によって延引された年々を勘申した。但し祈年祭は上卿《しょうけい》が行なうものである。ところが、すべて触穢《しょくえ》の為、参り行なうことはできない。頭弁を介して覆奏《ふくそう》した。天皇がおっしゃって云ったことには、「春日祭は、中の申《さる》の日を用いるように。釈奠《せきてん》は中の丁《てい》の日を用いるように。祈年祭については、吉日《きちにち》を勘申させて、行なうように。また、大祓《おおはらえ》は行なうべきであろうか」ということだ。右大臣が勅を承って、敦頼朝臣に命じた。日入の頃、蔵人が諸卿を召した。参上の儀は、通例のとおりであった。私は硯筥《すずりばこ》を執って、第一の人(道長)の円座《わろうだ》の前〈左府の座。〉に置いた。ところが内大臣が云ったことには、「右府の座の前に置くべきであろうか」と。中宮大夫が次の筥《はこ》を執った。内大臣が云ったことには、「右府の座の前に置くように」と。中宮大夫は聞かずに、左大臣の座の前に置いた。次々は、このようであった〈皇《こう》太后宮大夫《たいごうぐうだいぶ》(公任)と藤中納言《とうちゅうなごん》(隆家)が、次々に筥を執った。〉。あれこれが座に復して云ったことには、「やはり左大臣の座の前に置くべきである。次席の人は、仰せを奉った後に筥を引き下げ、奉仕されるべきである。もし内府の考えのとおりならば、第三の人が奉仕される」ということだ。「筥文を置くことは、御前の次の間に及ぶであろう。内府の非難は、そうであってはならない」と云うことだ。秉燭の後、除目を始めた。右大臣が執筆《しゅひつ》を勧めた。大臣が下官におっしゃって云ったことには、「受領《ずりょう》の功過《こうか》を定め申すように」と。(藤原)経通《つねみち》朝臣を召し、文書《もんじょ》を召させた。長い時間、進上しなかった。数度、催促した。やっと進上して、ただ和泉《いずみ》の状〈(藤原)脩政《ながまさ》。〉を読み終わった。この頃、大間書《おおまがき》を巻かれた。大臣が仰せを伝えて云ったことには、「明日、諸卿は早く参って定め申すように」ということだ。右大臣が公卿給《くぎょうきゅう》を下す為に左兵衛督〈実成。〉を召した詞は、宣命使および御酒勅使《みきのちょくし》を召した詞のようであった。極めて奇怪である、極めて奇怪である。卿相は驚き怪しんだ。「東宮(居貞《おきさだ》親王)の当年の御給の御申文《もうしぶみ》二通は、皆、封を加えた」と云うことだ。まったく前例は無い。そこで殿上間に出て、事情を左兵衛督に問うた。答えたことには、「そうあるべき事である」と云うことだ。この文を、権左中弁《ごんのさちゅうべん》経通は春宮権大夫《とうぐうごんのだいぶ》(懐平)の手から受け取って挟んだ。「頭弁が伝えて授けたものである」ということだ。驚きながら経通朝臣に問うと、答えて云ったことには、「二通とも、封を加えて授けるものです。これを如何いたしましょう」と。私が云ったことには、「極めて便宜の無い事である。密々に開き見て、あれこれすべきか」と。すぐに開き見た。「一通は外国《げこく》の掾《じょう》、もう一通は当年の二《に》合《ごう》。内舎人《うどねり》を申請された文」ということだ。私が答えて云ったことには、「外国の掾一人と目《さかん》一人である。もし内舎人を申請されるのならば、ただあの一紙の内に『掾』、また『内舎人』と記して、内舎人を望むとはいっても、その注に『二分代』と記すべきである」と。皇太后宮大夫〈公任。〉が共に伝えたところである。そこで密々に改め直し、武衛《ぶえい》(懐平)に託させた。皇太后宮大夫は骨肉《こつにく》である。謗難《ぼうなん》が有ったので、命じて直したものである。亥一剋、諸卿は退下した。

○二月

一日、乙巳。　受領功過定

申の終剋の頃、内裏に参った。右大臣（藤原顕光《あきみつ》）と中宮大夫《ちゅうぐうだいぶ》（藤原斉信《ただのぶ》）が議所に着した頃、私も参入した。序列どおりに座に着した。幾《いくば》くもない頃、蔵人《くろうど》が諸卿を召した。諸卿が参上した。両日にわたって、伊賀《いが》の功過《こうか》を定め申した。三夜の定を一紙に書かせた。一々、開き見た。書き誤った事が有った。改め直させた。笏《しゃく》に取り副えた。座を起った。大臣の辺りに着して、これを奉った。亥剋、外記《げき》・史《し》・式部《しきぶ》・民部《みんぶ》を申請した者の申文《もうしぶみ》を下された。私は座を起って、大臣の下に進んで受けた。笏に取り副えて、座に復した〈外記を申した申文は下されなかった。他の申文を下された後、また更に下された。そこで両度、進んで給わった。執筆《しゅひつ》の人（顕光）が申し加えた文が有るのか。更に頭弁《とうのべん》（源道方《みちかた》）を召して、申文を取り遣わしたことが有った。すぐに加えて下給したのである。〉。通例によって、下臈《げろう》から撰び上げた。式部□□、兵部丞《ひょうぶのじょう》二人〈第一は橘行順《ゆきのぶ》、第二は源光清《みつきよ》。〉。私が咎めて云ったことには、「一省に二人を撰び上げるのは如何なものであろう」と。左兵衛督《さひょうえのかみ》〈（藤原）実成《さねなり》。〉が云ったことには、「二人の欠員があるので、五人だけを撰び上げるようにとの定が有りました。下給した申文の数が少なかったのです。そこで撰び上げたものです」ということだ。中宮大夫〈斉信。〉が云ったことには、「光清は文章生《もんじょうしょう》です。そこで撰び上げたものです」と。私が答えて云ったことには、「この撰び上げた申文の中に、献策者《けんさくしゃ》と文章生がいる。もし他の司にこの二種の人がいないのならば、状況に随って撰び上げても、何事が有るであろうか。ところが撰び上げた申文の中に、献策の人が有った。文章生□とはいっても、どうして第二の者を推挙するのであろうか。道理はそうであってはならないのではないか。ひとえにただ、第一の者によるべきではないか」と。すぐにこの申文を返し下し、次々の人々を定めさせた。「私の咎めたところは、すでに当然なのではないか」ということだ。そこで道理に帰って、光清の中文を抜かせた。そこで申文を返上させた。また、順序どおりに見下して、挙の冊を記させた。終わって、私はこれを執って、内府(藤原公季《きんすえ》)に奉った。内府は右府(顕光)に伝えた。明日は物忌《ものいみ》であるので、退出した〈時に子二剋。〉。今日、参入した卿相《けいしょう》は、右大臣・内大臣(公季)、大納言《だいなごん》斉信、中納言《ちゅうなごん》(藤原)隆家《たかいえ》・(藤原)行成《ゆきなり》・(藤原)時光《ときみつ》・(藤原)忠輔《ただすけ》、参議《さんぎ》(藤原)有国《ありくに》・(藤原)懐平《かねひら》・(源)経房《つねふさ》・実成。

二日、丙午。　除目の誤り

辰の初剋の頃、聞書《ききがき》の除目《じもく》を(藤原)資平《すけひら》と大外記《だいげき》(菅野)敦頼《あつより》が送ってきた。すぐに資平が内裏から退出して、云ったことには、「夜明け頃、諸卿が受領挙《ずりょうのきょ》の策を進上しました。聞書の除目では、常陸介《ひたちのすけ》は藤原通経《みちつね》です」と。後に書き送って云ったことには、「藤原信通《のぶみち》です」と。また、しばらくして云ったことには、「やはり通経でした」と云うことだ。この間、あれこれしていた。甚だ鬱結《うっけつ》した。某《なにがし》がこれを説いたことには、「執筆の人が誤って、『通経』を『信通』と書いた。そこで清書《せいしょ》の上卿《しょうけい》に命じられて、『通経』に改めて書かれた」と云うことだ。最初の除目は大失錯《だいしっさく》である。また、初日、右大臣は御前に於いて、頭弁を介して、三省の奏が揃っていないということについて問わせた。大外記敦頼が申して云ったことには、「京官《きょうかん》除目は揃っています」ということだ。この事は、諸人が知っているところである。

四日、戊申。　小槻奉親出家

大外記敦頼朝臣《あそん》が云ったことには、「左大史《さだいし》(小槻《おつきの》)奉親宿禰《ともちかすくね》が出家しました。欠官《けっかん》を取るべきでしょうか。大間書《おおまがき》を書き終わって、更に書き入れるのは、如何なものでしょう。意向に従うことについて、先日、処分を左相府《さしょうふ》(藤原道長《みちなが》)に請いました。相府《しょうふ》(道長)がおっしゃって云ったことには、『久しく朝廷に仕え、すでにその勤公《きんこう》が有る。今般については、喜んで欠官を取ってはならない。もし事が聞こえてきたならば、確かには承っていないということを申すように』ということでした。そこで欠官に入れませんでした」と云うことだ。問答して云ったことには、「左府(道長)は但波《たんばの》奉親朝臣を奏任《そうにん》されるであろう」と云うことだ。ところが除目では、左大史二人を転任《てんにん》させた。二人は六位である。通例では、左大史一人は五位である。右大史《うだいし》一人を任じなかった。左府の雅意《がい》に叶わない。きっと不快の意向が有るであろうか。この事は、また直物《なおしもの》に載せてはならない。事の誤りが無いからである。また、疑うところは、但波奉親朝臣は天下に虚言《きょげん》第一の者である。大夫史《たいふのし》に加えられたならば、あれこれの事が官底《かんてい》に満ち、讒言《ざんげん》は日を逐って雲のようであろう。嘆息する者が多い。もしかしたら天聴《てんちょう》に及び、未だ奏任しない前に、一条《いちじょう》天皇がお知りにならないかのように、転任を行なわれるのであろうか。また、「延暦《えんりゃく》以来、受領《ずりょう》を経た者を補任《ぶにん》した例は無い」ということだ〈但波奉親は、史から爵に預かって、豊後守《ぶんごのかみ》に任じられた者である。〉。また、云ったことには、「清書の上卿は、中納言忠輔、参議有国・懐平。式部省の方は有国が書いたのである。参議（源）頼定《よりさだ》と右兵衛督《うひょうえのかみ》（源）憲定《のりさだ》は復任《ふくにん》した〈元から大間書に書き入れていた。〉。ところが別紙に書いた。本来ならば黄紙《おうし》に書くべきである」と。また、「勅任《ちょくにん》」と書いた。ただ「勅《ちょく》」と書くべきである。「違例《いれい》の事は極めて多かったのである。また、大間書は甚だ乱雑で、文字は誤っていた」と云うことだ。

十日、甲寅。　**仁王会定／季御読経定**

内裏に参った。右大臣、皇太后宮大夫《こうたいごうぐうだいぶ》〈（藤原）公任《きんとう》。〉、藤中納言《とうちゅうなごん》〈隆家。〉、勘解由長官《かげゆのかみ》〈有国。〉が、同じく参った。大臣（顕光）は仁王会《にんのうえ》について定めた。勘解《かげ》（有国）が執筆した〈検校《けんぎょう》は左金吾《さきんご》（藤原）頼通《よりみち》卿と右衛《え》門督《もんのかみ》懐平。〉。陰陽寮《おんみょうりょう》は今月晦日《つごもり》と勘申《かんじん》した。大臣が云ったことには、「季御読経《きのみどきょう》について定め申すように」ということだ。私は仁王会定の後、退出した。

十二日、丙辰。　**円融院国忌**

今日から四箇日、物忌である。今日は故院《こいん》（円融《えんゆう》院）の御国忌《こき》である。そこで諷誦《ふじゅ》を三箇寺〈清水寺《きよみずでら》・広《こう》隆寺《りゅうじ》・北野《きたの》社。〉で修した。円融院《えんゆういん》に参入した。途中、大雨に遇った。内大臣、皇太后宮大夫、右衛門督・左兵衛督が参入した。殿上《てんじょう》の侍臣《じしん》および旧臣《きゅうしん》が参入した。御堂《みどう》の侍所《さむらいどころ》に於いて饗饌《きょうせん》が有った。その後、鐘を打たせた。堂前《どうぜん》の座に着した。講説《こうぜち》と論義《ろんぎ》は、恒例のとおりであった。皇太后宮《こうたいごうぐう》〈藤原遵子《のぶこ》)の御諷誦が有った。夕講《ゆうこう》の際に行なうよう、あれこれの儀を堂に命じた。行香《ぎょうごう》が終わって、各々、退出した。途中、燭《しょく》を秉《と》った。五位の堂童子《どうどうじ》が足りなかった。そこで旧臣の四位二人が奉仕した〈(紀)正方《まさかた》と(藤原)師長《もろなが》。〉。五位も、また旧臣であった〈(藤原)保昌《やすまさ》と(藤原)有家《ありいえ》。法師が火蛇《かじゃ》を執った。〉。

十五日、己未。　藤原頼通春日詣／一条天皇の陪膳伺候せず

「左衛門督《さえもんのかみ》頼通卿が春日《かすが》社に参った。殿上の侍臣や地下《じげ》の四位・五位・六位は、すべて催促して使役し、随身《ずいじん》して参入した。もし響応《きょうおう》しなかったならば、深く忿怒《ふんぬ》を結んだ」と云うことだ。「大和国司《やまとこくし》〈(藤原)輔尹《すけただ》。〉は、天を仰いで膝を抱えた。供給《ぐきゅう》の方策が無い」と云うことだ。「あの国の僧俗は、出費がかかって愁嘆《しゅうたん》している。殿上人《てんじょうびと》及び有徳《うとく》の者、或いは当任の吏、或いは旧吏《きゅうり》が、各々随兵《ずいひょう》一、二十人を引率した。騎馬の者は、取り上げて数えることができない。あれこれ、比べるものは無い。これは相府(道長)の定による」と云うことだ。あの供の人は、皆、布衣《ほい》である。弁官も、この中にいた。資平が云ったことには、「度々、意向が有りました」と云うことだ。ところが追従《ついしょう》させなかった。「相府は事に触れて不快でした」と云うことだ。弁官が布衣で追従した例は、未だ聞いたことのない事である〈左中弁《さちゅうべん》(藤原)朝経《あさつね》・権左中弁《ごんのさちゅうべん》(藤原)経通《つねみち》・右中弁《うちゅうべん》(藤原)重尹《しげただ》・右少弁《うしょうべん》(藤原)資業《すけなり》。左少弁《さしょうべん》(高階)積善《もりよし》だけは、左府の長斎《ちょうさい》に伺候して、追従しなかったか。〉。或いは云ったことには、「金吾《きんご》(頼通)は先ず左府〈枇《び》杷殿《わどの》。〉に参って、次いで母氏《ぼし》(源倫子《ともこ》)の許〈小南第《こみなみてい》。〉に到った。光華《こうか》を洛中の衆庶《しゅうしょ》に見せる為、数類を率いて東西を馳せ□」と云うことだ。万人は目くばせするばかりである。資平が申し送って云ったこ

とには、「昨日と今日は、慎しむところが有りました。ところが今日、天皇の陪膳《ばいぜん》が伺候していませんので、内（一条天皇）の召しが有りました。これを如何いたしましょう」ということだ。参入するよう答えた。午の後剋、来て云ったことには、「殿上の侍臣は、すべて金吾に追従して春日社に参りました」と云うことだ。そこで資平を内裏に参らせた。暗くなって、内裏から来て云ったことには、「一度、陪膳を奉仕しました。主上《しゅじょう》（一条天皇）がおっしゃって云われたことには、『殿上の男は、皆、春日社に参ったのか』と云うことでした。（藤原）説孝《ときたか》朝臣と左大弁《さだいべん》（藤原）相尹《すけただ》朝臣〈左馬頭《さまのかみ》。〉は假文《かもん》を進上し、その他は春日社に参っているということを奏上しました。天皇がおっしゃって云ったことには、『明日もまた、陪膳は伺候していないのか』と。天皇の意向を伺わせると、明日も陪膳を奉仕するようにとのようでした」と云うことだ。特別な障りが無くて左金吾の供に追従しなかった殿上人は、両頭（道方・藤原公信《きんのぶ》）と資平だけである。蔵人二人はあの供に追従した〈「（藤原）惟任《これとう》と（源）頼国《よりくに》」と云うことだ。〉。

十九日、癸亥。　夢想で藤原良房・藤原忠平の御物を伝領

今朝、優吉《ゆうきち》の夢想《むそう》が有った。忠仁公《ちゅうじんこう》（藤原良房《よしふさ》）の御物《ぎょぶつ》を伝領《でんりょう》できた事である。事は多く記さないのみである。また、先年の夢に忠仁公の御事を見たことは、すでに二度に及ぶ。また、前年の夢に貞信公《ていしんこう》（藤原忠平《ただひら》）累代《るいだい》の巡方《じゅんぽう》の玉の御帯を下給されることを見た。

二十八日、壬申。　斎宮殿上間の御燈

頭弁が陣の腋《わき》に於いて、雑事を談った次いでに云ったことには、「頭中将《とうのちゅうじょう》(公信)が、神祇祐《じんぎのじょう》直《あたえの》是盛《これもり》が申請した趣旨を奏聞《そうもん》しました。その詞に云ったことには、『斎宮《さいぐう》の殿上では、御燈《ごとう》は行なわれない』ということです。おっしゃって云ったことには、『聞いたことのない事である』と。勘文《かんもん》を進上するよう、綸旨《りんじ》が有りました」ということだ。私は退出した後、『延喜式《えんぎしき》』〈一帙《ちつ》第五巻「斎宮」。〉を引《いん》見《けん》したところ、云ったことには、「凡《およ》そ斎王《さいおう》が伊勢《いせ》大神宮《だいじんぐう》に入ろうとする時、九月一日から三十日まで、京畿内《きょうきない》・伊勢《いせ》・近江《おうみ》国は、燈を北辰《ほくしん》に奉ったり、また挙哀《こあい》したりしてはならない」と。今、考えると、斎王が伊勢に下る年の九月に、御燈を停止《ちょうじ》するだけである。

二十九日、癸酉。　仁王会欠請僧についての経通の措置

前都督《さきのととく》(藤原高遠《たかとお》)の書状に云ったことには、「経通朝臣は、今も封を用いない」ということだ。この朝臣(経通)は、貴人の様態を願わず、凡人《ぼんにん》に異ならない者である。ひとえに下人の事に就いて、骨肉《こつにく》を軽んじる。こうであってはならないのではないか。先日、史(船《ふなの》)守重《もりしげ》を介して、仁王会の欠請《けっしょう》について云い遣わした。特に返報は無く、所望していない両口《く》の僧〈中宮《ちゅうぐう》(藤原彰子《あきこ》)・尚侍《ないしのかみ》(藤原妍子《きよこ》)。〉を補して入れた。また、自分の宅の僧や右衛門督家の僧を補した。すでに十余人の欠請が有る。特にここから両人の辞書《じしょ》を送る。観音院僧正《かんのんいんそうじょう》の書状によって、一人を補すよう云い遣わした。ところが請い補すことは無かった。極めて奇怪である。経通朝臣は追従を宗とする者である。「三位中将《さんみちゅうじょう》〈(藤原)教《のり》通《みち》。〉の車の簾《すだれ》を褰《かか》げた」と云うことだ。身は左中弁であって、すでに重職《じゅうしょく》を忝《かたじけな》くしている。とこ

ろがその志は、布衣の者に異ならず、一家の風を伝えることができないようなものである。才学が有るとはいっても、何となるか、何となるか。「田畠の事に忙しい」と云うことだ。もっとも弾指《だんし》すべきである。また、是非を弁《わきま》えるべきとはいっても、かえってまた、迷うようなものである。

○三月

二日、乙亥。　道長長斎処触穢

去る夕方、枇杷殿《びわどの》に犬の産穢《さんえ》が有った。これは左相国《さしょうこく》(藤原道長《みちなが》)の長斎処《ちょうさいしょ》である。卿相《けいしょう》たちが云ったことには、「勘解由長官《かげゆのかみ》(藤原有国《ありくに》)が相府《しょうふ》(道長)に申して云ったことには、『長斎の間に少々の穢《え》が有る時に、解除《げじょ》して参入することは、まったく咎《とが》はありません』と云うことでした」と。あれこれは、心中に追従《ついしょう》の詞とした。但し長斎の間、触穢《しょくえ》が有る時に参入するという事は、聞いたことのないばかりである。怖畏《ふい》しなければならない。晩方、退出した。藤中納言《とうちゅうなごん》(隆家《たかいえ》)が参入した。織部司《おりべし》に於いて互いに揖礼《ゆうれい》して、各々、退出した。

三日、丙子。　道長長斎処触穢

(藤原)信経朝臣《のぶつねあそん》が云ったことには、「『左府に犬の産穢が有ります』と云うことですが、そしてまた、犬の死穢《しえ》も有ります」と云うことだ〈犬の子が死んだ。或いは云ったことには、「母に喰われました」と云うことだ。〉。また、云ったことには、「(賀茂《かも》)光栄《みつよし》朝臣は、この穢によって、更に留められることができないということを申しました」と云うことだ。前大和守《さきのやまとのかみ》朝臣(藤原景斉《かげただ》)が伝え送って云ったことには、「相府は、当日、必ず出立《しゅったつ》されますので、今回の事を恒例とするらしいです」と。景斉は、あの御供に供奉《ぐぶ》することになっている人である。すぐに相府の斎《いみ》の内に籠った。或いは云ったことには、「また穢であるのに参られることは、(安倍)吉平《よしひら》朝臣が感心しなかった」と云うことだ。

六日、己卯。　道長解除の怪異

或いは云ったことには、「相府が穢を祓い清める為、先日、河頭《かわのほとり》に臨まれた際、車副《くるまぞい》の男が、途中に於いて〈堤の辺り。〉、鼻血を流し出し、牛の綱を棄てて逃げた」ということだ。「また、解除の際、風が吹いて陰陽師《おんみようじ》が指した御麻《ぬさ》を切った。見た者が云ったことには、『不吉《ふきつ》である』と。また、烏が祓《はらえ》所《どころ》に来ることが止まなかった。穢以前に□烏が集まった」と云うことだ。

七日、庚辰。　石清水臨時祭試楽／道長代参の使者を発遣との説

今日、臨時《りんじ》祭試《さいし》楽《がく》が行なわれた〈後に聞いたことには、「蔵人《くろうど》五人が参入した」と云うことだ。〉。或いは云ったことには、「左府(道長)は、当日、南山《なんざん》(金峯山《きんぶせん》)に参られることになっていた。ところが先日の犬の死穢によって、日を延引《えんいん》された」と云うことだ。又の説に云ったことには、「代参《だいさん》の使者を発遣されることになった」と云うことだ。説は錯綜《さくそう》している。

八日、辛巳。　道長代参の使者、長斎

夜に臨んで、甲斐守《かいのかみ》朝臣〈(藤原)能通《よしみち》。〉が来て、云ったことには、「明日、任国に帰ることになりました」ということだ。しばらく談話した次いでに云ったことには、「左相府《さしょうふ》(道長)は、物詣《ものもうで》を停止《ちょうじ》したので、当日の代参の使者を定められました〈済信僧都《さいしんそうず》である。『仁和寺《にんなじ》に於いて長斎を行なっている』と云うことだ。怪異《かいい》によって行なうところか。〉。この間、相府も精進潔斎《しょうじけっさい》し、使者が帰る日を待つことになりました」と云うことだ。

九日、壬午。　石清水臨時祭

今日、石清《いわし》水臨時《みずりんじ》祭《さい》が行なわれた〈中の午《うま》の日は国忌《こき》に当たる。そこで上の午の日を用いた。〉。午剋の頃、内裏に参った。これより先に、一条《いちじょう》天皇が出御《しゅつぎょ》した。使・舞人《まいびと》・陪従《べいじゅう》を召した。両頭(源道方《みちかた》・藤原公信《きんのぶ》)が云ったことには、「すでに出御が有りました。座に伺候してください」ということだ。私が答えて云ったことには、「使が座に着した後、一献《こん》が終わって、上達部《かんだちめ》が盃を執り、使に勧めて、御前の座に着すのは通例である。未だ一献に及んでいない。これを如何すればいいのか」と。この頃、上《じょう》臈《ろう》は参られていなかった。そこで宣命《せんみょう》について頭弁《とうのべん》(道方)に問うた。云ったことには、「未だ宣命を奏していません。奏上させるべきです」ということだ。外記《げき》(大江)為清《ためきよ》を召し、内記《ないき》を召すよう命じた。申して云ったことには、「内記は、すべて故障が有って参入することができません」ということだ〈各々、障りの趣旨を申した。〉。命じて云ったことには、「これは通例の宣命である。外記が例文を調べ、書かせて奉るべきである」と。この頃、右大臣(藤原顕光《あきみつ》)と内大臣(藤原公季《きんすえ》)が参入した。宣命の事情を右府(顕光)に申した。右府は外記為清を召し、宣命について命じた。為清は宣命を奉った。大臣(顕光)は御所に進んで奏上させた。終わって右大臣以下は南廊《なんろう》〈侍従《じじゅう》の座。〉に□着した。一献は頭弁、二献は右大臣、三献は内大臣。両人が勧盃《けんぱい》した後、御前の座に着した。汁物《しるもの》をあらかじめ据えた。そこで箸を下した。私は御前の座に着した。次いで出て、同じく着した。使以下が食した。終わって私は座を起って、勧盃した。使(藤原)兼綱《かねつな》朝臣は盃を受け、座を起って、右府に進んだ。私はまだ座を起たなかった。右府が盃を受けた後、私は座を起って、本座に復した。舞人は序列どおりに上達部の辺りに進み、盃を受けた。この頃、陪従が歌笛《かてき》の声を発した。巡行《じゅんこう》の後、中宮大夫《ちゅうぐうだいぶ》(藤原斉信《ただのぶ》)が勧盃した。頭中将《とうのちゅうじょう》(公信)が盃を執って酌《しゃく》した。上達部が意向を伝えたのである。次いで重盃《かさねさかずき》を給わった。次いで右大臣以下侍従が挿頭《かざし》を執って、使以下に下給した。卿相は侍所《さむらいどころ》に伺候した。しばらくして、天皇が出御した。上達部を召した〈先ず円座《わろうだ》を敷いた。〉。簀子敷《すのこじき》に伺候した。下﨟《げろう》は長押《なげし》に伺候した。蔵人頭《くろうどのとう》道方朝臣が召しに応じた。使を召すということを奉って退下し、蔵人(藤原)章信《あきのぶ》を介して召させた。近代の例は、このようである。但し故実《こじつ》を承ると、勅を承った頭が、履《くつ》を着さずに御前を渡り、これを召す。これを故実とする。勅を承った人が、転じて蔵人を介して召させるのは、そうであってはならない事である。長い時間、使は参らなかった。先例では、滝口《たきぐち》の戸の前に於いて歌笛を発し、その声が休まない間に、召しが有った。ところが歌笛の事が無かった。二、三度、催し仰せられた後、道方朝臣が御前に進み、下﨟の上達部に伝えて云ったことには、「(藤原)中尹《なかただ》〈右衛《え》門《もんの》権佐《ごんのすけ》。〉は、父民部卿《みんぶきょう》(藤原懐忠《かねただ》)が重く煩っていて、障るということを申させた。天皇の許容は無かったということを伝えた。そこで参入したとはいっても、舞を奉仕することができない。危急《ききゅう》であるからである」と云うことだ。右大臣が意向を伺った。天皇がおっしゃって云ったことには、「舞を奉らないとはいっても、身はやはり伺候するように」と。また、源頼兼《よりかね》〈兵庫助《ひょうごのすけ》。兵庫助が舞を奉る事は、聞いたことがない。但し中務丞《なかつかさのじょう》が奉仕する例は有った。〉が急に召し入れられた。そこで舞を習っていないということについて、同じく奏聞《そうもん》を経た。天皇がおっしゃって云ったことには、「中尹と頼兼は、舞を奉ってはならない。ただ伺候するように」ということだ。蔵人頭公信朝臣を召し、おっしゃって云われたことには、「試楽の日のように、(藤原)能信《よしのぶ》と(藤原)実経《さねつね》に一の舞を奉仕させるように」ということだ。御前を通って召し仰すべきであろうか。ところが召し仰せたのを見なかった。何処でこれを命じたのか。申の終剋、舞が終わった。主上《しゅじょう》(一条天皇)は入御《にゅうぎょ》し、諸卿は退下した。「右府・内府、私(実資)、中宮大夫(斉信)・藤中納言・尹納言《いんなごん》(藤原時光《ときみつ》)、勘解由長官・左近中将《さこんのちゅうじょう》(源経房《つねふさ》)は見物しなかった。他は見物した」と云うことだ。今日、見参《げんざん》した卿相は、右大臣〈顕。〉・内大臣〈公。〉、中宮《ちゅうぐう》権大夫《ごんのだいぶ》〈(源)俊賢《としかた》。〉・藤中納言〈隆家。〉・侍従中納言《じじゅうちゅうなごん》〈(藤原)行成《ゆきなり》。〉・左衛門督《さえもんのかみ》〈(藤原)頼通《よりみち》。〉・尹中納言《いんちゅうなごん》〈時光。〉、大蔵卿《おおくらきょう》〈(藤原)正光《まさみつ》。〉・左兵衛督《さひょうえのかみ》〈(藤原)実成《さねなり》。〉である。

十二日、乙酉。　章信の勘事を免す／道長、金峯山代参を停止

(藤原)資平《すけひら》が云ったことには、「章信の勘事《かんじ》は、今日、免《ゆる》されました」と。また、云ったことには、「東宮(居貞《おきさだ》親王)で射儀《しゃぎ》が行なわれます」と。暗くなって、右近府生《うこんのふしょう》(若倭部《わかやまとべ》)亮範《すけのり》が来て、云ったこと

には、「左相府は、前日の穢によって、自身は参られないとはいっても、仁和寺僧都《にんなじそうず》〈済信。〉を指名し、南山に奉られます。すぐに去る九日、使に定められました。僧都は、その命を承って、本寺に帰りました。あの日から、いささか腫物《しゅもつ》が有りました。ところが大した事は無かったので、当日、分け定めることになりました。そこで雑物をあらかじめ上送《じょうそう》されました。また、今日、人夫百人に命じて雑布及び様々な物を遣わされようとした際、使の僧都が申し遣わして云ったことには、『腫物が重く発《おこ》り、慎しまなければなりません』ということでした。そこで南山に参ることはできないということを、相府に申させました。下官(亮範)が云ったことには、『光栄と吉平を召して、占い勘じさせたところ、使を奉られてはならないということでした』と。すぐに河頭に臨んで、申剋、解斎《げさい》の祓《はらえ》が有りました。斎に籠った僧俗及び百人の人夫、合わせて数百人が、急に閉鏁《へいじょう》していた門を開いて、出て騒いだ音は、最も怪異のようなものでした。潔斎していた上下の曹局《そうきょく》の雑物を運び出した事は、あたかも凶所《きょうしょ》のようでした。今日、相府は初めて魚味《ぎょみ》を嘗《な》めました」と云うことだ。亮範は、あの殿□、御供に供奉することになっていた者である。そこで子細を申してきた。

十三日、丙戌。　東宮賭弓

資平が云ったことには、「昨日、東宮に藤中納言・左衛門督、大蔵卿・右近中将《うこんのちゅうじょう》(藤原兼隆《かねたか》)・左兵衛督が預かり参りました。五度を限りとし、募ったことには、『小鮎』と云ったり、『杖』と云ったりして、御射の儀が行なわれました。二度に及びませんでした」と云うことだ。「懸物《かけもの》〈女装束《おんなしょうぞく》。〉を下給しました。左衛門督が懸物〈手本《てほん》二巻。薄物《うすもの》に包み、銀の山吹の枝に付した。〉を献上しました。射た者は科《か》に当たりませんでした。そこで懸物に預かりませんでした」と云うことだ。「殿上《てんじょう》の饗宴は、右兵衛督《うひょうえのかみ》（源憲定《のりさだ》）、射場《いば》の衝重《ついがさね》は頭弁が奉仕しました。頭弁は故障が有って参入しませんでした」と云うことだ。

十九日、壬辰。　大宰府相撲牒／顚倒の垣の壁を塗ることの可否

大宰府《だざいふ》の相撲牒《すまいのちょう》に加署《かしょ》した。

昨日、顚倒した垣の壁を塗らせるべきか否かについて、吉平朝臣に問い遣わした。申し送って云ったことには、「土用《どよう》の間は、誠に犯土《ぼんど》ではないとはいっても、公事《くじ》を行なってはなりません。また、南西の方角に当たるでしょうか。土用の後、大将軍《たいしょうぐん》が遊行《ゆぎょう》している間に壁を塗られますように」ということだ。

二十日、癸巳。　直物・小除目／兼国・公卿給／西大寺塔実検文／春季御読経始

早朝、大外記《だいげき》（菅野）敦頼《あつより》が、昨日の除目《じもく》を記し送ってきた〈大内記《だいないき》に慶滋為政《よししげのためまさ》、左馬允《さまのじょう》に菅原公行《きんゆき》。〉。「直物《なおしもの》の次いでに小除目《こじもく》が行なわれました」と云うことだ。この他、兼国《けんこく》や公卿給《くぎょうきゅう》は、追って進上することになっているものである。

巳剋の頃、大外記敦頼朝臣が来て、直物の詳細を申した。また、兼国と公卿給を記して進上した。見終わって返給した。右大弁《うだいべん》（道方）が、西大寺《さいだいじ》の塔の実検《じっけん》の文を持って来た。すぐに奏聞させた。未剋の頃、内裏に参った。季御読経始《きのみどきょうはじめ》が行なわれた。右大臣がこれを行なった。申剋、諸卿が参上した。御前僧《ごぜんそう》は七口《く》〈僧綱《そうごう》が二口、凡僧《ぼんそう》が五口。〉。威儀師《いぎし》が右大臣に申して云ったことには、「御導師《どうし》を奉仕することのできる僧綱の者がおりません。紫宸殿《ししんでん》に伺候している僧綱の御導師法橋慶算《ほっきょうきょうさん》を参入させてください」ということだ。大臣が云ったことには、「行事《ぎょうじ》の弁《べん》を介して申させるように」ということだ。あれこれの卿相が云ったことには、「ただ頭弁を介して奏上されるべきであろうか」と。そこで頭弁を介して、法橋慶算に御前の御導師を奉仕させるよう奏上させた。天皇がおっしゃって云ったことには、「奉仕させるように」ということだ。頭弁に伝えた。あれこれが云ったことには、「威儀師に伝えられるべきか。頭弁が転じて威儀師に伝えてはならない。先例に背く」と云うことだ。「慶算は、すでに紫宸殿の御導師を奉仕している」ということだ。そこで黄昏の頃、行香《ぎょうごう》が行なわれた〈御導師に同じく奉仕させた。〉。参入した卿相は、右大臣・内大臣、大納《だいな》言《ごん》斉（斉信）・公（藤原公任《きんとう》）、中納言《ちゅうなごん》俊（俊賢）・隆（隆家）・行（行成）・忠（藤原忠輔《ただすけ》）、参議《さんぎ》有（有国）・懐（藤原懐平《かねひら》）・兼（兼隆）・経（経房）であった。中納言忠輔と参議経房は、紫宸殿に伺候した。

二十二日、乙未。　勘宣旨／斎院奏状／備中守赴任／右大臣死去の夢想

左中弁《さちゅうべん》（藤原朝経《あさつね》）が、先日の勘宣旨《かんせんじ》および斎院《さいいん》が申請した雑物の奏状を持って来た。勘宣旨はすぐに蔵人（藤原）惟任《これとう》に託すよう命じた。院の奏は奏聞させたのである。備中守《びっちゅうのかみ》（橘）儀懐《よしかね》が来た。二十九日に赴任するということを告げた。長い時間、雑談した後、女装束を被《かず》けた。この朝臣は、緑衫《ろうそう》の日、

□家人《けにん》となった。芳心《ほうしん》は変わらない。そこで微志《びし》を致しただけである。大炊頭《おおいのかみ》光栄朝臣が語った次いでに云ったことには、「或る女が、右相府《うしょうふ》（顕光）が今年十一月七日に必ず死ぬという夢を見ました」ということだ。実々、談じたところは、その期に臨んで虚実を知るべきか。

二十四日、丁酉。　内蔵寮・穀倉院に下す宣旨／内裏最勝講

蔵人惟任が、前日の勘宣旨を持って来て、云ったことには、「内蔵寮《くらりょう》と穀倉院《こくそういん》に下す宣旨《せんじ》が有ります」と。そこで返し授けた。今日から五箇日、内裏に於いて最勝王経《さいしょうおうきょう》を講じられる。請僧《しょうそう》二十口〈講師《こうじ》十人、問者《もんじゃ》十人。〉。未剋の頃、内裏に参った。□剋、鐘を打った。出居《でい》が参上した。次いで公卿、次いで僧侶。作法は前のようであった。法用《ほうよう》の後、蔵人頭道方が、講師〈大僧都《だいそうず》定澄《じょうちょう》。〉の高座《こうざ》の下に就いて、趣旨を伝えた。釈経《しゃくきょう》と論義《ろんぎ》が行なわれた。終わって、行香が行なわれた。この頃、秉燭《へいしょく》となった。私は痢病《りびょう》を催した。そこで夕講《ゆうこう》を待たずに退出した。勘宣旨を左中弁に下した。今日、参入したのは、左大臣・右大臣・内大臣、大納言斉信・公任、中納言俊賢・時光・忠輔、参議有国・兼隆・経房・実成、三位（藤原）教通《のりみち》。

二十七日、庚子。　道長邸仏経供養／斎院近辺に殺害あり

土御門第《つちみかどてい》の堂に於いて、等身《とうしん》の金色《こんじき》阿弥陀《あみだ》像《ぞう》および百巻の阿弥陀経《あみだきょう》を供養《くよう》した。「ひとえに極楽《ごくらく》に往《おう》生《じょう》する為である」ということだ。「請僧五十五口〈この中に七僧《しちそう》がいた。〉は、皆、家中の僧である。但し、僧綱は新たに招請した」と云うことだ〈大僧都定澄と大僧都院源《いんげん》。〉。本家が諷誦《ふじゅ》を修した〈信濃布《しなののぬの》二百端《たん》。〉。

行香、次いで念仏《ねんぶつ》が行なわれた。その後に布施《ふせ》が有った〈絹である。絹を重ねて、絹紙に書を挿んだ。もしかしたら余りの短冊《たんざく》か。〉。僧綱の布施は、右宰相中将《うさいしょうちゅうじょう》（兼隆）と三位中将《さんみちゅうじょう》（教通）が執った。その他、蔵人頭以下、殿上人《てんじょうびと》と地下人《じげにん》の四位が、この禄を執った。僧が退出した後、飲食を諸卿及び殿上の侍臣《じしん》に供された。但し両僧都は、特に命じて食の座に預かった。子剋の頃、法会が終わって、各々、分散した。

斎院長官《さいいんのかみ》（源）為理《ためまさ》朝臣が申して云ったことには、「昨夜、院の近辺で殺害が有りました。これを知って、殺された者の方人《かたうど》が、死人を荷いで、犯人の法師の宅に投げ入れました。つまりこの宅は、斎院《さいいん》町《まち》です。誠に院人ではないとはいっても、場所はすでに院領です。院を去ることは遠くありません。また、次いで□□の宅に押し入りました。この宅もまた、同じ所です。共に壊損しました。もし制止を加えなければ、穢が恐らく院に及ぶでしょう。また、院人に防禦させれば、必ず闘乱が起こるでしょう」ということだ。「この殺された者は、頭中将の宅の下人である」と云うことだ。内裏に参った次いでに、頭中将に伝えた。答えて云ったことには、「検非違使《けびいし》別当《べっとう》（懐平）に告げました。別当はすぐに検非違使《けびいし》の官人を遣わしました。また、随身《ずいじん》を指名して、仰せ遣わしました」ということだ。夜に入って、左相府に伺候した際、左中弁が云ったことには、「斎院の女房《にょうぼう》の許から申し送って云ったことには、『昨夜、殺害された者の方の雑人《ぞうにん》が、死人を随身し、院人の宅々を破壊し、宅内の財や雑物を捜し取りました。穢は院人の宅に到りました。きっと院中に引き及んだでしょう』と」ということとだ。すぐに左相府に伝えた。相府は別当に伝えた。別当が云ったことには、「今朝、左衛門志《さえもんのさかん》清栄《きよよし》を差し遣わして、あれこれ申させた」ということだ。

二十八日、辛丑。　**最勝講結願／勘宣旨**

内裏に参った。朝講《ちょうこう》の中間に参会した。講が終わって、僧侶が退下した。次いで卿相が退下した。すぐに夕講の鐘を打った。出居が座に着した。次いで卿相が参上した。請僧が法用に参上した後、右中《うちゅう》将《じょう》(藤原)頼宗《よりむね》が講師の高座の下に就いて、度者《どしゃ》について伝えた。次いで釈経と論義が行なわれた〈講師は定基《じょうき》、問者は永昭《えいしょう》〉。

永昭の言語は、懸河《けんが》のようであった。僧俗は共に称嘆した。論義が終わって、三礼《さんらい》が礼盤《らいばん》に着した。次いで行香が行なわれた。終わって、右大臣以下殿上人が、禄を執って僧に被けた。蔵人右衛門尉《えもんのじょう》(橘)義通《よしみち》が、威儀師の禄を執って下給した。前例では、廊下に於いて下給する。ところが座を下りて下給した。前例に違うばかりである。今日、参入した諸卿は、右大臣・内大臣、中宮大夫、治部卿《じぶきょう》(俊賢)・侍従中納言・兵部卿《ひょうぶきょう》(忠輔)、勘解由長官・右衛門督《えもんのかみ》(懐平)・左近中将・左兵衛督・源宰相《げんさいしょう》(頼定《よりさだ》)である。先日の勘宣旨を、また更に勘申《かんじん》させて、今日、蔵人惟任に託した。

○六月

二十二日。(『中右記』大治四年七月十七日条による)　**一条院崩御**

左大臣(藤原道長《みちなが》)は軽服《きょうぶく》を着した。神事が有る時は、吉服《きっぷく》を着される。

○七月

一日、壬申。　秋季十斎大般若読経発願／花山院皇子元服の日

秋季十斎大般若読経《しゅうきじっさいだいはんにゃどきょう》の発願《ほつがん》が行なわれた〈盛算《じょうさん》と念賢《ねんけん》。〉。去月二十七日、(平)公誠朝臣《きんざねあそん》が云ったことには、「故花山《かざん》院の宮たち(昭登《あきなり》親王・清仁《きよひと》親王)の御元服《げんぷく》は八月二十三日です」ということだ。天下大事の間であるから、密々に行なわれるよう、指示した。また、侍従中納言《じじゅうちゅうなごん》(藤原行成《ゆきなり》)の指揮に従うよう命じた。今日、重ねて来て、云ったことには、「上達部《かんだちめ》の禄は、必ず準備しなければならないものでしょうか」ということだ。加冠《かかん》と理髪《りはつ》の人の他は、納言《なごん》二人と参議《さんぎ》二人の禄だけを準備させても、何事が有るであろうか。そもそも、その日の状況に随って、あれこれするよう、命じた。殿上人《てんじょうびと》の禄は準備してはならないということを、同じく命じた。夜に入って、重ねて来て、云ったことには、「事情を拾遺納言《しゅういなごん》(行成)に伝えましたところ、答えて云ったことには、『御元服については、何事が有るでしょうか。但し、院(一条《いちじょう》院)が崩じられた間は、如何でしょう。前例を調べられて行なわれるのが宜しいでしょうか。但し密々に行なわれるのに、また何事が有るでしょうか。御元服が行なわれるのならば、御即位《そくい》式《しき》の威儀《いぎ》の役を奉仕されます。その事によって、位《い》品《ほん》を叙すことを奏上されるのが、便宜《びんぎ》が有るでしょうか』ということでした」と。私が云ったことには、「院が崩じられたので、御四

十九日の内は、御元服が行なわれるべきではないのである。御忌《ぎょき》を過ごした後に、密々に行なわれるのが、事の難点が無いであろうか。重喪《じゅうも》の人が元服した例は、無いわけではない〈『葬送《そうそう》の日の元服は、その例が多い』と云うことだ。〉。何ぞましてや、実を論じると、服親《ぶくしん》ではいらっしゃらないのである。ただし冷泉《れいぜい》院の御戸に入れられている。そこで院とは従父兄弟と申すべきである。その服は七箇日か。事の忌みは無いであろうものである」と。そもそも拾遺納言は左府（藤原道長《みちなが》）と親昵《しんでい》の人である。また、左相府《さしょうふ》（道長）に洩れ申して、意向に随われるよう、指示しておいた。天下の巨細《こさい》の雑事は、ただ左府の一言にある。

二日、癸酉。　法興院法華八講結願／相撲停止

法興院《ほこいん》に参った〈八講《はっこう》が終わった。入道殿《にゅうどうどの》（藤原兼家《かねいえ》）の御忌日《きにち》である。〉。皇太后宮権大夫《こうたいごうぐうごんのだいぶ》（行成）、弾正尹《だんじょういん》（藤原時光《ときみつ》）、右衛《え》門督《もんのかみ》（藤原懐平《かねひら》）・左近中将《さこんのちゅうじょう》（源経房《つねふさ》）、三位中将（藤原教通《のりみち》）が参入した。行香《ぎょうごう》が終わって、退出した。法興院に於いて、頭弁《とうのべん》（源道方《みちかた》）が云ったことには、「相撲《すまい》は停止《ちょうじ》となりました。院が崩じられたことによるものです。前例では御即位式以前には、相撲は行なわれません。左府が云ったことには、『すでに両事が行なわれた。重事であるので命じて行なうということである』ということでした。そこで、院の御事によるということを、仰せ下されますように」ということだ。頭弁は、頗る猶予の意向が有った。「今日、坎日《かんにち》ですので、右府（藤原顕光《あきみつ》）に申しません」と云うことだ。「左府は院の御穢《え》に籠り候じられているので、右府が承って行なう」と云うことだ。内裏遷御《せんぎょ》の延引《えんいん》、および御心喪《しんそう》の間の事について、談が有った。事が多く、記さない。「但し、このような事は、事情を知らない」ということだ。子細を指示しておいた。

三日、甲戌。　按察使俸料を人々に頒つ

按察使《あぜち》の俸料《ほうりよう》の絹三十疋を、今日、人々に頒給《はんきゅう》した。

六日、丁丑。　道長、一条院御穢に籠る／素服を着す可否

申剋の頃、院に参った。権僧正《ごんのそうじょう》(慶円《きょうえん》)に逢った。清談《せいだん》していた際、左大臣(道長)が退出されるのに遇った。立ったまま、長い時間、院が崩じられた際、および後々の雑事を談られた。「御穢に籠り候じている事を、諸人は非難しているであろうか。ところが、あの頃、心神不覚《しんしんふかく》となって、後の事を知らず、籠り候じていたものである。籠り候じていた後、院の雑事を差配《さはい》した。もし伺候していなければ、極めて便宜がなかったに違いないのである」と云うことだ。また、「素服《そふく》を給わることになっている。ところが、あれこれの人々が云ったことには、『来月十一日に内裏遷御が行なわれます。もし参入しなかったならば、便宜が無いのではないでしょうか。その日は、院の御四十九日の正日《しょうにち》です。御素服を脱いではなりません』と。また、今、思い煩って、決定することができない」ということだ。私が答えて云ったことには、「御穢に籠り候じられていた事は、道理はそうであってはなりません。その理由は、新帝(三条《さんじょう》天皇)が、未だ万機《ばんき》に臨まない間は、巨細の事を執行されるのに、傍らにその人(道長)がいなくなるからです。ところが御忌の穢に籠られているというのは、如何なものでしょう」

と。頗る感心の様子が有った。素服を着されるのは、考えが有るはずの事である。素服を給わると称して内裏遷御に扈従《こしよう》しないのは、便宜が無いに違いないのではなかろうか。その間、事が多かった。ひとえにまた、道理である。また、云ったことには、「あの内裏遷御の日は、馬に騎って扈従してはなりません。車に乗り、別の道を取って参入されるように」ということだ。また、云ったことには、「素服を給わらないとはいっても、やはり軽服《きようぶく》を着します。神事が有る時は、吉服《きつぶく》を着されるように」と云うことだ。また、云ったことには、「あの十一日、院司《いんじ》は仏事《ぶつじ》に奉仕しなければなりません。本来ならば中宮《ちゆうぐう》(藤原彰子《あきこ》)が奉仕されなければなりません。ところがあの日の内裏遷御は、入礼《じゆらい》の諸卿は、参入するわけにはいきません。五七日は、東宮(敦成《あつひら》親王)の御衰日《すいにち》に当たります。□れることはできません」と云うことだ。状況を見させた後、仏事を修されるべきであろうか。また、あの十一日は、中宮と東宮が、東三条第《ひがしさんじようてい》に渡御《とぎよ》されることになっている。また吉日《きちにち》が無いからである。下官(実資)が相府《しようふ》(道長)に申して云ったことには、「院司の他は、吉服を着すべきです」ということだ。「但し、冠と表衣《うえのきぬ》の他は、平絹《ひらぎぬ》を着すべきです。御四十九日の間は、纓《えい》を垂れて院に参るのは、便宜が無いのではないでしょうか。纓を巻いて参入するのは、如何でしょう」と。相府が答えて云ったことには、「そうあるべき事である。特に蔵人頭《くろうどのとう》を経た人たちは、その気持が有ることであろう。また、他の人たちは、綾の下襲《したがさね》を着すのは、また何の難点が有るであろうか」ということだ。明日と明後日は、慎しむところが有る。御葬送の日に参ることができないということを、拾遺納言に伝えた。披露させる為である。今日、参入した事を中宮に申すよう、(藤原)経通《つねみち》朝臣に告げた〈中宮亮《ちゅうぐうのすけ》である。〉。日没の頃、退出した。

七日、戊寅。　御心喪の陣定

大外記《だいげき》(菅野)敦頼《あつより》朝臣が来て、雑事を談じた。右府が伝え送られて云ったことには、「今日、定め申さなければならない事が有る。必ず参会するように」ということだ。今日と明日は、堅固《けんご》の物忌《ものいみ》であるということを申した。考えると、御心喪の際の事であろうか。中剋の頃、召使《めしつかい》が、陣定《じんのさだめ》が行なわれるということを告げた。病悩が有るということを答えた。内裏から右衛門督が伝え送って云ったことには、「御心喪の陣定が行なわれる。前例は如何か。定め申すべき趣旨を、密々に伝え送るように」ということだ。

八日、己卯。　御心喪・廃朝定／一条院遺詔／一条院葬送

昨日の事情を敦頼朝臣に問い遣わした。その返状に云ったことには、「昨日の陣定については、参られた卿相《けいしょう》は、右内府(顕光・藤原公季《きんすえ》)、右衛門督・左兵衛督《さひょうえのかみ》(藤原実成《さねなり》)。その他はすべて、故障を申されました。右府は私(敦頼)を介して事情を左府に申されました。『朱雀院《すざくいん》の御時は、御心喪三月・廃《はい》朝《ちょう》四日。陽成院《ようぜいいん》と花山の時は、廃朝五日であった。日数は同じではない。諸道に命じて勘申《かんじん》させるべきであろうか』ということでした。御返事に云ったことには、『五日は、これは定例《じょうれい》である。四日については、もしかしたら日次《ひなみ》が宜しくなくて行なわれたものか。そのような事は、宜しい様に申し

行なわれるべきである。日程が遠いので、重ねて命じられてはならない』ということでした。今日、遺詔《いしょう》を送られた次いでに、召し仰せられるべきでしょうか」ということだ。午剋の頃、敦頼朝臣が記し送って云ったことには、「内蔵頭《くらのかみ》〈(藤原)公信《きんのぶ》か。〉が参られました。申されて云ったことには、『敦康《あつやす》親王が奏上させて云ったことには、「院(一条院)の遺詔は、『挙哀《こあい》・素服・葬官《そうかん》を停め、国忌《こき》・山陵《さんりょう》を置いてはならない』ということを、宜しく奏上させるように」ということです』ということでした。

右府が右仗《うじょう》に於いて、蔵人《くろうど》(大江)景理《かげまさ》朝臣を介して奏上されました。天皇がおっしゃって云ったことには、『典法《てんぽう》は、□が有る。本来ならば先例に任せて行なわなければならない。ところが遺詔によって、挙哀を停止されるということを、宜しく伝えるように』ということでした。また、今日から五箇日、廃朝するよう、宣旨《せんじ》を下されました。書状は、このようなものです」ということだ。昨日の諸卿の定は、はなはだ不当である。その定によって行なわれるものであろうか。陽成院と花山院の例は、受禅《じゅぜん》していなかったので、ただ五箇日の廃朝が有ったのではないか。花山院が崩じられた時は、□礼を薄くされるよう、諸人が申したところである。□□の儀は無かったとはいっても、譲国《じょうこく》と申すべきものである。ところがまた、五箇日の廃朝が有って、御心喪の礼は無かった。陽成院の例については、譲位《じょうい》ではなかったので、ただ廃朝が有っただけである。現在の礼は、陽成院と同じではない。禅位《ぜんい》の例を調べると、心喪の限が有るべきである。御本服《ほんぶく》は七日。この間に御心喪が行なわれるべきであろうか。諸卿の僉議《せんぎ》は、私は感心しない。後代の賢哲《けんてつ》は、必ず定めるところが有るであろう。

今日は院の御葬送である。慎しむところが有って、参入しなかった。昨日、障るということを頭弁の許に伝え送った。(藤原)資平《すけひら》は、迎火《むかえび》の役を勤める為、酉剋の頃に参入した。明日、詳細を聞くことにする。

九日、庚辰。　一条院葬送／一条院遺骨

巳剋の頃、資平が院の御葬送所から来て、云ったことには、「只今、葬送の儀が終わりました。昨日の亥四剋、御葬送所〈『巌陰《いわかげ》。長坂《ながさか》の東』と云うことだ。〉に御出《ぎょしゅつ》しました〈御輿《みこし》。香輿《こうのこし》と火輿《ひのこし》が御輿の前後にあった。〉。左大臣・右大臣・内大臣、大納言《だいなごん》(藤原)斉信《ただのぶ》、中納言《ちゅうなごん》(源)俊賢《としかた》・(藤原)頼通《よりみち》・(藤原)隆家《たかいえ》・行成、参議(藤原)兼隆《かねたか》・(藤原)正光《まさみつ》・経房・実成・(源)頼定《よりさだ》が、御供に供奉《ぐぶ》しました。俊賢・行成・兼隆・正光が素服を給わりました。中納言(藤原)忠輔《ただすけ》は一条院《いちじょういん》に伺候しました〈留守《るす》。〉。大納言(藤原)道綱《みちつな》と参議懐平は、左府の命によって、内裏に伺候しました。御骸骨《がいこつ》は参議正光〈参議がこの役を奉仕することは、往古《おうこ》から聞いたことがない。〉が頸《くび》に懸け奉りました。前大僧都《さきのだいそうず》院源《いんげん》が副いました。金輪寺《きんりんじ》に置き奉ることになっていました。ところが日次が宜しくなかったので、しばらく禅林寺《ぜんりんじ》の辺りの寺に安置しました」と云うことだ。「右少将《うしょうしょう》(源)雅通《まさみち》を遣わして、内(三条天皇)から御弔問が有りました」と云うことだ。

後に聞いたことには、「中納言時光は一条院に参って、御供に供奉した。行歩《ぎょうほ》に耐え難く、途中から退帰した」と云うことだ。或いは云ったことには、「御骨は円成寺《えんじょうじ》に安置し、来月二日に金輪寺の辺りに埋め奉ることになった」と云うことだ。この間、大蔵卿《おおくらきょう》正光・蔵人式部丞《しきぶのじょう》(高階《たかしなの》)成順《なりのぶ》・右衛《え》門尉《もんのじょう》(源)頼国《よりくに》が伺候した。

十日、辛巳。　道長、実資葬送に供奉せざるを怒る

晩方、一条院に参った。皇太后宮大夫《こうたいごうぐうだいぶ》〈(藤原)公任《きんとう》。〉が参会して云ったことには、「左府の御直廬《じきろ》に参って談じたところ、おっしゃって云ったことには、『両人(実資・公任)が御葬送に供奉しなかったのは、そうであってはならないことだ』と云うことだ。『特に大将《たいしょう》(実資)は必ず供奉すべきであった』と。頗る不快の意向が有った」と云うことだ。特に職掌《しょくしょう》の無い人は、故障が有ったのだから、これを如何しよう。譴責《けんせき》は無くてもよいのではないか。源宰相《げんさいしょう》(頼定)が云ったことには、「院源が帰り参りました。そこで御骸骨所《がいこつしょ》に伺候するよう、大僧都明救《みょうぐ》の所に仰せ遣わしました」と云うことだ。或いは云ったことには、「明救が阿弥陀護摩《あみだごま》を行なわれる」と云うことだ。黄昏、退出した。夜に入って、(藤原)景斉《かげただ》朝臣が来て、云ったことには、「御骨に副った権僧正慶円は、参入するよう定が有りました。ところが行歩が耐え難いということを申して、参りませんでした」と云うことだ。「初め定めた日に、内蔵頭公信が御骨を持って供奉することになっていました。ところが衰日であったので、役に従いませんでした」と云うことだ。これは或る人が申したところである。

十一日、壬午。　藤原有国薨去／固関／一条院の遺骨／中宮土殿移御勘申／三条天皇に頼みとされる卿相

今朝、参議(藤原)有国《ありくに》が薨じた。春秋六十九歳〈或る説に云ったことには、「昨日、卒した」と。〉。内裏に参った。皇太后宮権大夫も、同じく参入した。頭弁が勅を伝えて云ったことには、「固関《こげん》は国司《こくし》に託すべきであるが、御受禅の後、未だ政を始めていない間であるので、官符《かんぷ》を賜うわけにはいかない。ただ宣旨を給うように。天慶《てんぎょう》九年と寛平《かんぴょう》九年の例に、頗る准じるように」ということだ。謹んでこれを奉った。そもそも先日、この定が有った。諸卿は、院の御葬送の後に行なわれるよう、定め申した。ところが誠に御葬送が、すでに過ぎたとはいっても、やはり天皇が政事《まつりごと》を視ない内であった。また、急いで行なわれるべき事ではないのではないか。この趣旨を頭弁に伝えた。答えて云ったことには、「もっとも当然の事です。政事を視ない間に、雑事を行なわれた例を調べて勘申され、もし准じることのできる例が無かったならば、そのことを奏上されては如何でしょう」ということだ。大外記敦頼に命じて、調べて勘申させていた間、いささか思慮を廻らせた。この事は、左府が奏上して定めた事である。前日、御葬送が過ぎた後に定められるよう申した。ところが重ねてこの趣旨を答えたのは、不快であるのであろうか。そこで調べて勘申させなかった。ただ大外記敦頼を遣わして、宣旨の趣旨を申させた。すぐに帰り参って、云ったことには、「早く宣旨に任せて、これを行なうように」ということだ。固関については、国司に託すよう、すぐに頭弁に仰せ下した。天慶の例を敦頼朝臣に問うた。「これは史《し》(伴《ともの》)久永《ひさなが》が勘申して記し、頭弁に託しました」と云うことだ。その日記を写して進上させた。「天慶九年四月二十六日」と云うことだ。「この日、伊勢《いせ》国の固関使の覆奏《ふくそう》を行なった。

使が到来した」と云うことだ。「本来ならば通例によって、官符を賜わなければならない。ところが受禅の後、未だ内印《ないいん》の政を行なっていない。そこで寛平九年の例に准じて、ただ宣旨を下す」と云うことだ。今、考えると、この日記は覆奏の例である。まったく国に託した例ではない。ところが、先例に准じるということで、おっしゃられたところであろうか。事の趣旨を奏上するわけにはいかない。今の世の様子は、多く往時《おうじ》とは異なる。頭弁が云ったことには、「院の穢が宮中に引き及びました。そこで、触穢《しょくえ》の人は宮中に参入しました。近くはつまり、道方が院の座に着し、内裏の座に参り着しました」ということだ。また、云ったことには、「院の御骨は、初め金輪山《きんりんざん》に置くよう定めました。ところが、やはり円成寺に安置し、三箇年を過ぎてから、円融院《えんゆういん》に置き奉るということを改め定めました」ということだ。「但し御骨に副った人々は、二十日に帰り参らなければなりません」と云うことだ。また、云ったことには、「廃朝五箇日を定めました。ところが左相府が云ったことには、『廃朝が終わる日は、忌みが有る。そこで縮めて行なってはならない。本来ならば、あと二箇日を加えて御心喪とするように』と云うことです」と。初めに諸卿が定めたのは、道理を失したようなものである。更にまた、日次が宜しくないからといって、その余りの日を無理に御心喪の日に定められたのは、如何なものであろう。この御心喪については、あらかじめ定められなければならない事である。ところが諸卿は、その例を知らず、ただ廃朝の事だけを定め申した。奇怪とすべきである。また、諸道に命じられて、勘文《かんもん》を進上させるべきであろうか。この間の事は、前例を忘れたようなものである。また、云ったことには、「今日、中宮が移御されることになっています。(賀茂《かも》)光栄《みつよし》朝臣が勘文を進上した後に、申して云ったことには、『御在所《ございしょ》から土殿《つちどの》に下りられるのに、方忌《かたいみ》が有ります。これを如何いたしましょう』と。左府が云ったことには、『凶事《きょうじ》は、改めて勘申することは無い。また、更に日を改めてはならない。また、その処を改めてはならない。為す術が無い事である』と云うことです」と。「左府は深く嘆息の様子が有りました。『今年は重く慎しまなければならない。そこでこのような事が有るのである』ということでした」と云うことだ。

民部大輔《みんぶのたいふ》(藤原)為任《ためとう》が、月に乗じて、やって来た。多くの事を談じた。新主《しんしゅ》(三条天皇)の御事である。「聴《ゆる》されることになるであろう内外の卿相は、左大臣・大納言道綱・中納言隆家・三位中将《さんみちゅうじょう》教通」と云うことだ。

十二日、癸未。　一条院、土葬の遺詔／中宮土殿移御、延引

院に参った。春宮大夫《とうぐうだいぶ》(斉信)と藤中納言《とうちゅうなごん》(隆家)に遇った。清談の次いでに云ったことには、「故院《こいん》(一条院)が御存生《ぞんじょう》の日、中宮と左府におっしゃられ、また近習《きんじゅう》の人々におっしゃられて云ったことには、『土《ど》葬《そう》の礼を行なわれるように。また、御骨を円融《えんゆう》院法皇《ほうおう》の御陵の辺りに埋め奉るように』ということでした。ところが忘却してしまって、その事を行ないませんでした。相府は思い出して、また嘆息しました。そこで御骸骨をしばらく円成寺に安置し奉り、三箇年を過ぎて〈大将軍《たいしょうぐん》が西方にいる。〉、円融院法皇の陵の辺りに移し奉ることとなりました。また、一周忌《いっしゅうき》の際、円成寺に於いて阿弥陀護摩を

修されます〈伴僧《ばんそう》は六口《く》。〉。また、未だ円融院に移し奉らない前に、三箇年の間、五口の僧を招請して、念仏《ねんぶつ》を奉仕されることにしました」ということだ。藤中納言が云ったことには、「中宮は昨日、土殿に下りられることになっていました。ところが方忌が有ったので、十七日に改められました」と云うことだ。凶事の定は、二度に及んではならないのではないか。忌諱《きき》が有る事である。

十三日、甲申。　一本御書所月奏

一本御書所《いっぽんごしょどころ》の月奏《げっそう》を、一昨日、持って来た。ところが署名せずに返給した。疑うところが有るからである。時代が改まった後、元のとおりにせよとの宣旨を下すべきである。事情を預《あずかり》の隼人正元吉《はやとのかみもとよし》に召し問うたところ、申して云ったことには、「一本御書所の例は、聞いたことのないものです。内御書所《うちのごしょどころ》には、もしかしたら元のとおりにせよとの宣旨が有るでしょうか」と。先例を調べて申すよう、命じた。今朝、重ねて参って来た。申させて云ったことには、「毎年の月奏の草案《そうあん》は、すべて紛失していて、調べて見ることができませんでした。蔵人(紀)致頼《むねより》が小舎人《こどねり》を遣わして、頻りに催し仰せることが有りました。これを如何いたしましょう」ということだ。仰せ含めて云ったことには、「旧主《きゅうしゅ》(一《いち》条《じょう》天皇)の宣旨によって、事に随ってはならない。新主は、ただ元のとおりにせよとの宣旨を下された後に、署すべきであろうか。他の事は、このようであった。考えてみると、所々の別当の宣旨も同じではないだろうか。前例を調べて見て、決定すべきである」と。大外記敦頼朝臣を介して、史に問わせたところ、(竹田)宣理《のりまさ》が云ったことには、「蔵人所《くろうどどころ》の方の事です。太政官《だいじょうかん》の中は知りません。但し新しい宣旨が有るのでしょうか」と。諸寺・諸司の所々の別当は、一紙に書いて、官底《かんてい》に下されるものである。どうして一所の事を知らないのか。宣理は前例を知らないようなものである。そもそも、この定文《さだめぶみ》は、文書《もんじょ》の中から撰び出したのである。代が改まった後、新たにその定が有った。下官の考えは、適《かな》って見えた。また、『清涼抄《せいりょうしょう》』に見える。今に至っては、宣旨を下された後に、月奏に署さなければならない。

十四日、乙酉。　**一条院に参る装束／公卿・殿上人、円成寺に参る**

四条大納言《しじょうだいなごん》(公任)が告げ送って云ったことには、「昨日、院に参って、左丞相《さじょうしょう》(道長)に謁した。雑事の次いでに云ったことには、『諸卿や侍臣《じしん》は御穢を忌まず、すべて座に着した。御四十九日の間は、鈍衣《にびごろも》を着さずに院に伺候するのは、便宜が無いことであろう。今に至っては、鈍色《にびいろ》を着して参入するよう、定められた』ということだ。但し内裏に参る時は、心喪の装束《しょうぞく》を着すように」と云うことだ。事は両端に分かれる。根拠は無いようなものである。あれこれしている間、ただあの定があった。この定の後、未だ鈍色を着しておらず、院に参るわけにはいかない。「この何日か、下臈《げろう》の上達部及び殿上人が、連日、円成寺に参っている」と云うことだ。御骨を訪ね奉っているのか。その気持がわからない。

十五日、丙戌。

早朝、資平を介して、未だ鈍色を着していないので、院に参らないということを近習の卿相に告げさせた。黄昏に臨んで、資平が来て、云ったことには、「春宮大夫に告げました。返事に云ったことには、『当然の事です。但し朱雀院の例は、一周忌の間、卿相や侍臣は、節会《せちえ》・行幸《ぎょうこう》・神事の他は、鈍色を着していました。本来ならばあの例によるべきです』と。大略を定めたことは、このようなものです」ということだ。また、御葬送の御供に供奉しなかった事について、先日、詳しい趣旨を春宮大夫に談った。すぐに相府に伝えた。和顔《わがん》の様子が有ったということを伝え送ってきたのである。「資平と侍従《じじゅう》が、一緒に円成寺に参った。立ったまま退帰した」と云うことだ。

十六日、丁亥。　御周忌の間の装束の例

内裏に参った。陣頭に人はいなかった。座席を暖めずに退出した。「卿相や侍臣は、鈍色を着すようにとの議が有った」と云うことだ。ところが、未だ特に決定を承っていない。そこで今日、心喪の服を着して参入したものである。昨日、もしかしたら、左府と内府が定めたものであろうか。大外記敦頼朝臣が云ったことには、「昨日、左兵衛督が云ったことには、『御周忌の間は、上達部は鈍色を着すべきか否か、先例では如何であろう。もしかしたら見えるところは有るのであろうか。勘申するように』ということでした。根拠として勘申する方策はありません。朱雀院の御周忌の際の文書で、事情を申してください」ということだ。また、云ったことには、「明日、参議有国の薨奏《こうそう》の上卿《しょうけい》を申し行なってください。但し汝(実資)、もしくは皇太后宮大夫の間で、事情を伝えて行なってください」ということだ。私は物忌であることを答えた。

十七日、戊子。　代始月奏／藤原有国薨奏

資平が院から告げ送って云ったことには、「頭弁が云ったことには、『左府がおっしゃって云ったことには、「御傍親《ぼうしん》および院司、及び素服を給わった人の他は、鈍色を着してはならないことは、初めの定のとおりである。心喪の装束を着して、院及び内裏に参るように」ということです』と」ということだ。この定は、日々、変改している。あたかも掌《てのひら》を返すようである。近日、心喪の衣服を着した。この儀を改めてはならないのではないか。但し、朝に定めて、夕に変えている。やはり一定することは難しい。吉事《きちじ》については、改めることは無いであろう。ましてや凶事は、なおさらである。晩方、資平が来て云ったことには、「旧臣《きゅうしん》の著服《ちゃくぶく》については、初めに申し送ったとおりです。但し、或いは云ったことには、『御法事の日だけは、皆、鈍色を着すように』と云うことでした」と。この事は、根拠が無いようなものである。またまた、事情を聞かなければならない。大外記敦頼朝臣が、朱雀院の御代の殿上《てんじょう》の侍臣〈上達部。〉の著服の際の日記〈天暦《てんりゃく》六年九月二十五日・二十六日・十月十八日の定。〉を記し送ってきた。この日記は、左府の命によって、今朝、写し奉ったものである。しばらくして、敦頼朝臣が来て、云ったことには、「今朝、この日記は相府に於いて、子細を見られました。おっしゃって云われたことには、『右大臣・内大臣、汝〈実資〉・皇太后宮大夫、弾正尹〈時光。〉、右衛門督〈懐平。〉・左兵衛督〈実成。〉は、鈍色を着してはならない。ただ心喪の服〈「朽葉《くちば》色の下襲と青鈍《あおにび》色の袴《はかま》」と云うことだ。〉を着すように』ということでした」と。今日、参議有国の薨奏が行なわれた。皇太后宮権大夫が、これを奏上した〈「この奏は書杖《ふづえ》に挟んで、上卿(行成)が御所に進んで奏上した。書杖を返請《へんせい》した」と云うことだ。〉。

敦頼朝臣が云ったことには、「今日、内大臣が内裏に参って、御即位式の日を勘申されるはずでした。ところが、薨奏によって延引しました」ということだ。敦頼が云ったことには、「奏に着してはならないという事を、忘失していて伝えませんでした。只今、帰り参りました。内裏に於いて伝えるべきでした。前例では、上卿が伝えられるものです。ところが、伝えられずに退出しました」ということだ。急いで参入した。故院の旧臣の装束については、頭弁に事情を伝えた。その報状に云ったことには、「今日、左府の命を奉って云ったことには、『御傍親および院司、素服を給わった人々の他は、鈍色を着してはならない。やはり心喪の装束を着して、内裏及び院に参るように』ということでした」と。右近府生《うこんのふしょう》(和気《わけの》)仲遠《なかとお》が月奏を持って来た。申させて云ったことには、「先日、蔵人致頼が右近府生(若倭部《わかやまとべの》)亮範《すけのり》に命じて云ったことには、『今月の月奏は、直欠《ちょくけつ》を載せてはならない。代始《だいはじめ》によるものである』ということでした」と。亮範はそのことを申さなかった。ところが、仲遠が伝え申したので、直欠を付さず、仮に加署《かしょ》した。

十八日、己丑。　公任父子、一条院に等閑の事／俊賢等、一条院を誹謗嘲弄

「皇太后宮大夫および子(藤原)定頼《さだより》が、故院の御為に、等閑《なおざり》の事があった」と云うことだ。「先夜、左府の直廬に於いて、近習の上達部が会合し、一条院を誹謗《ひぼう》・嘲弄《ちょうろう》したことが有った」と云うことだ。「その先頭の人は、礼部納言《れいほうなごん》〈俊賢。〉であった」と云うことだ。年齢は五十歳を過ぎ、本人は院の一族ではないか。ああ、ああ。「昨夕、左相府が内裏に参った〈直衣《のうし》を着した。〉。院の御穢に籠り候じられた後、今、初めて参った」と云うことだ。

十九日、庚寅。　**一条院御念仏／俊賢、実資を讒言**

申剋の頃、院に参った。藤納言《とうなごん》（隆家）・侍従中納言、右衛門督・右宰相中将《うさいしょうちゅうじょう》（兼隆）に逢った。数剋、清談した際、左府が経通朝臣を介して、伝えられて云ったことには、「今日は慎しむところが有って、逢えない」ということだ。御念仏が終わり、深夜、退出した。上達部や殿上人が、御前に伺候した。座席は有った。ところが私は、侍所《さむらいどころ》に伺候した。源中納言《げんちゅうなごん》（俊賢）・兵部卿《ひょうぶきょう》（忠輔）、左兵衛督が、御前の座に伺候した。源中納言俊賢は、下官の為に、近日、頻りに讒舌《ざんぜつ》した。未だその意味がわからない。

二十日、辛卯。　**円成寺納骨所に一条院遺骨を納む／相撲召合停止**

伝え聞いたことには、「故院の御骸骨は、この何日か、円成寺に安置し奉っている。今日は吉日《きちにち》である。そこで小韓櫃《こからびつ》のような物〈深蓋《ふかぶた》。〉を作って、御骨の包みを納めた。念代《ねんだい》のような物〈方二尺、一面に戸が有る。〉を作って、辛櫃《からびつ》に納めた。辛櫃の上に小屋を造り、宝形《ほうぎょう》を据えて、戸内に安置した。三箇年の後、また、更に御存生の時の御本意《ほい》の処に移し奉ることとした」と云うことだ〈御本意の処というのは、これは円融院の御陵の辺りである。〉。この御骸骨をこの寺に逗留しているのは、また初め金輪山に埋める為に、源中納言及び陰陽師《おんみょうじ》〈光栄朝臣。〉、また他の人々が、一緒にその処に臨んで、点定《てんじょう》して絵図を画き、石の卒塔婆《そとば》を造って設置した。まことに未だ鎮謝《ちんしゃ》に及ばないとはいっても、すでにその所を定めた。天下が云ったことには、「これは凶怪《きょうかい》か」と云うことだ。あの事を験《しるし》としなければならない。遺言については、大将軍や王相方《おうそうかた》を忌まれるべきではないものである。右近将曹《うこんのしょうそう》(紀)正方《まさかた》が申して云ったことには、「史久永がおっしゃって云ったことには、『去る八日、左大臣が右大弁《うだいべん》(道方)に命じ、相撲の召合《めしあわせ》の停止を伝宣《でんせん》した。官符を作成するとはいっても、外記政《げきせい》が未だ始まっておらず、請印《しょういん》していない。まずは府を召し仰すよう、右大弁が伝えるものである』ということでした」と。資平が院から退出して云ったことには、「円成寺の納骨《のうこつ》は終わりました。大納言斉信、中納言俊賢、参議兼隆・実成・頼定が、院に参りました。参議正光と左少将《さしょうしょう》(源)朝任《あさとう》が、御骸骨に副って動かし奉りました。そこで院の座には着しませんでした。但し蔵人二人〈成順と頼国。〉は、御骸骨を動かすことに供奉しなかったので、あの所に伺候したとはいっても、穢とはしません」と云うことだ。

二十一日、壬辰。

内裏に参った。皇太后宮権大夫と右衛門督が、同じく参った。長い時間、陣座《じんのざ》に伺候した。晩に臨んで、退出した。

二十二日、癸巳。　一条院七七忌法会僧名等定／一条院御念仏／一条院の尊号・院号

(藤原)章信《あきのぶ》が云ったことには、「七僧《しちそう》・百僧および僧の食膳について定められました。七僧の食膳は、左右内三相府、藤大納言《とうだいなごん》〈道(道綱)。〉・春宮大夫〈斉。〉、治部卿《じぶきょう》〈俊(俊賢)。〉・左衛門督《さえもんのかみ》〈頼(頼通)。〉。題名《だいみょう》僧《そう》は殿上人です」と云うことだ。「定頼朝臣を除かれました」と云うことだ。四条大納言及び下官は、宛てられなかった。もしかしたら御傍親や院司ではないことによるものか。それとも、許されない意向が有るのか。相府が不快である事は、ただ近習の卿相が言って催させたものである。かえって恐惶《きょうこう》としなければならない。過怠《かたい》は無いばかりである。

院に参った。殿上に伺候した。左相府が、しばらくして殿上に出られた。晩方、御念仏が行なわれた。左大臣・内大臣、治部卿・藤中納言、右宰相中将・左宰相中将《ささいしょうちゅうじょう》(経房)・左兵衛督・源宰相が、御前の座に伺候した。御念仏が終わって、暗闇に乗じて退出した。内大臣と左兵衛督は、鈍色を着してはならないという定の範囲である。ところが、皆、鈍色を着していた。特に内大臣は、深い鈍色を着していた。もしかしたら、これは褻装束《けのしょうぞく》によるか〈直衣。〉。今日、左相府に謁した。不快の様子は無かった。雑事を談話したことは、尋常のとおりであった。但し、内心は知り難い。内府が云ったことには、「先日、頭弁が天皇の仰せを伝えて云ったことには、『故院の尊号《そんごう》の詔書《しょうしょ》がなければならない。その事を行なうように』ということだ。崩じられた後に尊号を奉った例を、大外記敦頼に命じて調べて勘申させたところ、見えるものは無いということを申した。延長《えんちょう》の例に准じるべきである。ところがあの頃の日記は、すでに見えるところは無い」と云うことだ。左府が云ったことには、「やはりあの時の例を調べられるように」ということだ。「また、院号《いんごう》が有るべきなので、延長八年の例を調べて問わせたところ、見えるところは無いということを申した。これを如何すればいいのか」ということだ。内府が云ったことには、「院号は、詔書は無いのか」と。私が答えて云ったことには、「官符か宣旨のどちらかでしょうか。そもそもこれは、崩じられていない時の事です。崩じた後の例は、知らない事です」と。内府が云ったことには、「この事は、故殿《ことの》(藤原実頼《さねより》)の御日記に見えるか。もし見えるところが有るのならば、伝え送るように」ということだ。故殿の延長八年の例を引見《いんけん》すると、他の事を記されて、この両事を記されていない。崩じた後は、尊号や院号が無いからであろうか。

二十四日、乙未。　禁色・雑袍宣旨

晩方、頭馬頭《とうのうまのかみ》(藤原通任《みちとう》)が来て云ったことには、「昨日、禁色《きんじき》・雑袍《ざつぽう》宣旨を下されました。すぐに禁色を着します。左相府は下襲と表袴《うえのはかま》です」ということだ。

二十五日、丙申。　三条天皇、道長の奏聞に響応せず

或いは云ったことには、「去る夕方、左相国《さしようこく》(道長)が内裏に参って、雑事を奏聞《そうもん》した。主上《しゆじよう》(三条天皇)は響応《きようおう》する意向は無かった。挫《くじ》けられることはなかった」と云うことだ。

晩方、院に参った。御念仏の間、御前に伺候した。黄昏、退出した。春宮大夫・侍従中納言・兵部卿が伺候した。

二十六日、丁酉。　斉信・俊賢、道長に讒言／俊賢、顧問の臣たるべきを奏上

近日、上下の者が云ったことには、「斉信・俊賢両人は、左相府の直廬に於いて、毎日、尊卑《そんぴ》を讒言《ざんげん》している。特に俊賢は、狂ったようである」と。或いは云ったことには、「俊賢は、先主《せんしゆ》(一条天皇)の代のように、顧問《こもん》の臣となるということを、書状で女房《にょうぼう》〈天皇の御乳母《おんめのと》。謂うところの本宮宣旨《ほんぐうせんじ》。〉の許に送った。すぐに奏聞を経たところ、天皇の機嫌は不快となった」と云うことだ。聞く毎に、このような事ばかりである。もしかしたら尋常ではないのではないか。貪欲《どんよく》・謀略の風聞が、共に高い人である。

二十九日、庚子。　一条院七々日御斎会・正日法会の僧膳を宛てる／清涼殿仁王経御読経の行香

故院の御法事の七僧の食膳を定められた。「但し、七々日の御正日に、仏事を修されることになっている」と云うことだ。その日の僧の食膳を奉仕するよう、資平を遣わして、院司の上達部に伝え送った。帰って来て云ったことには、「春宮大夫に伝えましたが、大夫が云ったことには、『御書状は当然のことである。左府に申し伝えるように』ということでした。すぐに相府の命を伝えて云ったことには、『二日の御法事の僧の食膳は、皆、申請されるに随って、定め充てたところである。また、御正日の僧の食膳も、同じく申請されてきた。そこで各々、定めたものである。そもそも、下﨟の人に伝えて、その申請した趣旨に随って、ここから聞くように』ということでした。また、『二日の僧の食膳については、除き申したのではない。或いはあらかじめ申請され、或いはまた、座に当たる人である。申請されなかった人については、定め充てなかったのである。まったく理由が有るわけではない』ということでした」と。四条大納言の書状に、「来月三日、清涼殿《せいりょうでん》に於いて、三箇日、仁王経《にんのうきょう》御読経《どきょう》〈二十口。〉を修されることになっている。行香は誰に申し行なわせるべきであろうか」ということだ。

左府の決定に随われるよう、返事をした。但し、殿上の侍臣は、代始であるので、初めて参る役として、仏事は如何なものか。上達部か、もしくは行事《ぎょうじ》の卿相以下のどちらかが宜しいのではないか。行事の上卿・弁《べん》・少納言《しょうなごん》は、如何であろう。これについては、相府の定があるであろう。通例では、内裏造営が終わると、御読経〈百口。〉を紫宸殿《ししんでん》と清涼殿に於いて行なわれるものである。諸卿を紫宸殿の行香とする。殿上の侍臣を清涼殿の行香とするだけである。

三十日、辛丑。　道長・公季・実資の会談

申剋の頃、故院に参った。左大臣・内大臣及び次席の卿相が会した。御念仏の間、御前に伺候した。両府と清談した。私は言語を交えた。左府の機嫌は、はなはだ温和であった。和やかで、不快であることは無かった。内府が云ったことには、「醍醐《だいご》先帝の臨終《りんじゅう》の頃、貞信公《ていしんこう》(藤原忠平《ただひら》)が太政大臣《だいじょうだいじん》に拝された」ということだ。私が答えて云ったことには、「そうではない事です。朱雀院の御代でしょうか」と。あれこれが議論した。左府は疑慮《ぎりょ》が有り、内府だけが確執《かくしつ》した。私が云ったことには、「『公卿補任《くぎょうぶにん》』を見て決すればよいでしょう」と。左府は御直廬に取りにやった。開き見たところ、果して私の言ったとおりであった。左府は大いに笑った。内府は答えるところは無いばかりであった。暗夜に入った。

○八月

一日、壬寅。　明日の法事の装束／天恩の意向

四条大納言《しじょうだいなごん》(藤原公任《きんとう》)が告げ送って云ったことには、「頭弁《とうのべん》(源道方《みちかた》)が伝え送ったことには、『明日の御法事は、鈍色《にびいろ》を着すように』ということだ。これを如何すればよいのか」と云うことだ。先日の定によって、綾の表衣《うえのきぬ》・青朽葉《あおくちば》の下襲《したがさね》・青鈍《あおにび》色の表袴《うえのはかま》を着すこととなった。ところが急に、この告げが有った。今となっては、何となろう。左府(藤原道長《みちなが》)の定は、時に臨んで変改する。二つの襲《かさね》を準備できる人でなければ、掌《てのひら》を返す定に従うのは難しいものである。(藤原)資平《すけひら》を内裏および一条院《いちじょういん》に参らせた。装束《しょうぞく》の事情を聞かせる為である。民部大輔《みんぶのたいふ》(藤原)為任《ためとう》が、(三善《みよしの》)興光朝臣《おきみつあそん》を遣わして、伝え送ってきた事が有った。一昨日、頭馬頭《とうのうまのかみ》(藤原通任《みちとう》)が興光朝臣を介して、告げてきたのも、同じ趣旨であった。「思いがけず、三条《さんじょう》天皇の天恩《てんおん》の意向が有る」と云うことだ。

資平が内裏から退出して、云ったことには、「明日、院に参る人は、鈍色を着すようにとのことです。左府の意向が有ります」と。そうとはいっても、只今、何とすればよいのか。

二日、癸卯。　一条院七七日御斎会

源宰相《げんさいしょう》(頼定《よりさだ》)が告げ送って云ったことには、「鈍色を着すようにという事は、あれこれの事情では、左府がおっしゃって云ったことには、『御傍親《ぼうしん》および院司《いんじ》の他は、任意とするように』ということでした」と。また、すでに先日の定が有った。当日になって、どうして定が有るのであろうか。はなはだ奇怪な事である。未剋、院に参った〈綾の冠・綾の表衣・縑《かとり》の青鈍色の下襲・青鈍の表袴を着した。〉。殿《てん》

上《じょう》の饗宴に着した〈机。〉。右大臣（藤原顕光《あきみつ》）以下は、笏《しゃく》を置き、釼《たち》を解いて、座にいた。内大臣（藤原公《きん》季《すえ》）と私は、一緒に参入した。殿上の戸外に於いて、釼を解いて参上し、事情を聞いた。笏を置き、釼を解くようにとの定が有った。「この事は、前例は分明ではない」と云うことだ。今日の儀は、御《ご》在所《ざいしょ》の御簾《みす》・御帳《みちょう》・御障子を撤去し、金色等身《こんじきとうしん》の三尊〈釈迦《しゃか》如来《にょらい》・阿弥陀《あみだ》如来《にょらい》・弥勒菩薩《みろくぼさつ》。皆、御存生《ぞんじょう》の御《ご》願《がん》。〉を安置した。仏具《ぶつぐ》〈仏供《ぶつぐ》・名香《みょうごう》・行香机《ぎょうこうづくえ》・雑具・幡《はた》。相府《しょうふ》（道長）の家のものを用いた。これは推量である。新調ではない。〉が有った。金泥法華経《こんでいほけきょう》・般若心経《はんにゃしんぎょう》を書写《しょしゃ》した。また、御装束が有った。同じく机に置いた。高座《こうざ》と礼盤《らいばん》を立てた。また、殿中に七僧《しちそう》と百僧の座を敷いた。上達部《かんだちめ》は南又廂《みなみのまたびさし》にいた。紫宸《ししん》殿《でん》の庭に御誦経《ずきょう》の幄《あく》を立てた。紫宸殿の御隔子《こうし》を上げ、遠望した。未の終剋の頃、鐘を打った。諸卿は御前の座に着した。諸僧の行道《ぎょうどう》および仏経《ぶつきょう》を供養《くよう》したことは、恒例のとおりであった〈堂童子《どうどうじ》は、左右各々、四位二人、五位二人。〉。七僧〈権僧正《ごんのそうじょう》慶円《きょうえん》・前大僧正《さきのだいそうじょう》院源《いんげん》［講師《こうじ》。］・大僧都《だいそうず》明救《みょうぐ》［三礼《さんらい》。］・大僧都隆円《りゅうえん》［講読師《こうどくし》。］・前少僧都《さきのしょうそうず》尋光《じんこう》［唄師《ばいし》。］・律師《りつし》尋円《じんえん》［散花《さんげ》。］・内供《ないぐ》定基《じょうき》［堂達《どうたつ》。］。法服《ほうふく》が有った。〉と百僧の中に、僧綱《そうごう》がいた。詳しくは記すことができない。「御誦経は、本院（一条院）、次いで院庁《いんのちょう》、次いで内裏（三条天皇）〈使は左少将《さしょうしょう》（藤原）忠経《ただつね》。〉、次いで皇太后宮《こうたいごうぐう》（藤原遵子《のぶこ》）、次いで中宮《ちゅうぐう》（藤原彰子《あきこ》）、次いで東宮（敦成《あつひら》親王）〈左府（道長）があれこれに案内されて云ったことには、『東宮は他所におられるわけではない。別使は無くてもいいのではないか』と。諸卿が云ったことには、『御使が有ってはならない』ということだ。そこで使は無かった。また、諸宮の使は、座に着さなかった。殿上人《てんじょうびと》ではない者が近く御所に伺候したのは、便宜《びんぎ》が無いであろうからである。あれこれが便宜に随って定めたものである。〉、宮々（脩子《ながこ》内親王・敦康《あつやす》親王）、女御《にょうご》たち（藤原義子《よしこ》・藤原元子《もとこ》・藤原尊子《たかこ》）、三位《さんみ》（藤原繁子《しげこ》）〈入道《にゅうどう》か。暗部屋《くらべや》女御（尊子）の母か。〉である」と云うことだ。黄昏、行香が行なわれた。秉燭《へいしょく》の頃、退出した。今日、参入した卿相《けいしょう》は、右大臣・内大臣〈鈍色を着した。〉、大《だい》納言《なごん》公任〈青朽葉を着した。下官（実資）と同じであった。〉、中納言《ちゅうなごん》（藤原）時光《ときみつ》〈無文《むもん》の冠・無文の表衣・黄朽葉《きくちば》の下襲・青鈍の表袴。〉、参議《さんぎ》（藤原）懐平《かねひら》〈公任卿と同じであった。〉・（源）経房《つねふさ》〈鈍色。〉・（藤原）実成《さねなり》〈時光卿と同じであった。但し青朽葉。〉、三位中将《さんみちゅうじょう》（藤原）教通《のりみち》〈鈍色。〉、参議頼定〈元、重服《じゅうぶく》。〉。「左大臣および院司・近習《きんじゅう》の上達部は、御殿の北渡殿《きたのわたどの》の簾《すだれ》の内にいた」と云うことだ。頭弁道方と蔵人少納言《くろうどしょうなごん》（藤原）能信《よしのぶ》は、この何日か、青朽葉を着していた。ところが今、左府の命によって、青鈍色を着した。現職の蔵人の人が日頃の装束を変えて、急に鈍色を着すのは、如何なものか。人々は首を傾けたばかりである。左少将忠経・侍従《じじゅう》（藤原）兼綱《かねつな》・右少将《うしょうしょう》（源）雅通《まさみち》は、院の御為に礼が無かった。そこで左府がおっしゃって云ったことには、「忠経と兼綱は御傍親と称すべきである。ところが鈍色を着してはならない」ということだ。そこで青朽葉を着して参入した。雅通は礼の無い中心の者である。また、内裏の殿上人は、青鈍色で堂童子の役を勤めた。この間の事は、乱糸《らんし》のようであった。御傍親および内裏の殿上人を兼ねない者は皆、鈍色を着した。但し、東宮の宮司《みやづかさ》と殿上人は、青鈍の下襲を着した。左大弁《さだいべん》（藤原）説孝《ときたか》と和泉守《いずみのかみ》（源）経頼《つねより》は、内裏および宮司の殿上人ではない。ところが青朽葉を着した。また、左馬頭《さまのかみ》（藤原）相尹《すけただ》・左中弁《さちゅうべん》（藤原）朝経《あさつね》・権左中弁《ごんのさちゅうべん》（藤原）経通《つねみち》・侍従資平・大和守《やまとのかみ》（藤原）輔尹《すけただ》・（藤原）公《きん》成《なり》は、青朽葉を着した。先日の定を思ったのか。心喪《しんそう》の人とはいっても、すべて緌《えい》を巻いていた。院が御在位の時、蔵人を経た大夫《たいふ》は、鈍色を着して、上達部の饗宴の雑役《ぞうやく》を勤めた。左府の定によるものか。左少将(藤原)定頼《さだより》は、□□。左府の機嫌が宜しくなかったことによるものか。

三日、甲辰。　**清涼殿御読経／冷泉院病悩**

今日から三箇日、清涼殿《せいりょうでん》に於いて仁王経御読経《にんのうきょうみどきょう》が行なわれる。内裏遷御《せんぎょ》によって、修されるものである。「行事《ぎょうじ》の上卿《しょうけい》以下が行香を行なった」と云うことだ。「一昨日の夜半から、冷泉院《れいぜい》が霍乱《かくらん》のように悩《や》まれている。重いようである」と云うことだ。

四日、乙巳。　**冷泉院重態**

「冷泉院は、昨夕、御病悩が危急《ききゅう》となった。生きておられるのは難しいようなものであった。ところが今日は、頗る宜しくいらっしゃる」と云うことだ。

五日、丙午。　**冷泉院重態**

右《え》衛門督《もんのかみ》(懐平)が伝え送ったことには、「院の御病悩は、やはり重い」ということだ。

六日、丁未。　**一条院御念仏／東宮御悩／中宮不断御読経／内裏遷幸の供奉**

申剋の頃、一条院に参った。左《さ》相府《しょうふ》(道長)、傅《ふ》納《な》言《ごん》(藤原道綱《みちつな》)・皇太后宮大夫《こうたいごうぐうだいぶ》(公任)、左《さ》衛門督《えもんのかみ》(藤原頼《より》通《みち》)、左《さ》宰相中将《さいしょうちゅうじょう》(経房)・左兵衛督《さひょうえのかみ》(実成)、三位中将、源宰相が参入した。御念仏《ねんぶつ》の間、上﨟《じょうろう》の卿相二、三人が、御前の座に伺候した。左相府が皇太后宮大夫と清談《せいだん》して云ったことには、「今日、内裏の御読経の結願《けちがん》が終わって、参入したものである」ということだ。晩方、退出した。今日、傅大納言《ふだいなごん》（道綱）が云ったことには、「冷泉院は、去る夕方から頗る減じられる様子でいらっしゃった」ということだ。相府が云ったことには、「この何日か、東宮は御身が熱く、悩まれる様子が有った。昨日から頗る宜しくいらっしゃる。ところがやはり、尋常でおられるのではない。御乳は特に飲まれない。陰陽家《おんみょうか》が勘申《かんじん》して云ったことには、『巨害《きょがい》を見ないとはいっても、特に悩まれるようである』ということだ」と。左府が云ったことには、「十一日は七々日の御忌《ぎょき》に当たる。その日、一条院は仏事を修する。院司は、その事を行なう。内裏遷御に供奉《ぐぶ》する人は、参入することはできないのである」ということだ。相府は一条院に伺候してはならないという意向が有った。また、云ったことには、「中宮は、御所の読経および不断《ふだん》御読経に伺候した僧に、各々、褻装束《けのしょうぞく》一襲《かさね》を下給した〈『扇を加えた』と云うことだ。〉」と。皇太后宮大夫が左府に申して云ったことには、「内裏遷御の日の雅楽寮《ががくりょう》の事について、事情を申させては如何でしょう」と。相府が云ったことには、「楽は有ってはならないのではないか」と。皇太后宮大夫も、同じくその意向があった。内裏遷御の上卿を勤めることによって、申請したものである。「行事の人は、内裏遷御に供奉してはならないのでしょうか」ということだ。私が答えて云ったことには、「内裏造営の行事は供奉しない。その例に准じることもないのではないか」と。左府が云ったことには、「そうあるべき事である。供奉するように」ということだ。

七日、戊申。　真衣野駒牽

「真衣野牧《まきののまき》の御駒牽《こまひき》が行なわれた」と云うことだ。この何年来、多く式日《しきじつ》を過ぎて、これを牽いた。或いは冬月に臨んで、これを牽いた。ところが式日を守って、これを牽いた。考えると、代始《だいはじめ》であるので、勤公《きんこう》を致したのであろうか。後年、形勢に随うであろうか。

八日、己酉。　大嘗会御禊女御代／内裏遷幸召仰の詞

夜に入って、頭馬頭が来て雑事を談じた。宣耀殿《せんようでん》(藤原娍子《すけこ》)の御書状が有った。これは御禊《ごけい》の女御代《にょうごだい》についての事である。私の考えを伝えた。深夜、退出した。大納言〈公(公任)。〉の書状に云ったことには、「明後日、内裏遷御の召仰《めしおおせ》を行なわなければならない。『内裏に行幸《ぎょうこう》を行なう』と命じるべきか」ということだ。答えて云ったことには、「『その所を』と命じるのが通例である」と。

九日、庚戌。　大江匡衡の夢想／駒牽

丹波守《たんばのかみ》(大江)匡衡《まさひら》が雑事を談じた次いでに、云った事が有った。疑うところは、もしかしたら夢想《むそう》か。または易筮《えきぜい》か。詳しく述べることは無かった。ただ様子を見ただけである。召使《めしつかい》が云ったことには、「外記《げき》(我孫《あびこの》)孝道《たかみち》が申させて云ったことには、『駒牽が行なわれます。ところが上卿が参りません。参入されますように』ということでした」と。病悩しているということを答えた。後に聞いたことには、「尹中納言《いんちゅうなごん》(時光)が参入して、上卿を勤めた」と云うことだ。

十日、辛亥。　内裏遷幸召仰／一条院御念仏

今日、内裏遷御の召仰が行なわれた。「大納言公任卿が上卿を勤めた」と云うことだ〈「時剋を伝えた」

と云うことだ。〉。晩方、院に参った。左府・右府(顕光)・内府(公季)、藤大納言《とうだいなごん》(道綱)・春宮大夫《とうぐうだいぶ》(藤原斉信《ただのぶ》)、治部卿《じぶきょう》(源俊賢《としかた》)・侍従中納言《じじゅうちゅうなごん》(藤原行成《ゆきなり》)、右宰相中将《うさいしょうちゅうじょう》(藤原兼隆《かねたか》)・左宰相中将・左兵衛督が、御念仏の間、御前の座に伺候した。黄昏に臨んで、退出した。熟瓜三駄《だ》を陣に下給した。

十一日、壬子。

内裏遷御／勧賞叙位／蔵人・昇殿・禁色・雑袍宣旨／御竈神・神鏡移御／脩子内親王、隆家邸に移御／道長二条第を敦康親王に献上

今日、内裏に遷御《せんぎょ》する行幸が行なわれる。扈従《こしょう》するので、諷誦《ふじゅ》を三箇寺〈広隆寺《こうりゅうじ》・清水寺《きよみずでら》・祇園《ぎおん》社。〉に修した。午三剋、内裏に参った。これより先に、右衛門督が参入した。しばらくして、左大臣以下が参入した。しばらく仗座《じょうのざ》に伺候した。机を立てて饗を据えるよう、外記が右金吾《うきんご》(斉信)に伝えた。そこで座を起って、殿上間《てんじょうのま》に参上した。諸卿が伺候した。あれこれが一緒に陣座《じんのざ》の後ろを徘徊《はいかい》していた頃、左府から殿上間に参るようにとの御書状が有った。すぐに参上した。伝えられて云ったことには、「勧賞《けんじょう》が有るようにとの天皇の仰せ事が有った。そうであってはならないということを奏上させた。ところが、やはり許容は無かった。この事は、右府を御前に召して行なわれるべきである。ところが未だ叙位《じょい》を行なわれていない。次席の人を御前に召して行なわれるというのは、如何なものであろう。自らまた承って行なうのも、便宜が無いであろうことである。もしかしたら、蔵人頭《くろうどのとう》を介して仰せを伝えられるのは如何であろう」と。皇太后宮大夫も、同じくこの儀に預かった。思慮を廻らせるのは難しい。「この事は、次席の人に命じて行なわれるのが、事の忌みが無いであろう。ところが、自分の為にこの憚りが有るのであるから、他の人は、はなはだ申し難い。蔵人頭を介して、位階を上げる事を伝え仰せられては如何であろう」と。疑慮《ぎりょ》している間に、右府が殿上間に参上した。そこで決定できなかった。右大臣が退下した。陣座の後ろに佇立《ちょりつ》し、私を招いて云ったことには、「この事は如何なものであろう」と。意向を見させたところ、他の人に叙位を行なわせるわけにはいかないという意向が有った。確執《かくしつ》は益が無い。そこで蔵人頭を介して、右府に伝え仰せられた。また、特に難点が無いということを□した。相府はすぐに殿上間に参上した。右大臣以下は陣座に着した〈饗宴が有った。〉。蔵人頭道方は、勅語《ちょくご》を承けて、叙位の人々について、右大臣に伝えた〈正三位に教通、従三位に（藤原）頼宗《よりむね》［以上、左府の家の子。］。従四位下に藤原保昌《やすまさ》［左衛門督の家司《けいし》。］、従四位上に隆子《たかこ》女王［左衛門督の室。］、従五位下に（藤原）幸子《さちこ》［左衛門督の乳母子《めのとご》。］〉。大臣は大内記《だいないき》（慶滋《よししげの》）為政《ためまさ》朝臣に命じた。この叙位は、未だその意味がわからない。左大臣家の賞を、子が処分した。左衛門督頼通家の賞は、頼通の室および乳母《めのと》であった。事は両端に分かれた。未だその趣旨を知らない。左大臣は慶賀《けいが》を奏させて拝《はい》舞《ぶ》した。この事を命じる以前、左大臣は御前に於いて、蔵人・昇殿《しょうでん》・雑色《ぞうしき》・禁色《きんじき》の人を定められた〈蔵人は縫殿助《ぬいどののすけ》高階在平《たかしなのありひら》・勘解由判官《かげゆのじょう》（平）雅康《まさやす》。昇殿は左衛門権佐《さえもんのごんのすけ》（橘）為義《ためよし》［摂津守《せっつのかみ》を兼ねる。］・右兵衛佐《うひょうえのすけ》（藤原）実経《さねつね》・左近少将《さこんのしょうしょう》（源）経親《つねちか》・春宮大進《とうぐうだいじん》（橘）則隆《のりたか》。雑色は内匠助《たくみのすけ》橘修道《おさみち》・右近将監《うこんのしょうげん》藤原親業《ちかなり》・左衛門尉《さえもんのじょう》藤原頼《より》祐《すけ》・藤原行任《ゆきとう》・藤原則信《のりのぶ》。禁色は左近中将《さこんのちゅうじょう》（藤原）公信《きんのぶ》・右近中将《うこんのちゅうじょう》頼宗・春宮亮《とうぐうのすけ》（藤原）道雅《みちまさ》・公成。以上、皆、旧主《きゅうしゅ》（一条《いちじょう》天皇）の御代の禁色の人である。公信は禁色を聴《ゆる》された後、蔵人頭に補された者である。頼宗は今日、禁色を聴され、すぐに三品《さんぽん》に叙された。「女は四人」と云うことだ。この禁色宣旨《せんじ》は、□□□行幸の翌日に内府に下した。内府が云ったことには、「蔵人・昇殿の人・禁色・雑袍《ざっぽう》宣旨は、この中にあった」ということだ。〉。左大臣以下は、陣の饗宴に着した。二、三、巡行《じゅんこう》があった。その後、殿上間に参上した。諸卿を御前に召した〈先ず円座《わろうだ》を敷いた。〉。左大臣が細馬《ほそうま》十疋を献上した〈諸衛府《えふ》の佐《すけ》と近衛府《このえふ》の将監《しょうげん》以下が、鞍馬を執って牽いた。五位と六位二人が、口を取った。〉。御前は狭少であったので、騎らずに牽いて出した〈東方から引き入れ、西方から牽いて出した。〉。右馬寮《うめりょう》〈上の五疋は、左馬寮《さめりょう》に給わった。〉に給わった。次いで衝重《ついがさね》を給わった。諸卿にまた、御膳を供した〈蘇芳《すおう》の懸盤《かけばん》六脚。螺鈿《らでん》。御器《ごき》は銀を用いた。〉。中納言(藤原)隆家《たかいえ》が陪《ばい》膳《ぜん》を勤めた。打敷《うちしき》を執って、警蹕《けいひつ》を称した。満座は目をそばだてた。これは称してはならないものである。蔵人頭通任が、二度、三位の慶賀を奏上した。奏聞《そうもん》の詞は通例のようではなかった。諸卿は含み笑いをした。詳しくは記さない。褂《うちき》を諸卿に下給した。「また、侍臣《じしん》及び供奉した侍従と諸衛府の佐以下に禄が有った」と云うことだ。皆、家主《いえあるじ》の相府(道長)が準備したものである。また、所々の饗宴や屯食《とんじき》も、同じく準備したものである。熟瓜は、四籠《こ》を作った。桑糸を盛って、台盤所《だいばんどころ》に送った。贈物を献上した〈野釼《のだち》と御筥《はこ》二合《ごう》。一合は唐《から》の手本。一合は日本の本、(小野)道風《みちかぜ》であった。〉。左衛門督頼通が御釼《みはかし》を執った。次々の家の子は、各々、物の名を称した。蔵人頭道方は、御衣《おんぞ》を執って、左大臣に被《かず》けた。大臣は退下し、御前に進んで舞踏《ぶとう》を行なった。次いで天皇は紫宸殿に出御《しゅつぎょ》した。主計頭《かずえのかみ》(安倍)吉平《よしひら》が反閇《へんばい》を奉仕した。次いで諸卿が列立《れつりつ》した〈右大臣は禄を執らなかった。内大臣が云ったことには、

「緑を取って、列すべきではないか」と。再三、私に問うたが、私は答えなかった。ただ上臈の議に従うべきであるということであった。心中に思ったところは、また、これは勅禄《ちょくろく》ではない。相府が準備したものである。内府は右府の議に従った。諸卿も、また同じであった。御前に於いて禄を下給した。やはり執って進んでも、深い謗《そし》りではないのではないか。〉。次いで闈司《いし》が奏し終わって、少納言が奏上した。勅答《ちょくとう》が有るであろうか。天皇は御輿《みこし》に乗った〈鳳輿《ほうよ》。初めて内裏に入御《にゅうぎょ》するので、この御輿か。〉。西中門《にしちゅうもん》から出た頃、左大将《さだいしょう》(公季)が大舎人《おおとねり》を召した。鳳輿は門を出て、二条《にじょう》大路・大宮《おおみや》大路・待賢《たいけん》門を経た。建礼《けんれい》門の外に於いて、神《じん》祇官《ぎかん》が御麻《ぬさ》を進上した〈行幸の日の時剋は、酉二剋であった。初め輿に乗ったのは正二剋、内裏に到った時は、酉の終剋の頃か。〉。この頃、秉燭となった。この間、しばらく御輿を留めた。黄牛《あめうし》二頭を門外に牽き立てた。左右馬寮《めりょう》の史生《ししょう》が、これを牽いた。吉平が門の壇上に於いて、北向きに呪文《じゅもん》を読んだ。終わって、直ちに入った。次いで黄牛を引き入れた。次いで御輿を紫宸殿に進め寄せた。この頃、黄牛は南 階《みなみのきざはし》の東西にいた。やや南に去っていた。鈴奏《すずのそう》および名《な》対面《だいめん》は、通例のとおりであった。今日、左大臣は列に伺候しなかった。蒔絵《まきえ》の釼を帯びていた。車に乗って伺候した。今日、故院《こいん》(一条院)の七々日に当たる。思うところが有るのか。先日、この議が有ったのである。諸卿が参上した。しばらく侍 所《さむらいどころ》に伺候した。左大臣は御所から出て、また侍所に伺候した。諸卿を引き連れて、先ず宜陽殿《ぎようでん》に着した。また、侍従を召して着させた。侍従は多く座に伺候した。侍従は西座に分かれて着した。そうであってはならないということを伝えた。太政官《だいじょうかん》の上官《じょうかん》が、次いで西座に着した。一献《こん》は権左中弁経通。大臣三人が座を連ねた。三人とも続瓶子《つぎへいし》を取るべきである。ところがただ、左大臣の続瓶子を取った。失儀《しつぎ》である。次いで少納言(源)貞亮《さだすけ》も、また同じであった。共に故実《こじつ》を知らないのか。対《たい》座《ざ》の時は次酌《じしゃく》を取らない。但し座を連ねる時は、これを取るのが通例である。二献が終わって、汁物《しるもの》を据えた。箸を下して、左仗に移り着した。左大臣は右大弁《うだいべん》(道方)を介して、文書《もんじょ》を奏上した。すぐに下給した。吉日《きちにち》であったので、吉書《きっしょ》を奏上したものか。その後、諸卿が殿上間に参上した。数剋を経て、御前に召した〈円座を敷いた。〉。衝重を給わった。一、二巡《じゅん》の宴飲の後、碁手《ごて》〈紙。〉を召した。先ず天皇の御料を供した〈折敷《おしき》に盛り、高坏《たかつき》に据えた。経通がこれを取り、御前に立てた。〉。次いで臣下の分を供した。次いで小燈台《ことうだい》を更に御前に立てた。円座一枚に筒と賽《さい》を召した。次いで諸卿が進んで伺候し、擲采《てきさい》の戯が行なわれた〈聚攤《しゅうだ》である。〉。主上《しゅじょう》(三条天皇)が、同じく打たれたのである。御料紙《りょうし》は左大臣が取った。臣下の献上した聚攤の紙の上に加えて置いた。深夜であったので、諸卿が退下した〈子剋の頃か。ところが亥一剋と奏上した。或いは云ったことには、「名対面であったので、子剋を奏上させなかった」と云うことだ。〉。今日、朝の間は天が晴れて雲は無かった。午・未剋に及んで、頗る陰気と蒸熱《じょうねつ》が有った。晩に臨んで、天気は清朗《せいろう》となった。また、夜に及んで、満月が光明となった。感応《かんのう》が有ったのか。子剋、御竈神《みかまどがみ》が渡られた。「左衛門督頼通が、歩行して扈従した」と云うことだ。「勅使《ちょくし》は、その事を□」と云うことだ。「同剋、神鏡《しんきょう》を内侍所《ないしどころ》に移し奉った」と云うことだ。時剋は聞かなかった。調べて記さなければならない。今日、内裏遷御に供奉した諸卿は、左大臣〈但し諸卿と列立しなかった。また、馬に騎らず、車に乗って伺候した。〉・右大臣・内大臣、大納言道綱・私・公任、中納言頼通・隆家・時光、参議懐平・経房・実成、三位二人〈教通・頼宗。〉。今日、故院の七々日の御法事を本院に於いて行なわれた。「一条院に伺候していた卿相だけが、預かり参った」と云うことだ。大納言斉信、中納言俊賢・行成・(藤原)忠輔《ただすけ》、参議兼隆・頼定であろうか。「大蔵卿《おおくらきょう》(藤原)正光《まさみつ》は御骸骨《がいこつ》を動かし奉ったので、院に参らなかった」と云うことだ。「今夜、一品親王《いっぽんしんのう》(脩子内親王)が、一条院から中納言隆家邸に移御された」と云うことだ。「但し男一品宮《おとこいっぽんのみや》(敦康親王)は遷られなかった」と云うことだ。「一品宮が他処に移られる事で、左府の意向は不快であった」と云うことだ。「急に他所に移られるのは、何か理由が有る」と云うことだ。藤中納言《とうちゅうなごん》(隆家)が密かに語っただけである。「今日、左大臣領の二条第《にじょうてい》を永く男一品宮に献上した」と云うことだ。これは藤中納言が談ったところである。由緒を知らない。もしかしたら御領家が無いことによるものか、如何か。藤納言《とうなごん》(隆家)が云ったことには、「一条院を東宮の御領とするのではないでしょうか。そこで特にこの事が有ったのではないでしょうか。かえって謀略のようなものです」ということだ。資平が云ったことには、「(源)頼光《よりみつ》朝臣が、魚《ぎょ》袋《たい》を佩用《はいよう》して参入しました。諸人は目を向けました。頭馬頭が指示して、閑処《かんじょ》に於いてこれを解きました」と云うことだ。

十二日、癸丑。　衝重／聚攤・擲采

中剋の頃、内裏に参った。左大臣・内大臣、大納言道綱・公任、中納言頼通・隆家、参議懐平・実成、三位中将二人〈教通・頼宗。〉。秉燭の後、諸卿を御前に召して、衝重を給わった。頭通任が勧盃《けんぱい》を行ない、続酌《つぎしゃく》を取った。失儀である。御前でこの儀は無いのである。碁手を置いた事は、昨日と同じであった。御前に進んで、聚攤を打った。聖上《せいじょう》(三条天皇)は擲采を行なわれた。同剋、儀が終わった。そこで退出した。戌剋であった。

十三日、甲寅。　聚攤

黄昏、内裏に参った。参着した頃、すでに秉燭であった。すぐに諸卿を召して衝重を給わったことは、両日と同じであった。また、御前に進んで伺候し、聚攤を打って伺候した。天皇が打たれたことは、両日のようであった。右相府《うしょうふ》(顕光)が意向を示したからである。戌剋、諸卿は退出した。参入の卿相は、左大臣・右大臣・内大臣、大納言道綱・公任、中納言隆家・頼通・時光、参議懐平・実成。

十五日、丙辰。　石清水放生会に奉幣／陣定／即位式・大嘗会雑事定／大嘗会検校

今日と明日は、物忌《ものいみ》である。石清水八幡《いわしみずはちまん》宮に奉幣《ほうべい》した。召使が申して云ったことには、「今日、陣定《じんのさだめ》が行なわれます。参入されますように。これは左大臣が催されたものです」ということだ。物忌であったので、参入しなかった。病悩していることを答えた。大外記《だいげき》(菅野)敦頼《あつより》が申し送って云ったことには、「今朝、左大臣が召し仰せられて云ったことには、『今日、定め申さなければならない事が有る。諸卿を催し申させるように。但し、汝(実資)および皇太后宮大夫は必ず参入するよう、別に催し申させよ』ということでした」と。「この定は、御即位式《そくいしき》と大嘗会《だいじょうえ》の雑事についてです」と云うことだ。夜に入って、頭馬頭が来た。雑事を語った次いでに云ったことには、「今日、右大臣が伊勢《いせ》奉幣の日を定め申しました〈『今月二十七日』ということだ。〉」と。資平が内裏から告げ送って云ったことには、「今日、参らなかった事で、左府の意向は不快でした」ということだ。また、夜に入って、告げ送って云ったことには、「大嘗会の検校《けんぎょう》は、汝・左衛門督〈頼通。〉・左兵衛督〈実成。〉です」と。

十六日、丁巳。　釈奠／駒牽

今日は物忌である。ところが釈奠《せきてん》に着さなければならない。そこで諷誦を清水寺に修した。早朝、大外記敦頼朝臣が記し送って云ったことには、「夜、雑事を定められます」と。

大嘗会の検校
　大納言〈私。〉　権中納言《ごんちゅうなごん》藤原朝臣〈左衛門督頼通。〉
　参議藤原朝臣〈左兵衛督実成。〉
悠紀《ゆき》の行事〈近江《おうみ》。〉
　左中弁朝経　大蔵大輔《おおくらのたいふ》（橘）内成《うちなり》　主計頭吉平
　民部権少輔《みんぶのごんのしょう》（源）任《まかす》　左大史《さだいし》（伴《ともの》）久永《ひさなが》　（直《あたえの》）是氏《これうじ》
　中務大丞《なかつかさのだいじょう》（源）光成《みつなり》　式部少丞《しきぶのしょうじょう》（橘）行順《ゆきのぶ》
主基《すき》の行事〈丹後《たんご》。〉
　右中弁《うちゅうべん》（藤原）重尹《しげただ》　主税頭《しゅぜいのかみ》（惟宗《これむねの》）為忠《ためただ》　大監物《だいけんもつ》（永道《ながみちの》）輔範《すけのり》

兵庫頭《ひょうごのかみ》(源)聞《きこゆ》　右《う》大史《だいし》(伊岐《いきの》)善政《よしまさ》　民部大丞《みんぶのだいじょう》(川瀬《かわせの》)師光《もろみつ》
兵部大丞《ひょうぶのだいじょう》(源)光清《みつきよ》　大蔵大丞《おおくらのだいじょう》(源)国基《くにもと》

八省院《はっしょういん》と豊楽院《ぶらくいん》の修理

　この修理は、すでに諸国に宛てられていた。

御即位式以前の奉幣使《ほうべいし》〈今月二十七日。右大臣が上卿を勤める。〉。

権左中弁経通が云ったことには、「御即位式、および八省院と豊楽院を修理するようにということを、昨日、定め宛てられました」ということだ。

御即位式の日〈十月十六日。〉

右中弁重尹が来て、云ったことには、「主基の行事に定められたので、参って来たものです」ということだ。今日は重日《じゅうにち》であるので、大嘗会の雑事は答えなかった。ただ前例の文書からそのことを調べるよう伝えた。

午の後剋、風雨があった。申の初剋の頃、雨を冒して大学寮《だいがくりょう》に参った。先ず廟院《びょういん》の南面《みなみおもて》の兀子《ごっし》に着した。この兀子は門外に立ててあった。そこで門内に改めて立てさせた。但し参議の床子《しょうじ》は、門外にあった。外記孝道を召して、左兵衛督〈実成。〉が参っているかどうかを問うた。云ったことには、「只今、参入されます」ということだ。また、諸司が揃っているかどうかを問うた。申して云ったことには、「音博士《おんはかせ》二人が、一人は京外、一人は病を煩って参りません。また、式部輔《しきぶのすけ》が未だ参りません」ということだ。命じて云ったことには、「音博士が参らない替わりは、代官《だいかん》を立てるように。式部輔については、催し遣わすべきである」と。左兵衛督は、長い時間、参らなかった。そこで催し遣わさせた。酉剋に臨んで、参入した。大学寮の官人に命じて、先ず廟堂《びょうどう》を開かせた。外記を召し、弁《べん》・少納言・外記・史《し》を催すよう命じた。「少納言が参りません」ということだ。左少弁《さしょうべん》(高階)積善《もりよし》・外記・史が、参って来た。私は座を起って、廟堂に向かった。左兵衛督と左少弁積善が従った。外記と史は、廟門《びょうもん》に立った。雨儀《うぎ》による。この頃、雨脚が止んだ。廟堂の西壇の上に於いて、釼を解いて、手を洗った〈雨であったので、壇上に於いて手を洗った。大学寮允《じょう》が手水《ちょうず》を渡した。〉。左兵衛督以下も、同じく洗った。私と武衛《ぶえい》(実成)は、笏を執って中戸から入り、先聖《せんせい》(孔子《こうし》)を拝した。先聖と先師《せんし》を、各々二度、拝した。積善は西戸から入って、拝した〈中戸から入ろうとしたけれども、私が指示した。そこで西戸を用いた。〉。私は本所に帰り出て、釼を着した。武衛も同じであった。すぐに本座に復した。外記を召して、大学寮の饗宴について問うた。準備し終わったということを申した。そこで座を起って、あの寮の座に着した〈私は北面の東戸の左から入った。武衛は西戸から入った。私が事情を伝えた。〉。弁以下が座に着した。先ず台盤《だいばん》を立て、饗を据えた。大学寮允と学生《がくしょう》が膳に着した〈允を手長《てなが》とした。学生が益送《やくそう》した。高坏四本。〉。外記孝道が、音博士の代官〈大学寮允。〉を申請してきた。大学寮頭《かみ》(文室《ふんやの》)如正《ゆきまさ》が勧盃・唱平《しょうへい》した。私は揖礼《ゆうれい》を行なって飲まなかった。やはり勧盃してきた。意向を示して、飲ませた。次いで唱平・勧盃した。そこでこれを取って飲んだ。武衛に渡した。武衛は飲んだ。如正は、まだ立っていた。武衛と如正は、作法を知らない。私が事情を伝えたことには、「盞《かわらけ》を瓶子《へいじ》を執った大学寮允に給わせて、学生を召し、先ず瓶子を授ける。如正は太政官の上官の座に加わって着し、盃を受ける」と。大学寮允は学生を召し、先ず瓶子を授けた。如正は上官の座に加わって着した。同じ盞を流し巡らせた。二献。左少弁積善は、一献のようであった。三献は如正。如正は唱平を行なわなかった。首尾《しゅび》を失した。三献が終わって、汁物を上官の座に供した。汁物を据え終わって、箸を下した。四献を勧めようとした。私は勧めさせず、都堂《とどう》の事を促した。しばらくして、外記孝道が進んで、室礼《しつらい》が終わったということを申した。私は箸を置いた。笏を執り、座を起って、都堂に向かった。武衛が従った。南門の東《ひがし》腋門《わきもん》から入った。東堂の後ろを経て、都堂の後ろの東第一階から昇り、兀子に着した。この兀子と床子は、東壁の後ろに立ててあった。そこで召使を介して北壁の後ろに改め定めさせて、これに着した。武衛は床子に着した。私は靴を着した。東壁の外の壇上を経て、南東の角から入り、兀子に着した。武衛は従って、床子に着した。この座は東壁の下にあった〈北を上座《じょうざ》として西面した。上卿の座の下に廬《ろ》蔽《へい》を鋪いた。上に講書《こうしょ》の発題《はつだい》を張った。〉。次いで諸大夫《しょたいふ》が、南門から入った。次いで賛者《さんじゃ》・座主《ざす》〈弟子は礼《らい》服《ふく》を着した。〉・音博士が、同じ門から入った。西堂の東の壇上を経て〈諸大夫と博士は、雨儀の時に参上する。ところが南門から入って、西堂の東壇を用いた。本来ならば西腋門《にしわきもん》を入り、西堂の後ろを経るものである。一人は礼服を着した。他が着さなかったのは如何であろう。前例を失した。また、弟子は着するのに礼服が無いのか。〉、都堂の後ろの階から登り、西壁の外を経て、南西の角の廂から入って東行した。母屋《もや》の第三間から入り、相分かれて高座に登った。次いで問者《もんじゃ》博士以下が砌《みぎり》の上に着した。次いで大学寮属《さかん》が如意《にょい》を執って曳き渡した。次いで講論《こうろん》を行なったことは、通常のとおりであった。終わって、座主以下が退出した。今般は西腋門を用いた。入る時も、同じくこの門を用いるべきである。次いで私は座を起った。北壁の後ろで靴を脱ぎ、退出した。今日、宴座《えんのざ》は無かった。随ってまた、百度座《ひゃくどざ》も無かった。院が崩じられたことによるだけである。花山法王《かざんほうおう》が崩じられた例でも、同じく座は無かった。この頃、秉燭となった。大外記敦頼朝臣が云ったことには、「駒牽の上卿がいませんでした。分け終わって、これを召しました」と。

大嘗会の検校について、召使が廟門に於いて告げた。「大外記敦頼朝臣が申させました」ということだ。

十八日、己未。　大嘗会行事所／花山院親王元服の引入

左中弁が来て、言ったことには、「大嘗会については、官底《かんてい》に前例の文書はありませんでした」ということだ。この事は、『儀式《ぎしき》』第二・三・四巻に見える。この巻々を取り出して、見せた。写し取り、他書と引き合わせて、もし相違が無いのならば、式文《しきぶん》に従って行なうよう、指示しておいた。尚書《しょうしょ》(朝経)は、□□書を随身《ずいじん》した。暦を見ると、急に行事所《ぎょうじしょ》を始めることのできる日は無かった。二十三日は吉日である。ところが子《ね》の日は、神祇官は行事所に下させたが、忌みの有る日である。これを如何しよう。式文では、「先ず仮に行事所を点定《てんじょう》する。その後、一、二所を卜定《ぼくじょう》して、行事所とするように」ということだ。あの二十三日、太政官の東庁を仮に行事所とする。相次いで吉日を選んで、一、二所を点定し、卜定させるべきであろうか。東庁を仮に行事所とすることは、前例が有るのである。事の詳細を、同じ弁を介して左府に伝えた。しばらくして帰って来た。左府の報を伝えて云ったことには、「あれこれ、調べて行なわれるように。但し、近日には吉日が無いということは、知っているところである」ということだ。右中弁重尹が来た。同じく主基について述べた。両弁が記し出した文書が有ったが、共に分明ではない。悠紀・主基の行事所は、分けて両所にあるのか。前例を調べるよう、伝えた。祓使《はらえつかい》を京畿内《きょうきない》と外国《げこく》に発遣することになった。今月の内に二度である。ところが事の定が遅引して、下旬に及んだ。これを如何しよう。次々の事は、いよいよ懈怠《けたい》するに違いない。そうはいっても、行事の過失ではない。明日、内裏に参ることになっている。文書を揃えて、陣頭に伺候するよう、両弁に命じた。また、行事の人は心喪の装束を着すべきか否かについて問うた。相府に伝えた。その報に云ったことには、「綾の装束を着すように」ということだ。すべて子細を記さないだけである。

(平)公誠《きんざね》朝臣が来た。花山院の親王たち(昭登《あきなり》親王・清仁《きよひと》親王)の御元服《げんぷく》について述べた。「両宮とも、汝(実資)を引入《ひきいれ》とすることになりました」ということだ。この事は前例が有るからである。延喜《えんぎ》の頃の事である。

十九日、庚申。　院司公卿、除服／両度の加冠

内裏に参った。左中弁が陣頭に伺候した。悠紀・主基の雑事を行なった。殿上間に参上した。左中弁が随身していた日記を開き見た。この日記は左府から給わったものである。今朝、聞いたところが有った。そこで左中弁に告げて、申し取らせたものである。

頭弁が勅を伝えて云ったことには、「故院の院司および素服《そふく》を給わった上達部五人〈俊賢・行成・忠輔・兼隆・正光。〉は、除服《じよぶく》して政事《まつりごと》に従うよう、命じられました」ということだ。外記に伝える為、陣頭に向かった頃、左府は殿上間に伺候していた。頭弁を介して招き呼ばれた。そこで帰り参った。長い時間、清談した。皇太后宮大夫と右衛門督も、同じく殿上間に伺候した。私は黄昏に臨んで、退下した。陣頭に於いて、上達部の除服について、外記孝道に伝えた。秉燭の頃、退出した。

今日、内裏に於いて、右衛門督が告げて云ったことには、「今日、左府に参った。おっしゃって云ったことには、『二十三日、我が家に於いて藤大納言の子(兼経《かねつね》)の元服を加えさせることになった。加《か》冠《かん》として、汝(実資)を招くこととする』と云うことだ。また、云ったことには、『その日、花山院の宮たちの元服が行なわれる。加冠を勤めるように』と云うことだ。『あれは申剋、これは亥剋である。重なることはないであろう』と云うことだ」と。一日に二度の役は、未だ聞いたことのない事である。あの日は、悠紀・主基の行事所の日時を勘申させる為に、内裏に参ることになっている。そこで故障を称すことは難しいであろう。あれこれ思慮すると、何としたものか、何としたものか。一日に両役を勤めるのは、未だ聞いたことのない事で、あの日は必ず内裏に参らなければならない。何とも進退《しんたい》するのは難しい。今日、宰相中将《さいしょうちゅうじょう》が参入した。資平の事を中宮に啓上《けいじょう》した。

二十一日、壬戌。　**大嘗会雑事前例勘文**

左中弁が来て、言ったことには、「大嘗会の雑事は、ただ前例の文を持って来ました。近江守《おうみのかみ》朝臣〈藤原知章《ともあきら》〉の許から探し取ったものです」と云うことだ。分明な文書である〈絵図が有った。〉。但し、官々所々に前例の勘文《かんもん》を進上させるよう、命じた〈先ず神祇官。〉。

二十二日、癸亥。

史是氏が大嘗会の類文書を持って来た。左中弁が申させたのである。一見した後、返給した。右中弁重尹朝臣が来て、主基の雑事を申した。左中弁朝経朝臣は悠紀の雑事を申した。左相国《さしょうこく》(道長)が、資平を介して伝え送られて云ったことには、「明日、藤大納言の子に元服を加えさせる儀が行なわれる。加冠として必ず来るように。本意《ほい》が有るからである。花山院の宮たちの御元服の剋限《こくげん》は申剋である。この元服の儀は亥剋である。その間隙が有るであろう。必ず来るように」ということだ。明日は大嘗会の事によって、内裏に参らなければならない。故障を称することは難しい。そこで参詣するということを申した。

頭馬頭が書状を記して云ったことには、「明日、親王および女御宣旨を下されることになっています。もしかしたら本家で行なうことが有るでしょうか」ということだ。子細を答えておいた〈行なうことは無いということである。但し別勅《べっちょく》が有ったならば、纏頭《てんとう》を行なうべきであろうか。〉。

二十三日、甲子。　外記政始／悠紀・主基所の文／頼通・教通着座／花山院親王元服／藤原兼経元服

外記政始《げきせいはじめ》が行なわれた〈「御譲位《じょうい》の後、今日、政を始めた。文を□のは、未だ聞いたことのない事である」と云うことだ。〉。

内裏に参った。陣頭に於いて左右弁が、悠紀・主基所が申請した印文《いんもん》〈各々、文印一面と木印一面。〉・用《よう》途料《どりよう》の正税稲《しょうぜいとう》一万束《そく》の文・太政官の東庁に於いて行事所を始める日時の文〈今日の申剋。〉・主典代《さかんだい》を定める文、合わせて四枚を進上した。右中弁が、主基所に主典代を定める文・行事所を始める文・主典代の文を進上した。各々、見終わって、下給した。印・稲の文二通は左中弁を介して奏上させた。すぐに宣旨を同じ弁に下した。悠紀・主基の行事所を始める日時を勘申させるよう命じた。すぐに吉平に命じた。「中弁は急いで結政《かたなし》に着した」ということだ。今日は故花山院の宮の元服所に参らなければならない。もしもあの政が終わる時剋を待つとしたら、自ずと過ぎてしまうであろうか。今日は勘申させて、明日、見るということを伝えて、退出した。頭弁が資平を介して、申させて云ったことには、「今日、女御宣旨を下します。上達部四、五人が参入しました。その事を行なうということについて、天皇の仰せ事が有りました。また、左府が只今、参入されます」ということだ。重ねて詳細を伺おうと思う。右大弁は結政所《かたなししょ》にいた。そこで事情を資平に言い置いて、退出した〈午の終剋。〉。今日、宜陽殿に座席を敷いて、陣官《じんかん》に問うた。申して云ったことには、「左衛門督と左《さ》三位中将《さんみちゅうじょう》（教通）は、今朝、着して、退出しました」と〈左金吾《さきんご》（頼通）は正二位に叙されて、初めて着した。三位中将は正三位に叙されて、初めて着した〉。今日、故花山院の宮たちの御元服の儀が行なわれた〈先年、冷泉上皇の皇子として、すぐに親王とした。五・六親王と号した。〉。そこで未の終剋に参入した。藤中納言〈隆家。〉と尹中納言〈時光。〉も、同じく参った。「御元服の時剋は、申剋」ということだ。寝殿《しんでん》の母屋の三間に両親王の座を敷いた〈西第一間と東第一間に各々の座を敷いた。繧繝端《うんげんべり》の畳を二枚。その上に茵《しとね》を敷いた。各々、座の南西の方に二階棚《にかいだな》を立てて、冠巾《かんきん》と櫛具《くしぐ》を置いた。各々、座の南東の方に唐匣《からくしげ》と泔坏《ゆするつき》を立てた。各々に脇息《きょうそく》が有るべきである。ところが、その実は無かった。後に聞いたことには、「公誠朝臣が申して云ったことには、『忘失して置きませんでした』と」ということだ。〉。南廂《みなみびさし》に上達部の座を敷いた〈土敷《つちしき》を敷いた。頗る定まらない。〉。東《ひがし》廂《びさし》に殿上人の座を敷いた。時剋が至って〈剋限を頗る過ぎていた。〉、各々、座に着された〈童装束《わらわしょうぞく》を着した。〉。仮に東母屋の御簾を下ろし、御屛風《びょうぶ》を立てた。菅円座《すげのわろうだ》を□□。中務大輔《なかつかさのたいふ》(藤原)周頼《ちかより》が、各々に参り進んだ。理髪《りはつ》が終わった〈周頼は先ず釵を解いて、簀子敷《すのこじき》に置いた。〉。帰り出て、簀子敷に坐った。周頼は巾子《こじ》を入れなかった。そこで事情を指示した。更に進んで、巾子を髻《もとどり》に入れた。その後、燭《しょく》を秉《と》った〈燈台を立てた。打敷は無かった。はなはだ便宜がないのである。〉。次いで下官が参り進んだ。先ず五親王《ごのみこ》(昭登親王)に冠を加えた。次いで退出した。東第一間から入った。第六親王(清仁親王)に冠を加えた。終わって退出した。東渡殿《ひがしのわたどの》に伺候した。両卿も、同じくこの座にいた。次いで東母屋の御簾を巻かせた。終わって、両親王が帰り入った。本来ならば理髪の雑具を撤去しなければならないのではないか。ところがその事は無かった。前例を失した。次いで私および両卿が座に着した。この頃、茵を敷いた。次いで殿上人が座に着した〈経通・周頼・資平の三人である。〉。上達部の座の上頭《じようとう》に加冠の座を敷いた〈畳・土敷・茵。北面した。東面して敷かなければならない。通例を失した。〉。膳物〈高坏十二本。打敷。〉を据えた。次いで上達部の膳物〈高坏四本。〉を据えた。次いで上達部の座の末、殿上人の座の上に畳一枚を敷いて、理髪の人の膳物を据えた。各々、机二脚。次いで殿上人の前机を立てた。私は加冠の座に着した。一献は藤中納言。その後、私は上達部の座〈本座。〉に着した。次いで尹中納言が勧盃を行なった。次いで藤納言が座を起った。禄を執って、下官に被けた〈女装束《おんなしようぞく》。織物《おりもの》の袿と紅染《こうぞめ》の打《うち》袿《うちき》を加えた。〉。次いで加冠の禄は薄物《うすもの》の袿と袴《はかま》。私は座を起って退出した。車に乗った際、釵を与えられた〈螺鈿の野釵。袋に納めた。〉。随身に疋絹《ひつけん》を下給した。次いで左府に参った。上達部の座は西対《にしのたい》の南又廂にあった。南北に相対した〈東を上座とした。〉。殿上人の座は、絶席《ぜつせき》して末にあった。主人〈道長〉はすぐに客亭《かくてい》に出た。卿相以下が座に着した〈大納言道綱、中納言頼通・隆家・時光、参議懐平・経房・実成、三位中将教通。〉。諸大夫の座は西中門の北廊《きたろう》にあった。「饗膳《きようぜん》と盃酌《はいしやく》があった」と云うことだ。亥剋に臨んで、菅円座二枚を上達部の上首《じようしゆ》に敷いた。冠者《かじや》〈藤大納言の子。「左府の戸籍《こせき》に入った」と云うことだ。〉が円座に着した〈童装束を着した。これはつまり、殿上の童《わらわ》である。〉。これより先に、殿上人が理髪の具を執って、円座の左右に置いた。次いで四位二人が脂燭《しそく》を執って〈左近少将忠経と中務大輔周頼。〉、円座の左右に据えた。左中弁朝経が進んで、円座に坐った。理髪が終わって、退いて坐った。脂燭も、また退いた。左府が目くばせしたので、私は冠者の許に進み寄って、冠を加えた。本座に復した。次いで左中弁が理髪を行なった。終わって退出した。次いで冠者が退いた。理髪の雑具を撤去した。右大弁道方〈頭。〉が、座の後ろに来た。下官に伝えて云ったことには、「藤原兼経を従五位上に叙すように」ということだ〈「左府の子であることによる」と云うことだ。〉。内記《ないき》が伺候していなかった。そこで位《い》記《き》について召し仰さなかった。冠者は位袍《いほう》を着した。庭中《ていちゅう》に進んで拝礼《はいらい》を行なった。次いで加冠の座を冠者の円座の所に敷いた〈畳二枚。土敷と茵。〉。膳物を据えた〈高坏十二本。〉。次いで下臈《げろう》の上達部の座の前の高坏を撤去した。理髪の前に机二脚を立てた。左府の勧めによって、加冠の座に着した。次いで相府が勧盃し、流し巡らせた。次いで藤大納言が勧盃した。私は受けた。左相府が進んで、受けた。流し巡らせ終わって、私は箸を立てて、本座に復した。また、左兵衛督が勧盃した。私が受けて、藤大納言に差し出した。頻りに左府は□□。便宜が無いであろうからである。相府は、その意を得た。三位中将教通に命じて禄を取り、これを被けた。引出物《ひきでもの》は馬二疋であった。座を起って退出した。随身に疋絹を下給した。垣下《えんが》の上達部以下は、禄が無かった。また、立明《たちあかし》も禄が無かったであろうか。

二十四日、乙丑。　**道長に牛車宣旨・内覧宣旨／娍子・妍子に女御宣旨／藤原良経元服／大嘗会行事所日時勘文**

早朝、大外記敦頼朝臣が記し送って云ったことには、「昨日の宣旨について言上《ごんじょう》します。左府に牛車《ぎっしゃ》宣旨〈右大臣が弾正台《だんじょうだい》と検非違使《けびいし》を召して、下された。〉、太政官文書を先ず左大臣に申して、奏し行なうという事〈外記に下された。〉、女御二所の事〈宣耀殿と尚侍《ないしのかみ》（藤原妍子《きよこ》）か。右大臣が弁官に下された。〉、伊勢奉幣の大祓《おおはらえ》の事〈『二十五日に行なわれることになった。二十七日に建礼門に行幸する』と云うことだ。〉」と。史是氏が申して云ったことには、「春宮大夫の書状に、『左大臣がおっしゃって云ったことには、「東宮は十月十六日に内裏に入られることになった。それ以前に、帯刀《たちはき》一人を奉るように」と』ということでした」と。謹んで奉るということを申させた。

四条大納言の書状に云ったことには、「去る夕方、拾遺納言《しゅういなごん》(行成)の家に向かった。あの子(藤原良経《よしつね》)の元服の加冠を勤めた。樋螺鈿《ひらでん》の釼と手本《てほん》を志された。また、禄物は打掛と重織物《かさねおりもの》の褂であった」ということだ。左中弁が、悠紀・主基行事所を始める日時勘文《にちじかんもん》・印を造る日時勘文・用いる日時勘文・大祓の日にまた大祓使を発遣する日の勘文を持って来た。この日については、頗る相違する事が有った。これは二度の大祓使を発遣した後、奉幣使を発遣するものである。ところが先ず奉幣使を出立《しゅったつ》する日を勘申したのは、そうであってはならないということを返報した。また、雑事が有って、右中弁が来た。大嘗会の雑事を申していた内、「字様《じよう》を書かせようと思いましたが、書博士《しょはかせ》は京外とのことを、大学寮が申しました」ということだ。「この字様は、大博士《だいはかせ》為忠朝臣が知っています」と云うことだ。そこで為忠朝臣に書かせても、更に何事が有るであろうか。数十枚の解文《げぶみ》に印文が無いのは、何としようか。大嘗会だけは、延引《えんいん》すべきである。時に随う儀が有るべきか。内々に命じられるべき事である。

二十五日、丙寅。　行事所預以下を取り分く

右中弁が来て云ったことには、「今日、悠紀・主基の行事の弁が、侍従所《じじゅうしょ》に着しました。所々の預《あずかり》以下を取り分けます」ということだ。「文章博士《もんじょうはかせ》匡衡は、丹波守を兼ねている。そこで悠紀は取ることができない」と云うことだ。「主基の方が取ることになるのか」ということだ。「撰んで四位を取るように」と云うことだ。

二十六日、丁卯。　卜定文

早朝、右中弁が来た。昨日、主基の方が取り分けた文、および行事の小忌所《おみどころ》と御井所《おんいどころ》を卜定《ぼくじょう》した文、及び他の勘文を進上した。その後、左中弁が、奉幣使が点定した斎場所《さいじょうしょ》と日時、および行事所が辺々を卜定した勘文を持って来た〈主基の文と同じであった。〉。奏聞すべき文は、右中弁の手にあった〈右中弁は昇殿していない者である。〉。悠紀・主基の文を取り加えて奏聞するよう、左中弁に伝えた。但し大臣に覧せるべき文は、各々左府に覧せなければならない。すぐにこの趣旨を左中弁に伝えた。この事は事が多く、子細を記さない。皆、別紙にある〈昨日、東庁に於いて印を彫った。各々、戌剋に初めて印した。行事所が未だこれを始めていないことによる。前例が有る。〉。召使が云ったことには、「明日の建礼門行幸は午二剋です」ということだ〈「大外記敦頼朝臣が申させた」ということだ。〉。右近将曹《うこんのしょうそう》(紀)正方《まさかた》が申して云ったことには、「外記(中原)徳如《のりゆき》がおっしゃって云ったことには、『明日、行幸が行なわれます。辰剋以前に参入されますように』ということでした」と。

二十七日、戊辰。　即位奉告伊勢奉幣／悠紀・主基国の申請文

官掌《かじょう》が申して云ったことには、「明日、考定《こうじょう》が行なわれます」ということだ。

内裏に参った〈午一剋。〉。今日、天皇は建礼門に臨幸《りんこう》し、伊勢に奉幣した。考えるに、即位するということを奉告《ほうこく》された。未だ八省院に行幸を行なっていないので、この処に於いて奉幣を行なったのである。天慶《てんぎょう》九年の例である〈建礼門の前に五丈の幄二宇《う》を立てた。東西を妻とした。苫《とま》でその裏を葺《ふ》いた。軽幄《けいあく》を立てて、御在所とした。青板を幄下に敷いた。長筵《ながむしろ》を施した。軽幄の内に大床子《だいしょうじ》を立て、其の辺りに大宋御《だいそうおん》屛風《びょうぶ》二帖《じょう》を廻らし立てた。大床子の南西の方を隔てるのに屛風を用いた。その内に半畳《はんじょう》一枚を置き、其の前に荒《あら》薦《こも》を施して、幣物《へいもつ》を安置した。また、大床子の御座の北西の角に御屛風一帖を立て廻らした。その内に御倚子《いし》一脚を立てた。その南に畳二枚を施した。内侍《ないし》の候所《こうしょ》である。また、同門の内の西方に七尺の幄一宇を立てた。南北を妻とした。御厨子所《みずしどころ》と主水司《しゅすいし》の候所および御輿宿《みこしやどり》である。各々、隔てるのに幔《まん》を用いた。御在所の東・南・西、合わせて三面に斑幔《はんまん》を立てた。その南東の方に幔門《まんもん》が有った。その内に版位《へんい》二枚を置いた。御在所の東屛幔《びょうまん》の外に五丈の幄一宇を立てた。東西を妻とした。王卿の座である。その東一丈ほどに五丈の幄一宇を立てた。東西を妻とした。少納言・弁・外記・史・内記・史生・官掌・召使の座である。王卿の幄の南四丈ほどに五丈の幄一宇を立てた。東西を妻とした。宣命《せんみょう》を給わる所である。春華《しゅんか》門の西と脩明《しゅうめい》門の東に幔を立て、垣代《かきしろ》とした。御室礼の儀は、大略、このようであった。これは天慶の例である。多くはこれは、荷前《のさき》の儀である。〉。申剋、天皇が紫宸殿に出御した。すぐに御輿〈腰輿《たごし》。〉を進めた。諸卿は陣の後ろを徘徊した。御輿は□□。左大臣は御所から恭礼門《きょうらい》の辺りに来た。諸卿が未だ列立しない前に御輿を進めたのは、如何なものであろう。

また、左に次将《じしよう》がいなかった。右には二人いた。右将を左に移されるべきである。ところがその事は行なわず、御輿を進めた。極めて奇怪な事である。右大臣以下が列立した。私は階下《かいか》を経て、南階の南西に立った。左将軍(公季)は、先ず同じ階の南東の角に立った。この間、御輿は版位の北の方に留まって控えていた。はなはだ前例に背く。左宰相中将・三位中将・右三位中将《うさんみちゆうじよう》(頼宗)が、進んで御輿の辺りに副い、御輿に供奉した。□鈴奏と警蹕は行なわれなかった。ただ契《けい》は供奉して、大刀《だいと》は供奉しなかった〈この事は調べなければならない。〉。御輿を幄の北面に寄せた。上達部は幄の東辺りに列立した〈北を上座として西面した。今、小安殿《しようあんでん》の例を思うと、南を上座として西面すべきである。そこで還御《かんぎよ》の時は、南を上座とした。右大臣を上首とした。〉。上達部は幄の座に着した。しばらくして主上は、舎人《とねり》を召した。舎人は幔門の外に於いて称唯《いしよう》した〈本来ならば幔門の下に進まなければならない。ところが宣命を給わる幔の下に於いて称唯するのは、そうであってはならない。〉。次いで少納言(源)守隆《もりたか》が参入した。帰り出て、召した。次いで中臣《なかとみ》と忌部《いんべ》が参入した。右大臣は座を起ち〈本来ならば北面の座に着すべきか。ところが南面の座に着した。特に左大臣が、太政官中の文書を内覧《ないらん》せよとの宣旨を蒙った後、吉日が無かったので、陣座およびこの座に着していない。当日、事を行なう人は、端座《たんざ》に着すものである。〉、上達部の幄の北と東を経て、南幄の座に着した。弁と内記が従った。外記を介して使王《しおう》を召させ、宣命を給わった。終わって、大臣(顕光)は元の道を経て、座に復した。しばらくして、諸卿は座を起って、列立した。御輿を寄せた。すぐに天皇は還御した。その儀は通常のようであった。下官は蒔絵の平胡籙《ひらやなぐい》を負った。他の衛府の督《かみ》や宰相中将は、壺胡籙《つぼやなぐい》を負った。このような時、大将は必ず平胡籙を負うものである。今日、参入した卿相は、左大臣・右大臣・内大臣、大納言道綱、中納言俊賢・隆家、参議懐平・経房・実成、三位中将〈教通・頼宗。〉。悠紀・主基の国々の申請文、各二枚〈一枚は料物《りょうもつ》を申請したもの。一枚は神寺《しんじ》・王臣家の荘園《しょうえん》を論じず、同じく大嘗会を勤めさせる文。〉を左中弁に託し、奏上させたのである。酉剋、退出した。天慶の例では、伊勢に奉幣する日に、賀茂《かも》・春日《かすが》社は替えないということを、賀茂社に申された。四月二十二日、伊勢に幣《ぬさ》を奉った。祭事が近いので、同日に申されたのか。「ひとえにあの例によって、花山院の御代、同日に申された」と云うことだ。「この疑いによって、後日、賀茂社に申された」と云うことだ。

二十八日、己巳。　定考

今日、太政官の考定が行なわれた。内裏に参った。陣頭に人はいなかった。そこで殿上間に参上した。藤中納言・侍従中納言、右衛門督・左兵衛督が参入した。私は晩方、退出した。この間、小雨であった。

二十九日、庚午。　薬王品講演

「昨日、考定の宴座は停止《ちょうじ》となった。花山院の先例である」と云うことだ。これは大外記敦頼朝臣が申し送ってきたところである。

念賢《ねんけん》師を招請して薬王品《やくおうぼん》を講演《こうえん》した。増暹《ぞうせん》師が病悩が有って来ない替わりである。

○九月

一日、辛未。　河臨解除／御燈停止を勘申／擬侍従

早朝、河辺に臨んで、解除《げじょ》を行なった。大嘗会《だいじょうえ》の年は御燈《ごとう》を奉らないという事を、諸人は知らない。私もまた、知らなかった。ただ河頭《かわのほとり》に臨んで、通例の祓を行なった。ところが年紀《ねんき》を隔てて、故殿《ことの》（藤原実頼《さねより》）の安和《あんな》元年の御記《ぎょき》を見ると、すでに奉ってはならないと有った。これは『三代実録《さんだいじつろく》』の文である。後々の為に記し付けるものである。式文《しきぶん》には、ただ斎王《さいおう》が伊勢《いせ》に向かう年の事が有った。そこで諸人が知らなかったのである。

「安和元年九月二日。九月の御燈を止める事を、（賀茂《かもの》）連量《つらかず》が勘申《かんじん》した」と云うことだ。そこで勘文《かんもん》の草案《そうあん》を奉った。

勘申したことには、「大嘗会が有る年は、九月三日の御燈を停止《ちょうじ》するというのは通例の事である。『三代実録〈三〇〉』に云ったことには、『貞観《じょうがん》元年九月三日、乙卯。御燈の潔斎《けっさい》を停止する。大嘗会が行なわれるからである』と。同じ『三代実録〈四十六〉』に、『元慶《がんぎょう》八年九月三日、庚申。御斎焼燈《ごさいしょうとう》を停止する』と。仁和《にんな》四年の日記に云ったことには、『九月三日、丁酉。内裏の御燈は行なわれなかった』と。承平《じょうへい》二年の日記に云ったことには、『九月三日、壬午。穢《え》によって御燈は行なわれなかったとはいっても、通例によって廃務《はいむ》とした』と」と。

(藤原)資平《すけひら》が云ったことには、「左相府《さしょうふ》(藤原道長《みちなが》)が云ったことには、『御即位式《そくいしき》の日、殿上侍従《てんじょうじじゅう》の役を奉仕するように』ということでした」と。四条大納言《しじょうだいなごん》(藤原公任《きんとう》)の書状に云ったことには、「一昨日、左府(道長)に参った。おっしゃって云ったことには、『五日に坊官除目《ぼうかんじもく》、十六日に参議《さんぎ》を任じられるように。この賀は、十五日は重日《じゅうにち》で、便宜《びんぎ》が無いであろう』ということであった」と。

二日、壬申。　西京町火事／密々の奏上

内裏に参った。右衛門督《えもんのかみ》(藤原懐平《かねひら》)と左兵衛督《さひょうえのかみ》(藤原実成《さねなり》)が参入した。右金吾《うきんご》(懐平)が云ったことには、「藤納言《とうなごん》(道綱《みちつな》)が女房《にょうぼう》に伺候した」と云うことだ。両督と一緒に退出しようとしていたところ、拾遺納言《しゅういなごん》(藤原行成《ゆきなり》)と和徳《かとく》門で逢い、陽明《ようめい》門に到った。小雨であった。晩方、(藤原)景斉《かげただ》朝臣《あそん》と(源)兼《かね》澄《ずみ》朝臣が来て、語った。退出した後、景斉となおも清談《せいだん》していた際、西方に火が有った。人々が云ったことには、「この火は頗る猛々しい。もしかしたら宮中の諸司であろうか」ということだ。そこで内裏に馳せ参った。戌剋である。資平は車後《くるまじり》にいた。蔵人《くろうど》(大江)景理《かげまさ》朝臣に逢った。火は遠かったので、立ったまま退出した。これより先に、藤中納言《とうちゅうなごん》(隆家《たかいえ》)が参入した。藤大納言《とうだいなごん》(道綱)は陽明門の内で逢った。「火を見て、馳せ参ったところである」ということだ。「今夜の火は、これは西京《さいきょう》町である」と云うことだ。五日の除目《じもく》は、重日の忌みがあるということを、密々に女房を介して三条《さんじょう》天皇に伝えて奏上させた。このような事は、密々に奏上させるよう、男房《なんぼう》や女房を介して仰せが有ったからである。

四日、甲戌。　坊官除目延引／三条天皇の懇詞

明日の除目は延引《えんいん》されるということについて、女房の許から書状が有った。先日、奏上させたのである。坊官除目を重日に行なわれるのは、便宜が無いであろうからである。そこで事情を奏上させた。天皇は悦びの仰せが有った。

五日、乙亥。　道長、内覧宣旨後着陣／陣申文

内裏に参った。宜陽殿《ぎようでん》に敷く座について、事情を問うた。あれこれが云ったことには、「右三位中将《うさんみちゅうじょう》(藤原頼宗《よりむね》)が、今朝、初めて参った」ということだ。左右大臣(道長・藤原顕光《あきみつ》)、大納言《だいなごん》(藤原)斉信《ただのぶ》・公任、中納言《ちゅうなごん》(源)俊賢《としかた》〈鈍色《にびいろ》を着していたので、陣座《じんのざ》に着さなかった。今日、左府は、太政官《だいじょうかん》中の雑事を行なうという宣旨《せんじ》を奉った後、初めて参った。そこで鈍色の人は伺候しなかった。ところが今日、俊賢一人は鈍色を着していた。宣旨によって除服《じょぶく》はすでに終わった。ところが鈍色を着して内裏に参るのは、如何なものか。未だ意味を得ない事である。〉・隆家〈戌剋に□。〉、参議懐平・実成。左府は、文書《もんじょ》を申させた。右大弁《うだいべん》(源)道《みち》方《かた》が、陣座に伺候した。中文《もうしぶみ》の儀が終わって、あの道方は、宣旨を左府に下した。その後、左府は敷《ふ》政門《せいもん》から退出した。内府(藤原公季《きんすえ》)以下が従った。私は弓箭《きゅうせん》を解き、同じく大臣に従った。左衛門陣《さえもんのじん》を出た頃、外記《げき》と史《し》が、大臣の左右から走り出た〈外記と右史が梨北《なしきた》の小道から出た。そうであってはならない事である。〉。大臣は外記と史を留めた。外記と史は、跪《ひざまず》いて伺候した。外記は、更に立って建春《けんしゅん》門に到り、立ったまま召使《めしつかい》を召した。召使は称唯《いしょう》した。外記は跪いて伺候した。大臣以下は、序列どおりに退出した。両丞相《じょうしょう》（道長・公季）は門の砌《みぎり》に到り、互いに揖礼《ゆうれい》して退出した〈左府は南に立った。内府は北に立った。共に西面した。〉。次いで内府が揖礼し、次席の人が出た。私は更に列を離れ、砌の下に到り、西に向かって揖礼して出た〈弁《べん》・少納言《しょうなごん》［南向き。］・外記［東向き。］。列立《れつりつ》の儀は、調べなければならない。その説は定まっていない。〉。右大臣は陣座の壁の後ろに留まって、従わなかった。今日、除目の議は停止となった。私が内々に奏上させたものである。

右大弁が宣旨を下した〈侍従厨《じじゅうくりや》が申請した饗料《きょうりょう》米三十石。東三条院《ひがしさんじょういん》から内裏に還御《かんぎょ》した日の上達部《かんだちめ》と侍従《じじゅう》の饗料。〉。

六日、丙子。　大祓

今日の申剋、朱雀《すざく》門に於いて大祓《おおはらえ》を行なう。参議実成〈左兵衛督。〉が上卿《しょうけい》を勤める。大嘗会の雑事を定めた後、毎月の晦日《つごもり》に大祓を行なうことになっている。ところが去月の晦日は坎日《かんにち》であった。そこで今日、これを行なう。前日、陰陽家《おんみょうか》に勘申させたものである。今日は大祓である。ところが大雷・大雨である。すぐに止んだ。感応《かんのう》が有ったのか、如何か。酉剋の頃、外記（我孫《あびこの》）孝道《たかみち》が来て、申して云ったことには、「朱雀門の大祓が終わりました」ということだ。また、申して云ったことには、「雷鳴以前に、諸司が参り揃いました。雷声が漸く止んだ頃、左兵衛督が参入しました」ということだ。

七日、丁丑。　大嘗会木印の字様

右中弁《うちゅうべん》（藤原重尹《しげただ》）が来て、主基《すき》について言上《ごんじょう》した次いでに、元慶の大嘗会の記文《きぶん》を持って来た。「采女《うねめの》正時原春風《かみときはらのはるかぜ》に古文《こぶみ》の字様《じよう》を書かせ、内匠寮《たくみりょう》に給わって木印を彫らせました」ということだ。あの時は、もしかしたら書博士《しょはかせ》が他行《たぎょう》していたのか。今般は書博士は京外にいる。そこで小臣《しょうしん》(実資)が思慮するに、明経博士《みょうぎょうはかせ》(惟宗《これむねの》)為忠《ためただ》朝臣に字様を書かせれば、頗る先賢《せんけん》の高慮に合うのではないか。

九日、己卯。　大嘗会女御代娍子に出車

(藤原)良道《よしみち》朝臣が、宣耀殿女御《せんようでんにょうご》(藤原娍子《すけこ》)の御書状を伝えて云ったことには、「女御代《にょうごだい》を奉仕することになった。その日、金作《こがねづくり》の檳榔毛《びんろうげ》の車を出すように」ということだ。金作の車というのは、世間に無い。また、急に造るわけにはいかない。そこで黒作《くろづくり》の檳榔毛の車を奉るということを答えた。右中弁が丹波国解《たんばこくげ》二通を持って来た。難点が有った。そこで返給した。あと一通は左中弁《さちゅうべん》に託すよう、伝えた。未剋の頃、内裏に参った。治部卿《じぶきょう》(俊賢)は参入したが、諸卿が参らなかった。外記を召して諸卿について問うたところ、述べ申して云ったことには、「兵部卿《ひょうぶきょう》(藤原忠輔《ただすけ》)は假文《かもん》を進上し、左衛門督《さえもんのかみ》(藤原頼通《よりみち》)は障りを申しました。他には障りを申された人はいません」ということだ。日はすでに日没の頃に及んだ。事情を奏上させるべきである。陣の官人を介して蔵人を呼ばせたところ、頭弁《とうのべん》(道方)が陣頭に来た。すぐに招き取って奏上させようとしたところ、頭弁が先ず云ったことには、「天皇がおっしゃって云ったことには、『通例によって行なうよう命じられる』ということでした」と。私が答えて云ったことには、「今日の儀は、上卿が奏請《そうせい》するものである」と。頗る納得した。そこで侍従に御酒《みき》を下給するということを奏聞《そうもん》させた。しばらくして、帰り出た。天皇の綸旨《りんじ》を伝えて云ったことには、「通例に任せて行なえ」ということだ。これより先に、上達部の座を宜陽殿に敷いた。本来ならば仰せを待って敷かなければならない。ところが、あらかじめ敷いたのは、そうであってはならない。また、大臣の座を南面《みなみおもて》に設けたのは、前例にはない。侍従の座を鋪かせる事、大臣の座を直させる事、饗饌《きょうせん》を据えさせる事を、左中弁（藤原）朝経《あさつね》〈装束使《しょうぞくし》。〉に命じた。また、一度に飯を据えるように命じた〈或いは先ず粉熟《ふずく》を据え、座に着した後に飯を据えた。遅々としていたことによって、命じたものである。今日、飯と粉熟を違って据えた。こうであってはならない。先ず飯を据え、更に粉熟を据えてはならない。〉。饗饌を弁備《べんび》し終わったということを、左中弁が申した。この頃、秉燭《へいしょく》となった。そこで宜陽殿に移り着した。礼部《れいほう》（俊賢）も同じく着した。日没の頃に臨んで、右衛門督懐平が参入した。ところが殿上間《てんじょうのま》に参上して、宜陽殿に着さなかった。陣官《じんかん》を遣わして、事情を告げた。すぐに宜陽殿に着した。掃部《かもん》寮《りょう》に命じて膝突《ひざつき》を敷かせた。饗の飯と粉熟を並べて据えた。こうであってはならない事である。二献《こん》の後、少納言に命じて侍従を召させた。夜に入ったので、早く召したのである。また、汁物《しるもの》を据えさせた〈この物は先ず据える。ところが前例が無かったので、初めに汁を据えることを知らない。据え加えさせたものである。順序が有るからである。〉。次いで箸を下した。官人を介して外記を召させた。外記孝道が参って来て、宜陽殿の壇上〈膝突の北辺。〉に坐った。前例を知らないのか。しばらくあれこれ命じずに、敢えて見参簿《げんざんぼ》を奉るよう命じた。数剋、奉らなかった。官人を介して催し仰させた。外記は陣官に膝突を曳かせた。直してはならないということを命じた。また、しばらくして来て、膝突を直すことを聞いた。また、直してはならないということを命じた。外記は見参簿を奉るべき道を知らないようなものである。壇上から参って進上するということを知っているのか。そこで上達部に伝え、高声でその道を告げさせた。その後、外記孝道が、見参簿および禄の目録を書杖《ふづえ》に挿んで、小庭《こにわ》に坐った。私は目くばせした。膝突に進んで、見参簿を奉った。開き見た際、殿上侍従はいなかった。ところが事情を申して云ったことには、「見参簿を渡しません」ということだ〈蔵人頭《くろうどのとう》は出納《すいとう》に命じて見参簿を書かせ、外記に賜う。また、外記が催し請うたものである。ところが外記が催し取らなかったのか。また、蔵人頭が事情を知らないのか。あたかも暗夜に臨むようである。先例では、殿上の見参簿は外記に給い、外記が一紙に書き載せて、上卿に奉るのが通例である。ところがただ、弁・少納言の見参《げんざん》を記し、そして別紙に大外記《だいげき》(菅野)敦《あつ》頼《より》を記した。非侍従大夫《ひじじゅうたいふ》とはいっても、外記と史は別紙に記すのが通例である。〉。外記孝道は故実《こじつ》を知らないのか。今、様子を見ると、驚き催さないようなものである。今となっては、何としようか。見参簿を見終わって、返給した。挿み整え、退いて小庭に立った。私は座を起ち、軒廊《こんろう》の東第二間から出て、御所に進んだ。私は弓〈警固《けいご》の間だったので、弓箭を帯びていたからである。〉を射場《いば》の壁に寄せて立て、杖を伝え執って蔵人(平)雅康《まさやす》に託した。奏聞の次いでに、殿上侍従の見参簿が無いということを問うた。答えて云ったことには、「事情を知りません」ということだ。不覚と称すべきである。長い時間が経って、見参簿を返給した。私は宜陽殿の座に復した。外記が見参簿を進上し、空の杖を執って退出した。少納言〈(源)貞亮《さだすけ》。〉を召して、見参簿を給わった。次いで命じて云ったことには、「留まってはならない」と。深夜、次いで弁〈重尹。〉を召して、禄の目録を給わった。終わって、座を起ち、敷政門から出た。両卿が従った。今日、蔵人景理朝臣が宣旨一枚を下した。すぐに右中弁重尹に下給した。

十日、庚辰。　大嘗会悠紀・主基斎場所始／御即位擬侍従定／内印／大嘗会御禊日時勘申／五節定

今日の卯剋、斎場所《さいじょうしょ》を始めた。内裏に参った。左大臣・内大臣、大納言斉信、中納言俊賢・隆家・行成・(藤原)時光《ときみつ》、参議(源)経房《つねふさ》・実成が参入した。左大臣が即位の擬侍従《ぎじじゅう》を定め申した。左は四品昭登《しほんあきなり》親王、従四位上藤原顕信《あきのぶ》、右は四品清仁《きよひと》親王、従四位下藤原朝臣資平。少納言は従五位下源朝臣貞亮と従五位下藤原朝臣惟光《これみつ》〈中務少輔《なかつかさのしょう》。〉、宣命《せんみょう》は従二位藤原朝臣行成〈中納言。〉、典儀《てんぎ》は従五位上源朝臣時隆《ときたか》〈少納言。〉。左宰相中将《さざいしょうちゅうじょう》(経房)が執筆《しゅひつ》した。両親王は、元服《げんぷく》の後、未だ内裏に参っていない。ところが、然るべき親王がいないので、今日、四品に叙した。但し、定文《さだめぶみ》には書き載せたが、未だ内記《ないき》に伝えられていない。左大臣が云ったことには、「今日、内印《ないいん》の儀が行なわれることになっている」と〈代始《だいはじめ》。「今日の内印は、中納言俊賢が上卿を勤めた。吉服《きっぷく》を着した。内案《ないあん》は先ず左府に奉った」と云うことだ。〉。後日、御禊次第使《ごけいしだいし》と供奉《ぐぶ》の侍従を定め申さなければならない。大略は十三日である。大臣は陰陽寮《おんみょうりょう》に命じて御禊《ごけい》の日時を勘申させた。悠紀《ゆき》・主基所が、物が無いということを申してきた。「近江《おうみ》・丹波国に掾《じょう》各十人を給うこととする。但し前例を勘申させて、奏聞させるように」ということだ。左中弁に命じた。すぐに大外記敦頼朝臣が、三代の例を勘申した。悠紀・主基所に給うということは見えず、ただ除目の勘申を引いたのである。疑ったことには、この中に、人給《ひとだまい》が有るのか。官に命じさせて、勘申させた。あの頃の文書を見るべきであったからである。「五節《ごせち》について定められた」と云うことだ。殿上人《てんじょうびと》は大和守《やまとのかみ》(藤原)輔尹《すけただ》と摂津守《せっつのかみ》(橘)為義《ためよし》である。左大臣・右大臣・小臣は、晩方、退出した。故院《こいん》(花山《かざん》院)の宮たち(昭登親王・清仁親王)を四品に叙した御慶について、書状を母氏《ぼし》(平祐忠《すけただの》女《むすめ》・平祐之《すけゆき》女)の許に送ったのである。

悠紀・主基所の行事《ぎょうじ》の弁が云ったことには、「斎場所は定剋に始めました。停滞はありませんでした」ということだ。また、「申剋、小忌《おみ》の座を立てることにします」ということだ。今日、主上《しゅじょう》(三条天皇)は礼服《らいふく》を覧た。「左府が源中納言《げんちゅうなごん》(俊賢)を介して奉られた」と云うことだ。未だその意味がわからない。事情を知る人は、近習《きんじゅう》に挙げられるのか。「主上は感心されなかった」と云うことだ。

十一日、辛巳。　検非違使を加補／古地美名注文／伊勢例幣使

右中弁が来た。逢わなかった。資平を介して事情を通わせて云ったことには、「左衛門尉《さえもんのじょう》(甘南備《かんなびの》)保《やす》資《すけ》は、勤公《きんこう》も無いのに検非違使《けびいし》となりました。これを如何しましょう。また、申請して加えて補した例は有ります」ということだ。左衛門府生《さえもんのふしょう》(笠《かさの》)良信《よしのぶ》を加えて補すよう命じた。丹波国から、解文《げぶみ》一枚および古地の美名注文《びめいちゅうもん》を進上してきた。命じて云ったことには、「解文は左中弁に託すように。美名注文は、本来ならば兼澄朝臣に命じて和歌を読ませるように」と。「ところが召問《しょうもん》されることが有って、過状《かじょう》を進上した」と云うことだ。しばらくこの期間を過ぎて、状況に随ってあれこれすべきで

ある。

「今日、伊勢例幣使《いせれいへいし》を出立《しゅったつ》させた。但し行幸《ぎょうこう》は行なわれなかった。春宮大夫《とうぐうだいぶ》斉信卿が上卿を勤めた」と云うことだ。

十二日、壬午。　一条院御読経・御念仏／一条院遺領・遺物処分／顕光五節舞姫を献上せず

資平が云ったことには、「今日、故院（一条院）に於いて御読経《みどきょう》と御念仏《ねんぶつ》が行なわれました。毎月十五日に、この法会が行なわれることになっています。今日は吉日《きちにち》ですので、始められたものです。左大臣・右大臣及び諸卿が多く参りました」と云うことだ。「女房が参入しました」と云うことだ。「御遺領《いりょう》と御遺物《いぶつ》の御処分が行なわれたようです」と云うことだ。人が云ったことには、「右府（顕光）は、五節の舞姫《まいひめ》を献上することに堪えないということを奏上されるらしい」と云うことだ。「事を室家《しつか》（盛子《もりこ》内親王）の母（源計子《かずこ》）のせいにしている」と云うことだ。

十三日、癸未。　作物所、大嘗会標について訴える／東宮御馬御覧／大嘗会寄人

左右両中弁が並んで来て、各々方々の雑事を申した。或いは奏上すべき文書、或いは上卿が下すべき文書についてである。右中弁が云ったことには、「左衛門督が云ったことには、『作物所《つくもどころ》の愁文《うれえぶみ》に云ったことには、「悠紀の標《しめ》は、御書所《ごしょどころ》の人を宛てられるものです。主基の標は、作物所の人を宛てられるものです。ところが今回は、二つとも御書所の人を定められました。事情を示してください」と』ということでした」と。私が答えて云ったことには、「先日、この定が有った。すぐに調べるよう答えておいた。ところが、『特に見えるところはありません』ということだ。今、この事が有るのは、如何であろう」と。弁が云ったことには、「又々、調べてみて、互いに奉仕するのでしょうか」ということだ。両方の弁が、各々、分担するところについて、前例を調べられないのは如何なものか。作物所が愁い申したところは、前例に叶っている。改め定められても、また何事が有るであろう。先日、作物所が同じく愁文を進上した。ところが先日、左金吾《さきんご》(頼通)の書状が有った。又々、指示されるのに随って、あれこれ処置すべきである。そこで子細を命じなかっただけである。東宮(敦成《あつひら》親王)に参った。左府は太子(敦成親王)を抱き奉り、殿上《てんじょう》に出られて、御馬を御覧になった。太子は綱の末を取って、御馬を牽かれた。藤大納言・皇太后宮大夫《こうたいごうぐうだいぶ》(公任)・右衛門督が伺候した。

左中弁が、卜食《うらはみ》の国々が申請した宣旨を下した。すぐに同じ弁に下給した。弁が云ったことには、「事が多く、検非違使は少ないのです。三人を寄せられた例が有りました。左衛門志《さえもんのさかん》(林)重親《しげちか》と左衛門府生(凡河内《おおしこうちの》)俊致《としむね》〈俊致は近江国司《こくし》が申請した。〉を寄せられることを申請します」と。すぐに申請によって宣下した。晩方、内裏に参った。藤中納言と左衛門督が、同じく参会した。しばらくして退出した。

十四日、甲申。　**即位式皇太后宮御給**

この何日か、資平が、御即位式の際に皇太后宮《こうたいごうぐう》(藤原遵子《のぶこ》)の御給《ごきゅう》で加《か》階《かい》される為、度々、皇太后宮大夫を介して啓上《けいじょう》させているのだが、頗る難渋していた。宮司《みやづかさ》として伺候しているのであるから、大嘗会の際に給わっても、何事が有るであろうか。御即位式と大嘗会は来月の事である。頗る□ばかりである。

十五日、乙酉。　資平の兼国

今日、資平の近江・丹波の兼国《けんこく》について奏聞するよう、頭弁に伝え送った。また、近江守《おうみのかみ》（藤原知章《ともあきら》）を介して左相府に伝えさせた。

十六日、丙戌。　大嘗会御禊装束司・次第司・供奉人定／坊官除目／悠紀主基行事所始／即位式の幡

今日と明日は、物忌《ものいみ》である。諷誦《ふじゅ》を清水寺《きよみずでら》で修した。内裏に参らなければならない。最初の除目によるものである。右中弁が丹波国の解文を持って来た。左中弁に託すよう答えた。四条大納言が告げ送って云ったことには、「昨日、左相府が大嘗会御禊の装束司《しょうぞくし》・次第司《しだいし》・供奉人を定めて奏上した」ということだ。内裏に参った。諸卿が参入した〈左大臣・右大臣・内大臣、大納言道綱・斉信・公任、中納言俊賢・隆家、参議懐平・経房・実成。〉。左大臣は大外記敦頼朝臣を召し、二省に伺候させるよう命じた。日没の頃、蔵人景理朝臣が左大臣を召した。大臣は参上した。坊官除目が行なわれた。この頃、私は私第に退いた。思うところが軽くなかったことによる。藤大納言と春宮大夫は、鈍色を着して参った。「吉服を着すようにとの天皇の意向が有った」と云うことだ。そこで藤納言は吉服を着して陣座に伺候した。春宮大夫は退出した。

今日の午剋、悠紀・主基行事所《ぎょうじしょ》を始めた。弁が陣頭に於いて事情を申した。今朝、四条納言が、大嘗会御禊の装束・次第司および供奉人の定文について、下給する式次第および代官《だいかん》を補す事を問い送ってきた。詳しく故殿の天慶《てんぎょう》九年の御記に見える。これを記して遣わし奉った。今日、右近将監《うこんのしょうげん》(身《む》人部《ひとべの》)仲重《なかしげ》が、左兵衛《さひょうえ》・右兵衛府《うひょうえふ》の旗を持って来た。これは鬼頭《おにがしら》の縁の幡《はた》である。「当府の大儀《たいぎ》の雑具は、納倉《おさめぐら》が焼亡した際に、すべて焼失しました。傍府《ぼうふ》の器仗《きじょう》を借り、手本として調備させたのです。但し左兵衛府の鬼頭の縁の繍《しゅう》は、『左虎賁衛《さこほんえい》の鬼頭』と有ります」ということだ。この銘を見ると、年来の憤りを散じたばかりである。先年、左相国《さしょうこく》(道長)が左大将《さだいしょう》であった日、将軍を辞す表を進上した。私は勅答《ちょくとう》を作成させよとの仰せを奉り、大内記《だいないき》(紀)斉名《ただな》に命じて作成させた。大将の職を「虎賁」と記すことが有った。私が疑って非難し、云ったことには、「『虎賁』が将軍を指す文が有るのか」と。その答は分明ではなかった。そこで直して「羽林《うりん》」とした。この事は、長年、鬱屈《うっくつ》して問うていたものである。今、左武衛《さぶえい》の旗の銘を見ると、蒙《もう》を開くことに感が有った。あの時の愚疑《ぐぎ》は、今日、たまたま当たった。後の為に、いささか由緒を記す。

十七日、丁亥。　坊官・帯刀除目

昨日、除目が行なわれた。大外記敦頼朝臣が、これを記して送ってきた。坊官・帯刀《たちはき》以外は、他の事は無かった。

十八日、戊子。　昭登親王・清仁親王慶賀

昨日〈戌剋。〉、故院の宮たちが内裏に参った。射場に於いて慶賀《けいが》を奏上させた〈「その道は、敷政門および南階《みなみのきざはし》の下を経た」と云うことだ。〉。すぐに昇殿《しょうでん》を聴《ゆる》された。召しによって、御前に参った。又廂《またびさし》に伺候した。菅円座《すげのわろうだ》を座とした。しばらくして退下された。「中納言隆家・行成、参議経房が、親王に供奉した」と云うことだ。「御前に伺候した際、左大臣は御帳《みちょう》の辺りに伺候した」と云うことだ。資平が談ったところである。

十九日、己丑。　主基斎場所預、勘事を宥さる／威儀親王の礼服／帯刀を補す

右中弁が来て、云ったことには、「雑事を人を介して伝えさせます。勘宣旨《かんせんじ》が有りました」と。左中弁に託すよう命じた。兼澄朝臣が来て、云ったことには、「今日、怠状《たいじょう》を返給されました。これは汝(実資)の□□です」ということだ。去る十六日、内裏に参った次いでに奏聞するよう、頭弁に伝えた。また、左相国に申した。兼澄朝臣は主基の斎場所の預である。今、朝廷の勘事《かんじ》が有るのであるから、事に従うことができない。そこで奏聞させたものである。「あの日の内に怠状を返給したのだが、兼澄の遅参《ちさん》は今日に及ぶ」と云うことだ。(平)公誠《きんざね》朝臣が来て云ったことには、「威儀親王《いぎのしんのう》(清仁親王)は、礼服がありません。そこで左宰相中将を介して左府に申させたところ、おっしゃって云ったことには、『礼服は小《こ》一条院《いちじょういん》にある。今上《きんじょう》(三条天皇)の一宮《いちのみや》(敦明《あつあきら》親王)の処置を、汝(実資)を介して奏聞させるように』ということでした」と云うことだ。「源知道《ともみち》〈(源)政職《まさもと》朝臣の養子。同姓の(源)正職《まさもと》朝臣の子である。〉が、帯刀に補されることを申請しようとしている。ところが不興《ふきょう》の意向が有った。他人を申請しようと思ったところ、兼澄朝臣が養子を補されることを申請することを述べた。許諾された。実はこれは(藤原)致貞《むねさだ》朝臣の子で、富小路右相府《とみのこうじうしょうふ》(藤原顕忠《あきただ》)の孫である」ということだ。

二十一日、辛卯。　威儀親王の礼服／天地災変祭用途料米／大嘗会悠紀・主基国給爵宣旨／玉冠

早朝、道々の支度を持って来た。資平を介して伝えさせた。内裏に参った。清仁親王が奏上させた礼服について、蔵人景理朝臣を介して奏上させた。天皇がおっしゃって云ったことには、「礼服は左衛門督藤原朝臣に貸し与えたということを、聞くことが有った。但し左大臣に遣わし伝えて、あれこれ命じるように。先日、親王が参入した。はなはだ幼若であって、儀式に従わせるのは如何であろう」ということだ。景理朝臣が云ったことには、「一日の天地災変祭《てんちさいへんさい》の用途料米《ようどりょうまい》は五十石でした。ところが蔵人および陰陽師《おんみょうじ》が祭斎《さいさい》に籠らず、そこでその□饗を停止しました。饗料米十石を用いておりません」ということだ。宣旨で四十石に改めるよう、右中弁朝臣に命じた。左中弁は宣旨を下した。すぐに同じ弁に給わった。弁が伝宣《でんせん》して云ったことには、「悠紀・主基両国に掾三人を給い、各行事所に七人を給うように。但し給爵《きゅうしゃく》宣旨を下し、給う国にその料を進上させて、大嘗会の用途に宛て行なう。但し下すことは大嘗会の前後であるので、国司の申請に随って裁定し、給うように」ということだ。宣旨を両国に給うということを、両弁に命じた。陣頭に人はいなかった。そこで殿上間に参上した。左相国は直衣《のうし》を着して台盤所《だいばんどころ》から出て、殿上の侍所《さむらいどころ》にいた。内大臣、中納言俊賢・隆家・行成、参議懐平・実成が、殿上間に伺候した。左府は御即位式や大嘗会について談られた。秉燭の頃、退出した。

尹中納言《いんちゅうなごん》(時光)の玉冠《ぎょっかん》を借り取って、資平に賜わった。特に修理しなければならない。玉が多く落失し、巾子《こじ》が破裂している。断って張らせなければならない。

二十二日、壬辰。　召物を進上しない国司

早朝、左中弁が来て、各々方々の雑事を申した。昨日の爵を両国に給うという宣旨を見た。左府の処分を請うよう答えた。また、悠紀・主基行事所の召物《めしもの》を進上しない国司には、大祓を科して、見任《げんにん》を解却《げきやく》するとの宣旨が下った。これは新たに起請《きしょう》した宣旨ではない。前例を調べて申し下した宣旨である。この会に関する事は数千万で、暦の上に記し書くことはできない。只、これは大略の大略である。

二十三日、癸巳。

官衙《かんが》の前で、両弁が各々、述べたことが有った。これは悠紀・主基についてである。子細を記さない。内裏に参った。陣座の壁の後ろを徘徊《はいかい》した。この頃、春宮大夫・皇太后宮大夫・右衛門督が参入した。蔵人景理朝臣が陣頭に来て、上達部の見参を問うた。

二十五日、乙未。　御馬御覧／不参の馬騎を召勘

右近将曹《うこんのしょうそう》(下毛野《しもつけのの》)公助《きんすけ》が申して云ったことには、「昨日、天皇が左右の御馬を御覧になった後、左少将《さしょう》(藤原)忠経《ただつね》が腋陣《わきのじん》に出て、勅を伝えて云ったことには、『御馬騎《うまのり》で理由も無く御馬御覧《おうまごらん》に会さなかった者および京外の者は、重く召勘《しょうかん》すべきである。この趣旨を大将(実資)に伝えて命じるように』ということでした」と。仰詞《おおせことば》は多く、詳しかった。ところが詳しく記すことはできない。忠経は職事《しきじ》の

人ではない。たやすく伝宣してはならない。ただ御馬を御覧になった際、御前に伺候した者である。考えると、本府に命じられた事であろうか。事情を蔵人頭に聞いて仰せ下すよう、公助に伝えた。

二十六日、丙申。　犬産穢／伝宣の者

昨夜、犬産が有ったということを、今朝、女房が申したのである。事はすでに事実であった。そこで札を立てさせた。

資平が内裏から退出して、云ったことには、「昨日、陪膳《ばいぜん》に伺候した際に、天皇がおっしゃって云われたことには、『御馬騎の者を誡め仰すようにという事を、伝え仰させた。もしかしたら大将は聞いているのか』と。奏上して云ったことには、『昨日、将曹公助が伝宣しました。ところが大将が答えて云ったことには、「蔵人頭ではないのに、他府の将に伝え仰せるのは、如何なものか」と。事情を取って仰せ下すべきであるということを、仰せ伝えるよう、承ったところです』と。天皇がおっしゃって云ったことには、『申すところは、当然である。左大臣が奏上して云ったことには、「忠経朝臣に命じられたというのは、取りあえず右府に命じたのでしょうか」ということであった。私(三条天皇)が云ったことには、「蔵人頭を介して命じさせるべきではないか」と云うことであった。また、大臣が云ったことには、「忠経朝臣に命じられても、何事が有るでしょうか」ということであった。そこで伝え仰せたものである』ということでした」と。

二十七日、丁酉。　主基抜穂使の非法濫行／主基風俗所

右中弁が、丹波国解と郡解《ぐんげ》を持って来た。先ず左府に申し、そのおっしゃられる趣旨に随って、左中弁に託すようにということを答えた。国解の趣旨は、抜穂使《ぬきほのつかい》が非《ひ》法濫行《ほうらんぎょう》を致し、種々の物を責め取ったとの事である。穢であったので、資平を介して伝えさせたのである。晩に乗じて、また、弁が来て云ったことには、「左府に申したところ、おっしゃって云ったことには、『雑物を奪い取ったことは糺《きゅう》返《へん》されるべきである。極めて便宜のない事である。早く奏聞させるように』と。左中弁朝臣が云ったことには、『今日は参りませんので、頭弁を介して奏上させてください』ということでした」と。夜に乗じて、(源)為堯《ためあき》朝臣が来て、主基風俗所《ふうぞくしょ》の雑事を申した。

二十八日、戊戌。　位記召給停止／抜穂使の非法を止める宣旨

内裏に参った。殿上間に参上した。大納言公任、中納言俊賢・隆家、参議懐平・実成・(源)頼定《よりさだ》が、同じく殿上間に伺候した。内大臣は陣座に伺候した。あれこれ、壁の後ろを徘徊した。私は退出した。公任・俊賢・隆家・頼定が、同じく退出した。左大弁《さだいべん》(藤原説孝《ときたか》)が云ったことには、「今日、太政官に参りました。位記《いき》の召給《しょうきゅう》によるものです。ところが式部省《しきぶしょう》が参らず、停止となりました。上卿も、また参りませんでした」と云うことだ。頭弁が宣旨を下した。これは丹波国の解文である〈抜穂使の濫行についてである。「非法の事に制止を加え、また責め取った雑物を糺返するように」とのことである。〉。

二十九日、己亥。　朱雀門大祓／東宮御所の刃傷

右中弁が来た。すぐに宣旨を下した〈昨日の丹波国の解文。〉。弁□朝臣が云ったことには、「今日、朱雀門に於いて大祓が行なわれます」と。毎月、晦日にこれを行なう。これは通例である。夜半の頃、資平が告げ送って云ったことには、「『東宮御在所《ございしょ》に刃傷《にんじょう》された者がいる』と云うことです。もしかしたら参入されますか」ということだ。先ず来るよう、答えた。すぐに馳せて来た。宮に参らせた。しばらくして、退出して云ったことには、「下人が東宮御在所の縁辺の簀子《すのこ》敷《じき》に登りました。主殿首内蔵有孝《とのものかみくらのありたか》が見付けて、捕えようとした際、刀を抜いて有孝の両所を突きました」と云うことだ。「すでに逃げ去りました。検非違使に命じて、追捕《ついぶ》させています」と云うことだ。

○十月

十九日。(『三槐抄』下・裏書による)　**叙位**

私が弓箭《きゅうせん》を帯びて筥文《はこぶみ》を取り、参上する儀は、便宜《びんぎ》が無いことであろう。また、急に前例を調べて知ることは難しい。もし筥文を執るというのならば、弓を筥《はこ》に取り副えなければならない。進退《しんたい》に煩いが有った。そこで議所に着さなかった。この事情を皇太后宮大夫《こうたいごうぐうだいぶ》(藤原公任《きんとう》)に伝えた。答えて云ったことには、「もっとも当然の事である。但し議所に着すのが宜しいのではないか」ということだ。私が答えて云ったことには、「議所に着して、中間に留まることはできないのである。前例では、筥文を執ることのできない人は、陣頭に留まるのである」と。大夫は承諾した。

二十四日。(『山槐記』元暦元年八月十一日条による)　**冷泉院崩御**

冷泉院《れいぜい》が崩じた。

〇十一月

十六日。　**冷泉院葬送／阿波国荒世御服・由加物解文**

……参会しなかった人は□□□□通例である。そこでまた、意向を取った。左大臣（藤原道長《みちなが》）・皇太《こうたい》后宮大夫《ごうぐうだいぶ》（藤原公任《きんとう》）□□□の上、この事が有った。頭弁《とうのべん》（源道方《みちかた》）がおっしゃって云ったことには、「着してはならないとの定が有った。そこで倚廬《いろ》に下りられた際、しばらく隠処《いんしょ》に伺候するように」ということだ。人が下官（実資）を召した。考えるに、倚廬の儀を問うた。云ったことには、「神仙門《しんせん》と無名門《むみょう》の間を倚廬とし、御在所《ございしょ》は無名門に□□、下侍《しもさぶらい》を御《お》粧物所《よそものどころ》とする。神仙門の西方に用意して女房《にょうぼう》の候所《こうしょ》とし、殿上《てんじょう》の幕を垂れて女房が往還する道とする。射場殿《いばどの》に板を敷き幕を引いて殿上人《てんじょうびと》の候所とし、孔雀間《くじゃくのま》を□□所とする。殿上の簡《ふだ》や日記の辛櫃《からびつ》は、やはり□□□」と。蔵人《くろうど》が女房に伝えて日給簡《にっきゅうのふだ》を申し下し、履脱《くつぬぎ》に於いて日を給い、簡を返し置くのは、極めて理由の無い事である。今、考えたものか。また、射場殿を殿上人の候所とするのは、便宜が無いのではないか。ひとえに大宮《おおみや》院（一条《いちじょう》天皇）の例によって行なったものか。あの□射場《いば》ではない。また便宜が無いのではないか。或る書に云ったことには、「腋陣《わきのじん》□□」ということだ。板を敷き幕を垂れて□□とするのは、これは便宜の有る事である。左中弁《さちゅうべん》（藤原朝経《あさつね》）を招いて、夕の伺候について問うた。「頭弁および左兵衛督《さひょうえのかみ》（藤原実成《さねなり》)の告げによって、伺候するものです」と云うことだ。私は、そうであってはならないということを答えた。また、云ったことには、「阿波《あわ》国が荒世《あらよ》御服および由加物《ゆかもの》の解文《げぶみ》を□。ところが憚らなければならない□□が有って、解文を取りました」ということだ。いよいよ……

十八日。丁亥。　大嘗会行事人、凶穢を忌むべし／冷泉院墓所

大嘗会《だいじょうえ》の行事《ぎょうじ》の人は凶穢《きょうえ》を忌んではならないという事について、左府(道長)が定めて命じたという事を、去る夕方、洩れ奏させた。今朝、奏者が伝え送って云ったことには、「詳しく奏聞《そうもん》しました。やはり忌避《きひ》するようにとの天皇の仰せが有りました。左兵衛督と左中弁が御葬送《そうそう》に供奉《ぐぶ》した事について、調べられますように」と。私が云ったことには、「事情を奏上したということについて、悦びの仰せが有った」と。事が多く、記し尽くすことが難しいばかりである。「御斎会《ごさいえ》の物を両国に召してはならないということを聞いた。召し仰せられるように」と云うことだ。「院(冷泉《れいぜい》院)の御墓所は、つまり御葬送所を□」と云うことだ。「木工頭《もくのかみ》(源)雅通《まさみち》〈右少将《うしょうしょう》。〉が御骨を懸けた。衆人《しゅうじん》は許さなかった。左馬頭《さまのかみ》(藤原)相尹《すけただ》や右京大夫《うきょうだいぶ》(藤原)遠光《とおみつ》は院の御傍親《ぼうしん》である。また、主殿頭《とのものかみ》(藤原)近信《ちかのぶ》は院司《いんじ》である。この二、三人を差し措いて、左相府《さしょうふ》(道長)は特に雅通をこの役に従わせた。偏頗《へんぱ》は極まり無かった。席□□□□□他の事も、このようであった。雅通は御厩別当《みまやべっとう》である」と云うことだ。

十九日。戊子。　素服を給わる公卿

先夜、内裏に於いて、素服《そふく》を給わる卿相《けいしょう》について、四条大納言《しじょうだいなごん》(公任)の御許に問い遣わした。その報

に、「左府・春宮大夫《とうぐうだいぶ》（藤原斉信《ただのぶ》）〈大納言。〉・右宰相中将《うさいしょうちゅうじょう》（藤原兼隆《かねたか》）」と云った。天暦《てんりゃく》八年、先公《せんこう》（藤原実頼《さねより》）〈小野《おの》。〉は、八省院《はっしょういん》の東廊《ひがしろう》に於いて、これを着された。侍臣《じしん》と女房は脩明門《しゅうめいもん》に於いて着した。先例では、朔平門《さくへいもん》の外に於いて着した。先夜、朔平門の外腋《そとわき》に於いて着されたのは、頗る軽々である。これによって、天暦は八省院の東廊に向かわれた。

二十五日。甲午。　実資男観薬元服日時勘申／一条院御念仏

大炊頭《おおいのかみ》（賀茂《かも》）光栄《みつよし》を招請して、観薬《かんやく》の元服《げんぷく》の日時を勘申《かんじん》させた〈明年正月二十六日、甲午。時は戌二剋、もしくは亥二剋。〉。
（藤原）資平《すけひら》が云ったことには、「昨日、故大宮院の御念仏《ねんぶつ》が行なわれました。左大臣・内大臣（藤原公《きん》季《すえ》）、藤大納言《とうだいなごん》（道綱《みちつな》）・皇太后宮大夫・源中納言《げんちゅうなごん》（俊賢《としかた》）・藤中納言《とうちゅうなごん》（隆家《たかいえ》）・侍従中納言《じじゅうちゅうなごん》（藤原行成《ゆきなり》）・左《さ》衛門督《えもんのかみ》（藤原頼通《よりみち》）、右《え》衛門督《もんのかみ》（藤原懐平《かねひら》）・右宰相中将・大蔵卿《おおくらきょう》（藤原正光《まさみつ》）・左宰相中将（源経房《つねふさ》）・左兵衛督、□□□□□□」と云うことだ。

二十九日。戊戌。　冷泉院五七日法事／三条天皇倚廬から還御／陀羅尼

今日、故冷泉院の五七日御法事〈昨日が五七日である。ところが日次《ひなみ》が宜しくなかったので、行なわれなかったのか。〉が、本院〈東三条院南院《ひがしさんじょういんなんいん》。〉に於いて行なわれた。院司が行なったものである。私は衰日《すいにち》に当たっていたので、参入しなかったのである。今日、参らないということを、資平を介して内御乳母《うちのおんめのと》に言い送り、右《え》衛門命婦《もんのみょうぶ》を介して□天聴《てんちょう》に達させた。資平は院に参った。すぐに退出して云ったことには、「卿相は多く内裏に参入しました。殿上人は黒い袍《ほう》を着し、□□□綾の袍を着しました。私(資平)は綾の袍を着していました。黒い袍を着していた人が多数でした。そこで退出しました」ということだ。□□□られた宣旨を□、先ず着すのは、如何なものか。□□□□大外記《だいげき》(菅野)敦頼朝臣《あつよりあそん》が云ったことには、「御四十九日の内に、平座《ひらざ》の政を始められますように。御葬送は数日を経て、倚廬に□□御した際、十□□を過ぎました。□後は、吉日《きちにち》はありません。来月七日は御斎会です。その□□に平座の政を行なわなければなりません」と云うことだ。「左相府に申しました」ということだ。「昨日の戌剋、主上《しゅじょう》(三条天皇《さんじょう》)は□倚廬から□御しました。先ず御禊《ごけい》の間、□□有って驚きました」と云うことだ。陀羅尼《だらに》を□□奉った〈増暹《ぞうせん》〉。

○十二月

一日、庚子。　上野駒牽

今日、上野《こうずけ》の駒牽《こまひき》が行なわれた。後に聞いたところ、「ただ左右馬寮《めりょう》に分給した」と云うことだ。四十九日の内であるからか。代始《だいはじめ》□侍臣《じしん》□。ところが御忌《ぎょき》の内であったので、その事が行なわれなかっただけである。春宮大夫《とうぐうだいぶ》(藤原)斉信《ただのぶ》卿が上卿《しょうけい》を勤めた。

七日、丙午。　冷泉院七七日御斎会

今日、故院《こいん》(冷泉院《れいぜいいん》)の御為に□□御斎会《ごさいえ》を行なわれた。そこで参入した。寝殿《しんでん》を御□□々とした。荘《そう》厳《ごん》は恒例のとおりであった。御仏は金剛界成身会曼荼羅《こんごうかいじょうじんえまんだら》、金泥法華経《こんでいほけきょう》・開結経《かいけつきょう》・般若心経《はんにゃしんぎょう》であった。「仏具《ぶつぐ》はすべて行事所《ぎょうじしょ》が調備□□、花鬘代《けまんだい》は殿上《てんじょう》の侍臣が調備したもの□□である」と云うことだ。鋪設は新調した。堂前《どうぜん》の公卿の座に、高麗端《こうらいべり》の畳を敷いた。御斎会の儀ではない。□□事情を□行事《ぎょうじ》の卿〈大納言《だいなごん》（藤原）公任《きんとう》。〉に問うと、料物《りょうもつ》を院司《いんじ》に下給して、調備させたものである。特に答えたところは無かった。散花《さんげ》の机は庭中《ていちゅう》にあった。堂童子《どうどうじ》の座は同じく庭中にあった。式部省《しきぶしょう》と弾正台《だんじょうだい》の座は西中門《にしちゅうもん》の南腋《みなみわき》にあった。式部省は廊中に□。弾正台は廊の南に幄《あく》を立てて座とした。東西に分かれて伺候すべきであろうか。ところが一方にあるのは、如何であろう〈式部省が遂に参らず、録《さかん》以下が参入した。まずは参入するよう、行事の卿が命じたものである。日が西山に迫り、いよいよ停滞しそうになったからであろうか。〉。行事□□□事は、意味がわからない。行事の弁《べん》〈（藤原）経通《つねみち》。〉も同じであった。「左府〈（藤原）道長《みちなが》〉の命によって準備したものである」と云うことだ。また、行事の卿が前々の例を調べて見ると、「康保《こうほう》以来、弾正台は伺候しない。近代は式部省と弾正台が共に伺候する」と。そこで□□□によって行なったものである。また、先例では木仏《きぼとけ》を造顕《ぞうけん》する。ところが近例によって絵仏《えぶつ》を画いた。また、内裏の外では、やはり閑所《かんじょ》に於いて行なわれるのである。「本院に於いて御斎会を修されるというのは、先例が無い」と云うことだ。

上達部《かんだちめ》の座は西対《にしのたい》の南母屋《もや》の廂にあった。侍従《じじゅう》の座は西対の西行廊にあった。皆、饗饌《きょうせん》が有った。左府の命によって、行事の卿が鐘を打たせた。左大臣（道長）及び院司の上達部〈内大臣（藤原公季《きんすえ》）・大納言

(藤原)道綱《みちつな》・中納言《ちゅうなごん》(源)俊賢《としかた》・参議《さんぎ》(藤原)懐平《かねひら》。〉が、寝殿の西渡殿《にしのわたどの》に伺候した〈簾《すだれ》を垂れた。〉。下官(実資)は座を起って〈西対の饗宴を未だ下さない前に座を起った。〉、堂前の座に着した。序列どおりに座〈寝殿の南簀子敷《みなみすのこじき》。〉に着した。東西の方より、治部省《じぶしょう》と玄蕃寮《げんばりょう》が前行し、次いで諸僧が参入した〈百僧は衲袈裟《のうげさ》を着さなかった。また、講読師《こうどくし》は輿《こし》に乗らなかった。これは前例である。七僧《しちそう》や百僧の中に僧綱《そうごう》がいた。□がいた。□□は権僧正慶円《ごんのそうじょうきょうえん》、読師《どくし》は権律師文慶《ごんのりつしもんけい》、呪願師《じゅがんし》は大僧都明救《だいそうずみょうぐ》。「三僧は皆、法服《ほうふく》が有った」と云うことだ。〉。行道《ぎょうどう》や散花の作法は、通例のとおりであった。講師《こうじ》は高座《こうざ》の後ろに着した。左少将《さしょうしょう》(源)朝任《あさとう》が、その辺りに赴いて、度者《どしゃ》を給うということを伝えた。御諷《ふ》誦《じゅ》の布は五百端《たん》〈庭中に□□を立てた。〉。行香《ぎょうこう》が終わって、僧侶が退下した。諸卿も退出した。大納言斉信が云ったことには、「名香《みょうごう》は先に一品宮《いっぽんのみや》(敦康《あつやす》親王)が奉仕されたものです。この事は意味がわかりません。五七日御法事で、すでに奉られたところです。ところが重ねて奉られるというのは、□□息が有ります。二度の御法事には、奉ってはならない事です。また、事の忌みが有ります。そこで更に奉仕されてはならないはずです」ということだ。「ところが、相府《しょうふ》(道長)が頻りに□□れるという風聞が有った。そこで無理に奉られたものである」ということだ。今日、御願文《ごがんもん》は無かった〈前例である。〉。行□、仏経《ぶつきょう》の色目《しきもく》を□□〈文夾《ふばさみ》に挿んだ。願文のようであった。□経机《きょうづくえ》に立てた。〉。私が初め、饗の座に着した際、益供《やくぐ》の朝大夫《ちょうたいふ》〈本院の侍臣。〉は笏《しゃく》を把らなかった。頗る疑慮《ぎりょ》が有った。御斎会の日は、笏を把り、釼《たち》を着すものである。ところが笏を執らなかったのは、如何であろう。□□□行事の卿が答えて云ったことには、「そうあるべきです」

ということだ。すぐにそのことを伝えて笏を把らせた。「また、（藤原）資平《すけひら》には笏を把って釼を帯びさせ、殿上間《てんじようのま》に伺候した。他の人々はそうではなかった。資平が釼を帯びていたのを見て、急に笏を把って釼を帯びた」と云うことだ。今日、参入した卿相《けいしよう》は、院司の他、大納言斉信・公任、中納言（藤原）頼通《よりみち》・（藤原）隆家《たかいえ》・（藤原）行成《ゆきなり》・□□、参議（藤原）兼隆《かねたか》・（藤原）正光《まさみつ》・（源）経房《つねふさ》・（藤原）実成《さねなり》、三位中将《さんみちゆうじよう》（藤原）教通《のりみち》である。右大臣（藤原顕光《あきみつ》）・中納言（藤原）忠輔《ただすけ》・参議（源）頼定《よりさだ》は参入しなかった。

十五日、甲寅。　一条院御念仏／北野斎場所／道雅の狂言

内大臣、藤大納言《とうだいなごん》（道綱）・皇太后宮大夫《こうたいごうぐうだいぶ》（公任）、藤中納言《とうちゆうなごん》（隆家）、源宰相《げんさいしよう》（頼定）が参入した。一緒に一条院《いちじよういん》御念仏《ねんぶつ》に参った。旧臣《きゆうしん》が多く伺候した。殿上で饗饌が有った。御念仏の際、卿相は□□座に伺候した。参入した卿相は、左大臣・内大臣、大納言道綱・斉信・公任、中納言俊賢・頼通・隆家・行成・忠輔、参議懐平・兼隆・経房・実成・頼定、三位中将二人〈教通・（藤原）頼宗《よりむね》〉である。御念仏が終わって、黄昏に退出した。私は燭《しよく》を秉《と》った。

今日、陣に於いて藤大納言が□、「侍臣が北野《きたの》の斎場所《さいじようしよ》に到り、見物を行なった。標屋《しめや》を廻って云ったことには、『皇城《こうじよう》近くに大屋を造営した』と云□。『高声に念仏を唱えた』と云うことだ。この事は三条《さんじよう》天皇の天聴《てんちよう》に及び、先日、おっしゃられたのである。あるいは女房《にようぼう》が洩れ奏したのか」と云うことだ。その後、陣の壁の後ろに於いて、藤中納言も、同じくこの事を談った。「これは春宮《とうぐう》の亮《すけ》（藤原）道雅《みちまさ》が言ったものである。近日、道雅の狂言《きようげん》は取り上げて数えることができない。あの見物

の日に、高松《たかまつ》三位中将(頼宗)および舎弟《しやてい》たちを率いて吐いた悪言《あくげん》である」と云うことだ。道雅一人が言ったのではない。「この事は、藤大納言が奏上して天聴に達した」と云うことだ。先日、或いは云ったことには、「天皇が倚廬《いろ》にいらっしゃった際、女房たちは素服《そふく》を着していた。道雅朝臣《あそん》が女房の許に進み寄って云ったことには、『着はや、われ着たれ』と云った。呪詛《じゆそ》の詞である。女房が天聴に達した」と云うことだ。この他の悪言は、数え尽くすことはできない。禍殃《かおう》の家から成長し、必ずまた、凶事《きようじ》が有るに違いない。万人が推測するところである。今日、左府は院に於いて、蔵人頭《くろうどのとう》が並ぶ例を問われた。何時から初めてこの事が有ったかということについて、大略を答えた。除目《じもく》の際は、蔵人頭は議に参るべきであろうか。

十七日、丙辰。　京官除目／外記政／諒闇の年の手結饗禄／受領功過定

未剋の頃、召使《めしつかい》が申して云ったことには、「今日、除目始《じもくはじめ》が行なわれます。既に始まっています。早く参ってください」ということだ。すぐに参入した。陽明《ようめい》門は、諸卿が来ることが多い。ところが、大陣頭に人はいなかった。事情を問うと、「皆、左相国《さしようこく》(道長)の直廬《じきろ》に会している」と云うことだ。大《だい》外記《げき》(菅野)敦頼《あつより》朝臣が云ったことには、「今日、外記政《げきせい》が行なわれる事は、はなはだ強引なようです。除目始の日に外記政が行なわれる例を聞いたことがありません。これは春宮大夫斉信卿が、前土佐守《さきのとさのかみ》(橘)則光《のりみつ》の申請した文書《もんじよ》によって、行なうものです。内々に左府に申して行なうものです」ということだ。独りで仗座《じようのざ》に伺候していたところ、内大臣、次いで右大臣が参入した。その後、諸卿が左府の

宿所《しゅくしょ》から陣座《じんのざ》に来た。次いで左府が陣座に着した。しばらくして、大臣三人が東面した〈南を上座《じょうざ》とした。〉。次いで南北に対座《たいざ》した。少納言《しょうなごん》二人が献盃《けんぱい》を行なった〈一人が左府に献じ、一人が右府に献じた。盃巡は南行した。〉。一献《こん》の後、蔵人左衛門尉《くろうどさえもんのじょう》（橘）義通《よしみち》が来て、諸卿を召した。次いで左大臣が召使を召して、外記《げき》を召させた。すぐに参って来た。筥文《はこぶみ》を持って来るよう命じた。外記三人が来て、筥文を給わった。次いで諸卿が、序列どおりに座を起って、射場《いば》に向かった。大臣は軒廊《こんろう》に立ち、中納言以上は射場の東砌《ひがしのみぎり》に立ち、参議は南砌《みなみのみぎり》に立った。これは通例である。大臣が参上した。次いで大納言道綱□、軒廊の戸の間に立って、硯筥《すずりばこ》を執った〈その道は、戸の東の間から入り、戸の間に立った。皇太后宮大夫が云ったことには、「叙位《じょい》の議の日は、戸の間から入る」ということだ。〉。次いで私は筥文を執った。次いで春宮大夫が筥《はこ》を執った。他は序列どおりに御前の座に着した。この頃、秉燭《へいしょく》となった。諸卿は座に着した。終わって、召しによって、三丞相《じょうしょう》（道長・顕光・公季）が御前の円座《わろうだ》に着した。除目を始めた。私はしばらく侍所《さむらいどころ》に退いて伺候した。今日、左将軍（公季）が云ったことには、「諒闇《りょうあん》の年は、手結《てつがい》の饗禄《きょうろく》は府に送らないということが、九条殿《くじょうどの》（藤原師輔《もろすけ》）の御記《ぎょき》に見える」ということだ。但し故《こ》殿《との》（藤原実頼《さねより》）の御記には、ただ中将以下の禄を送らないということを記されて、饗料《きょうりょう》米については無い。もしかしたら省略されたのであろうか。また、左将軍が云ったことには、「粥次《かゆついで》の物について、あの記に見えない」と。賭射《のりゆみ》の事によって員数が有る。すでに賭射が行なわれないのであるから、粥次の物を送ることはできない。数についても一同でなければならない。そこで下給してはならないということを、(源)雅通《まさみち》朝臣に伝えた。また、将曹《しょうそう》以下に伝えた。三労《さんろう》以上の上日勘文《じょうじつかんもん》が無かった。議が終わって、座上に伺候していた際、召しが有った。そこで御前の座に伺候した。左府がおっしゃって云ったことには、「受領《ずりょう》の功過《こうか》を定め申すように」ということだ。すぐに弁《べん》を召した。権左中弁《ごんのさちゅうべん》経通が参って来た。文書を召した。□越後《えちご》〈(藤原)信経《のぶつね》。〉・備中《びっちゅう》〈(多米《ための》)国平《くにひら》。〉の文を申そうとしていたところ、相府がおっしゃって云ったことには、「明日の午剋以前に、諸卿が参入して定め申すように」ということだ。すぐに大臣以下は退下した。越後は正月に定め申す。今回は、ただ勘解由勘文《かげゆかんもん》を読ませなければならない。あの定文《さだめぶみ》を下給して、記し付けなければならないということを申した。相府が答えて云ったことには、「もしかしたら一条院に伺候するか。明日、訪ねるように」ということだ。

今日、参入した諸卿は、左右内三相国《しょうこく》(道長・顕光・公季)、大納言四人〈道綱・私・斉信・公任。〉、中納言六人〈俊賢・頼通・隆家・行成・(藤原)時光《ときみつ》・忠輔。〉、参議六人〈懐平・兼隆・正光・経房・実成・頼定。〉。

十九日、戊午。　**皇太后宮・中宮秋季読経／慈徳寺御八講始／二条の女着裳／内裏御仏名／諒闇の近衛府奏時・名対面**

皇太后宮《こうたいごうぐう》(藤原遵子《のぶこ》)の御読経《みどきょう》に参った。皇太后宮大夫と右衛門督《えもんのかみ》(懐平)が参入した。法会が終わって、督と私は同車して、中宮《ちゅうぐう》(藤原彰子《あきこ》)の御読経に参った。藤大納言・皇太后宮大夫・中宮大夫《ちゅうぐうだいぶ》(斉信)、藤中納言・尹中納言《いんちゅうなごん》(時光)・兵部卿《ひょうぶきょう》(忠輔)、右衛門督・左宰相中将《ささいしょうちゅうじょう》(経房)・左兵衛督《さひょうえのかみ》(実成)、三位中将、源宰相が参入した。行香が終わって、退出した。「今日、慈徳寺《じとくじ》御八講始《みはっこうはじめ》が行なわれた。左府及び卿相が参られた。相府は馬に騎っていた」と云うことだ。次いでこのとおりであった。戌剋、二条《にじょう》の女《むすめ》が着裳《ちゃくも》の儀を行なった。私は戯れに腰を結んだ。膳物は膳所《ぜんしょ》に調備させた。絹の折敷《おしき》十二枚、打敷《うちしき》が有った。今夜、内裏の御仏名会《ぶつみょうえ》が行なわれた。明後日は神今食《じんごんじき》である。そこで一夜、行なわれた。先例が有るのならば、調べなければならない。月出の頃、内裏に参った。左大臣・内大臣・大納言以下が、殿上間に伺候した。私が左府に申して云ったことには、「近衛府《このえふ》の時奏《ときのそう》、また上達部の名《な》対面《だいめん》は如何なものでしょう」と。相府が答えて云ったことには、「事情を知らない。あれこれ□伝えるように」ということだ。私が云ったことには、「諒闇の際には、時奏や名謁《みょうえつ》は無いのではないでしょうか。延長《えんちょう》の例を見ると、御仏名の三箇夜に、時奏と名対面が行なわれていました〈故殿の御記。〉。第四日は、また時奏と名謁等を止められました」と。相府が云ったことには、「その例によるように」と。頭弁《とうのべん》(源道方《みちかた》)を招いて云ったことには、「このことを奏上するように」ということだ。亥三剋、□□座に着した。次いで上達部が参上した。名対面は通例のとおりであった。次いで僧□□が参上した〈僧の数は、通例のとおりであった。大納言斉信が云ったことには、「一夜に行なわれる際には、野臥《のぶし》を召さない様、殿上日記《てんじょうにっき》に見えます」ということだ。調べて見なければならない。□そうではないのではないか、如何か。〉。初半《そはん》と後夜《ごや》の御導師《どうし》に錫杖《しゃくじょう》の際、命じられたことが有った。次いで□□□上達部□簾下《れんか》に□□。序列どおりに禄を執った儀は、恒例のとおりであった。上下の名対面があった。次いで内蔵寮《くらりょう》が薯蕷《しょよ》を給わった。その後、諸卿は退出した〈寅剋。〉。今夜だけは近衛府《このえふ》が時奏を行なう事は、頭弁が仰せを奉って召した。そこで左右近衛府に命じて、□剋、時奏を行なった。頭弁は下官の座の辺りに□寄って、事情を□問うた。答対した。今日の卿相は、左大臣・内大臣、大納言道綱・斉信・公任〈早く退出した。〉、中納言俊賢〈早く退出した。〉・頼通・隆家・行成〈早く退出した。〉・時光〈早く退出した。〉・忠輔〈早く退出した。〉、参議懐平・□□〈早く退出した。〉・経房・実成・頼定、左三位中将である。初夜《そや》は法橋《ほっきょう》慶算《きょうさん》、半夜《はんや》は戒秀《かいしゅう》、後夜は日歓《にっかん》。以上、御導師である。

二十一日、庚申。　神今食

今日、神今食が行なわれた。院の四十九日を過ぎて、延引《えんいん》されていたものである。

二十七日、丙寅。　荷前／国忌の廃置

今日、荷前《のさき》が奉献《ほうけん》された。私は柏原《かしわばら》(桓武《かんむ》天皇)使であった。そこで酉の初剋の頃、参った。内大臣が陣座に伺候していた。院女御《いんのにょうご》(藤原超子《とおこ》)〈当帝《とうだい》(三条天皇)の母。〉の贈位《ぞうい》によって、□□公卿一、二人が参入した。使の卿が参っているか否かを問うたところ、外記(中原)徳如《のりゆき》が申して云ったことには、「藤大納言は病であることを申しました。修理大夫《しゅりだいぶ》(藤原通任《みちとう》)は故障を申しました〈参議に任じられた後、未だ初めて□□に参っていない。そこで故障を申した。〉。□□は皆、参入しています」ということだ。蔵人(大江)景理《かげまさ》朝臣を介して、□□二人□□。但しまた、下臈《げろう》の兼帯《けんたい》について奏上させた。命じて云ったことには、「前例に任せて行なうように」ということだ〈「右府は他の事を行なっているので、荷前については行なわない。左府は参ることができない」と云うことだ。〉。右府が着していた卿□□を仗座に招いて云っ

たことには、「院女御〈当帝の母。〉の贈位、および国忌《こき》を置き、荷前に預かるという宣旨《せんじ》が、すでに下った。三后の間〈天暦《てんりやく》（村上《むらかみ》天皇）の母后《ははきさき》（藤原）穏子《やすこ》・冷泉□□□□院□□。〉を定め申すように」ということだ。内々に、左府は、花山《かざん》院の母后（藤原懐子《かねこ》）を廃置《はいち》するよう、定め申した。これより先に、左府が伝えたものである。「二后（穏子・藤原安子《やすこ》）は、各□□を産んでいる。廃置してはならない」と云うことだ。諸卿の議定《ぎじょう》も、同じであった。また、内（三条天皇）も定められたからである。右府は、これより先に、大外記□□を介して□□□□□□「宣命使《せんみょうし》は、或いは納言、或いは参議」と云うことだ。「参議は、今、荷前使《のさきのつかい》□すでに便宜《びんぎ》が有る。そもそも宣命使は、参議・弁・中務輔《なかつかさのすけ》である」ということだ。私は座を起ち、壁の後ろに外記を召した。外記（我孫《あびこの》）孝道《たかみち》が参入した。荷前使について伝えた〈山階《やましな》（天智《てんじ》天皇）［私。］、柏原［中宮大夫。］、深草《ふかくさ》（仁明《にんみょう》天皇）［藤中納言。］、後田邑《のちのたむら》（光孝《こうこう》天皇）［大蔵卿。］、後山科《のちのやましな》（醍醐《だいご》天皇）［右衛門督。］、宇治《うじ》三所（穏子・安子・懐子）［源宰相。］。〉。私は敷政《ふせい》門から入った。使者の卿相が従った。中隔《なかへだて》の座に着して外記徳如を召し、使者の諸大夫《しょたいふ》が参っているかどうかを問うた。参っているということを申した。定文を進上するよう命じた。造酒司《ぞうしゅし》が糟《かす》と菓子を供した。徳如は造酒司の代官《だいかん》〈（直《あたえの》）有光《ありみつ》。〉を申してきた。ところが有光は、この役を勤めなかった。源宰相は陣座から参って来て、座に着した。宣命《せんみょう》が□□であったので、暫く仗座に伺候した。宣命を給わった後、来たものである。徳如は使者の定文を□□。宇治使は多米国隆《くにたか》、次官《すけ》が橘経国《つねくに》であった。五位を長官とし、四位を次官とした。その事情を問うたが、述べるところは無かった。改め直すようにということを命じた。使者が参るようにということを命じた。すぐに諸大夫が、承明門《しょうめい》の下に向かった。次いで少々の者が座を起ち、承明門の下に向かった。釼を解いて、事を勤めた。□□八島《やしま》□使が、頻りに机を舁くように命じた。外記徳如が、□□□□伺候した。ところが、ただ召し求めたとはいっても、その所を知らなかった。「あれこれしている間に、深夜に及びそうだ」と云うことだ。そこで私が□云ったことには、「長楽門《ちょうらく》の内に於いて机を舁き、次官□□□□承明門から入る。□□この門は、□外」と。その後、私と次官は、春興殿《しゅんこうでん》の西廂《にしびさし》の北簷《えん》の壇に舁き立てた〈東を上座とした。〉。大舎人《おおとねり》□□□中《なか》務少輔《つかさのしょう》(藤原)惟光《これみつ》朝臣は源宰相の次官である。釼を帯びて、机を舁いた。そうであってはならないということを伝えた。先例に□である。すべて机を舁き立てた。□□机を撤去した。その儀は、長楽門の外に於いて、釼を帯びて、□□待賢門《たいけん》□□家に来て、小食を供した。後に車に乗り、山陵《さんりょう》に向かった。その儀は、通例のとおりであった。但し権随身《かりのずいじん》〈右近将曹(紀)正方《まさかた》と右近府生《うこんのふしょう》(紀)保方《やすかた》。〉がいた。諒闇であったので、□□□を□給しなかった。家は、寮の馬を召して□□させた。……

付録

用語解説(五十音順)

白馬節会《あおうまのせちえ》　正月七日に天皇が紫宸殿に出御して群臣に賜宴し、左右馬寮の引く白馬を見る儀式。外任の奏、御弓奏があり、次に左右馬寮から庭上を渡る馬の毛並みを奏上する白馬奏があった。

阿闍梨《あじゃり》　単に闍梨ともいう。伝法灌頂を受けた者、また灌頂の導師その人。一種の職官となった。

羹次《あつものついで》　野菜や魚肉を熱く煮た吸い物(鍋料理)を囲んで行なう饗宴。

位記《いき》　位階を授ける時に発給する公文。勅授の位記は中務省の内記が作成し、中務卿および太政大臣・式部卿(武官は兵部卿)などが加署した後、内印(天皇御璽)を捺して発給した。

已講《いこう》　興福寺維摩会・宮中御斎会・薬師寺最勝会の三大勅会の講師を勤仕した僧。僧綱に列することができた。

一条院《いちじょういん》　一条朝に成立した里内裏。東町の別納と呼ぶ一町が付属。佐伯公行が東三条院詮子に献じ、詮子はこれを天皇の後院とすべく修造。一条天皇は内裏修造後にもここを皇居とした。通常の内裏とは左右を逆として使用された。

一上《いちのかみ》　筆頭の公卿の意で、通常は左大臣がこれにあたる。摂関が大政総攬の職であるのに対し、一上は公事執行の筆頭大臣である。

位禄《いろく》　官人が位階に応じて受ける禄物。官職禄と封禄の二種があったが、普通、位禄という場合は封禄をさす。封禄は五位以上に賜わる身分禄で、従三位以上は食封制、四位・五位は位禄制で年一回、十一月支給となっていた。

石清水八幡宮《いわしみずはちまんぐう》　山城国綴喜郡の男山に鎮座。豊前国宇佐八幡宮から八幡神を勧請して鎮護国家の神とし、皇室の祖神と称す。三月の午の日に臨時祭、八月十五日に放生会が行なわれた。

雨儀《うぎ》　晴天の際の晴儀に対し、雨雪の時に行なう儀礼。その次第を簡略にし、それに伴う装束鋪設が行なわれた。

氏長者《うじのちょうじゃ》　古代の氏上であるが、平安時代以後は源平藤橘四氏のみとなる。氏長者は、一門を統率し、氏神の祭祀、氏社・氏寺の管理、氏爵の推挙(氏の挙)にあたる。

内文《うちぶみ》　文書の発給に際し、内印(天皇御璽)を請うべき文書のこと。外記が持参した文書を上卿が検察し、摂関による内覧が行なわれた後に奏聞。主鈴によって捺印される。

袿《うちき》　単《ひとえ》と表着《うわぎ》との間に着けた袷の衣で、「内着の衣」の意。「褂」とも。禄や被物用に大ぶりに仕立てたものを大袿と称した。

盂蘭盆供《うらぼんぐ》　七月十五日を中心に行なわれる、『盂蘭盆経』の目連説話に基づく祖霊追善の仏事。

延暦寺《えんりやくじ》　比叡山にある寺院。天台宗の総本山。東塔・西塔・横川の三塔からなる。天台密教の総本山として朝廷や貴族の崇敬を集めたほか、源信が浄土信仰を説いて民衆化の基礎をつくった。

大祓《おおはらえ》　毎年六月・十二月の晦日、また大嘗会や凶事に際して臨時に行なわれる祭儀。罪・穢を除き、心身を清らかにし、その更生を図る。中臣は祓麻、東西文部は祓刀を奉り、百官男女を祓所の朱雀門に集め、中臣は祓詞を宣り、卜部は解除を行なう。

大原野社《おおはらのしや》　長岡京遷都の時、あるいは藤原冬嗣の請により、王城守護のために春日社を山城国乙訓郡に勧請した神社。

小野宮《おののみや》　平安京の名第。大炊御門南、烏丸西の方一町。元は文徳第一皇子惟喬親王の第宅。藤原実頼、実資と伝領され、その家系は小野宮流と称された。西・北・東門があり、南に池と山を配し、寝殿を中心に、西・東・北対を持つ典型的な寝殿造で、南東の池畔に念誦堂が建てられた。実資以後は、女の千古、その女と女系で伝領された。

小野宮流《おののみやりゆう》　藤原実頼に始まる小野宮家に伝わる有職の

流派。またその門流を指すこともある。藤原忠平一男の実頼は、二男師輔とともに父の儀式についての「教命」を受け継ぎ、それぞれの儀式作法を確立した。その内、実頼に始まる儀式作法を小野宮流という。実頼自身は儀式作法についてまとめようとして果たさず、その養子実資によって完成された『小野宮年中行事』によって知られる。

恩赦《おんしゃ》　祥瑞・慶賀・災異・疾病などのある場合に行なわれる天皇の大権事項。非常赦・常赦・降・勅放・曲赦などの種別があった。

女叙位《おんなじょい》　皇親の女子以下宮人などに至る女子に五位以上の位を賜わる儀式。隔年を原則とした。

女装束《おんなしょうぞく》　宮中における命婦以上の女性の朝服の総称。女房装束とも。単・掛・裳・唐衣・袴からなる。俗に「十二単衣」とも称する。

過状《かじょう》　「怠状」ともいう。犯罪や怠務・失態を犯した者が上庁に対し自分の非を認め、許しを乞うために提出する書状。

春日《かすが》**社**《しゃ》　和銅三年に藤原不比等が藤原氏の氏神である鹿島神(武甕槌命)を春日の御蓋山に遷して祀り、春日神と称したのに始まる。初めて一条天皇によって春日行幸が行なわれた。

春日祭《かすがのまつり》　二月・十一月の上の申の日に行なわれた奈良春日社の祭。近衛府使を摂関家の中将・少将が勤めた。社頭の儀のみならず、途中の儀も重視された。

被物《かずけもの》　禄の一種で、上位者が下位者の功労などを賞して直接相手の肩にかつがせてやる衣装の類。

方忌《かたいみ》　陰陽道の禁忌のうち、方角についての禁忌。年単位の大将軍・金神・八卦、月単位の王相神、日単位の太白神・土公・天一神などがある。

方違《かたたがえ》　陰陽道の方忌に対する忌避行為。忌避のために適当な他所に宿泊する。宿泊期間は、出行関係では一日から数日、修造関係では数十日に及ぶ場合がある。

結政《かたなし》　太政官の政務執行上の一過程。官結政と外記結政の二種があり、ともに官政、外記政の準備段階的なもの。聴政の前に内外諸司からの申文を類別してそれぞれ結び束ねておき、結政当日、大弁以下の弁官が一応これを一々披見し、史が再び文書をひろげて読み上げ(これを「結《かた》ねる」という)、これを元の形に戻す儀。官結政は外記庁(太政官候庁)の南に連なる結政所のうちの弁官の結政所で、また外記結政はその西に隣接する外記の結政所で行なわれ、次いで行なわれる官政または外記政にこれを提出した。

鴨川《かもがわ》　平安京外の東を南北に流れる川。高野川との合流以北に賀茂川、以南に鴨川の字をあてる。斎宮・斎院をはじめとした潔斎の場であったが、しばしば洪水を起こした。

賀茂斎院《かもさいいん》　賀茂の神に奉仕する斎王。伊勢斎王のように天皇の代替わり毎に交替するわけではなく、当時は選子内親王が五代五十七年の長きにわたって勤め、「大斎院」と称された。

賀茂社《かもしや》　賀茂別雷神社(上賀茂神社、略称上社)と賀茂御祖神社(下鴨神社、略称下社)の総称。平安遷都以後は皇城鎮護の神として朝廷から篤い尊崇を受けた。四月の中の酉の日を祭日とする賀茂祭、十一月の下の酉の日を祭日とする臨時祭が行なわれた。

勧学院《かんがくいん》　大学別曹の一で、藤原氏出身の大学寮学生のための寄宿舎。任大臣・立后など一族出身者の慶事には、院の職員・学生が邸へ参賀に赴いた。これを勧学院の歩みという。

元日節会《がんじつせちえ》　元日に天皇が群臣に紫宸殿で宴を賜う儀式。暦の献上、氷様奏、腹赤奏、吉野国栖の歌舞、御酒勅使、立楽などが行なわれた。

勘申《かんじん》　儀式などに必要な先例や典故を調べたり、行事の日時などを占い定めて報告すること。

官奏《かんそう》　太政官が諸国の国政に関する重要文書を天皇に奏上し、その勅裁をうける政務。奏上する文書は不堪佃田奏、不動倉開用奏など諸国から申請された地方行政上重要と認められるものが多かった。摂政が置かれている時は摂政が直廬等で覧じ、関白がある時はその内覧を経て奏上された。官奏の在り方は次第に儀式化されたが、天皇が官奏を覧ることは除目と共にその大権行為の象徴として重視され、平安時代における行政運営上に重要な位置を占めた。

官符《かんぷ》　太政官から被管の諸司諸国へ発給される下達文書。弁官が作成する。謄詔勅ないし騰勅の官符と、太政官における議定事項を下達する場合、及び弁官のみで作成する事務的内容からなる場合とがある。

祈年穀奉幣《きねんこくほうべい》　年穀の豊穣を祈って神社に幣帛を奉じる朝廷臨時の神事。祈雨とともに臨時奉幣制の基本となり、十一世紀には二十二社奉幣制へと発展する。

季御読経《きのみどきょう》　春二月と秋八月の二季に、毎日百僧を宮中に請じて『大般若経』を転読させ、天皇の安寧と国家の安泰を祈る仏事。

行啓《ぎょうけい》　皇太后・皇后・中宮・皇太子らが外出すること。父母やその他の親族を訪問したり、遊覧や懐妊の際など、さまざまな目的で行なわれた。

行幸《ぎょうこう》　天皇が皇居を出て他所に行くこと。王臣の私第に天皇を迎える際には、しばしば家人らに叙位・賜禄が行なわれた。

行事《ぎょうじ》　朝廷の公事、儀式などにおいて主としてその事を掌った役。

禁色宣旨《きんじきせんじ》　天皇・皇族などの貴人と同じ服色の使用は厳禁され、これを禁色といい、また文様や服地にまで及んだ。摂関家の子弟は元服の際に禁色を許される「禁色宣旨」を賜わった。

公卿《くぎょう》　大臣・納言・参議および三位以上の上級官人の称。大臣・納言・参議を見任公卿と称し、議定に参加する。これに対し、三位以上の公卿でまだ参議にならぬ者、一度参議になった前参議の者を非参議と称した。

公卿給《くぎょうきゅう》　公卿に対する年給の一種で、年官と年爵とを併せていう。

九条流《くじょうりゅう》　藤原師輔に始まる九条家に伝わる有職の流派。またその門流を指すこともある。藤原忠平二男の師輔が、兄実頼とともに父親の儀式についての「教命」を受け継ぎ、それぞれの儀式作法を確立した。師輔の完成した儀式作法を九条流という。内容は師輔の日記『九暦』に詳しい。九条流は師輔から道長に継がれていき、『御堂関白記』によって、その実態を知ることができる。

国充《くにあて》　寺院の造営や、仏事を催す時に、その資材、費用などを特定の国に負担させること。特に内裏造営の場合、殿舎毎に国を割り当て、合期に完成させた場合、造宮叙位に預かる。

競馬《くらべうま》　馬の走行速度を争う競技の一。単なる競走ではなく、先行する儲馬と後発の追馬の二騎一番で、いかに相手の騎手や馬を邪魔して先着するかが審査の対象となった。

蔵人《くろうど》　令外官の一。本官以外の兼官で、五位蔵人三名、六位蔵人四、五名、非蔵人三ないし六名の職階になる。代替わりごとに新任される。職掌は文書の保管、詔勅の伝宣、殿上の事務から、天皇の私生活に関することにまで拡大した。院・女院・東宮・摂関家・大臣家にも置かれた。

蔵人頭《くろうどのとう》　蔵人所の長官。定員二人。天皇の宣旨によって補された。一人は弁官、一人は近衛中将が兼補され、それぞれ頭弁、頭中将と呼ばれた。殿上に陪侍し、機密の文書や諸訴を掌った。参議には多く頭から昇進したが、有能で信任の厚い実資や行成は、なかなか参議に昇進できなかった。

慶賀《けいが》　「よろこびもうし」とも。任官・叙位や立后のお礼の挨拶を、天皇や摂関、中文の申請者に行なうこと。

外記政《げきせい》　令制太政官における政務の一形態。公卿が諸司の申す政を内裏建春門の東にある外記庁（太政官候庁）において聴取裁定すること。外記政の次第は、まず外記庁の南舎に弁・少納言・外記・史が参着して結政を行ない、次いで上卿以下公卿が庁座に着き、弁以下が列座し、弁が史をして諸司の申文を読ませ、上卿が裁決する。次いで請印し、終わって上卿以下が退出する。一同が外記庁から南所（侍従所）に移って申文の事があり、終わって酒饌を供することもある。

解除《げじょ》　罪穢を除去すること。祓とも。人形・解縄・切麻を用いて中臣祓を読む所作が一般的。神祇官の祓のほか、陰陽道や仏教に伝わった祓もあった。

解脱寺《げだつじ》　洛北岩倉の長谷（「永谷」「長多仁」とも）に所在した東三条院藤原詮子の御願寺。寺門派の僧が移り住んだ。道長はじめ、当時の公卿の多くは解脱寺の観修に深く帰依した。

欠請《けつしょう》　請僧の欠員。空席を補充する必要があった。すなわち、法会に参列する僧に生じた空席。

解文《げぶみ》　八省以下の内外諸司のみならず、官人個人あるいは諸院家・寺社・荘家・住人が、太政官および所管の官司に上申する文書。

解由状《げゆじょう》　任期のある内外の官人、特に国司が交替に際して、前司の任期中に過怠のなかったことを証し、また引き継ぎのために作成する文書。

見参《げんざん》　節会・宴会などに出席すること。また、出席者の名を名簿に書き連ねて提出すること。

還昇《げんしょう》　昇殿を停められていた者が、再び聴されること。六位蔵人が五位に叙されると、五位蔵人になれないと昇殿を停められるので、再び六位蔵人として昇殿を聴されることがあった。

元服《げんぷく》　男子が成人したことを示す髪型や服装を初めてする儀式。十一歳から十五歳までの例が多い。髪を束ねて元結で結い、末の部分を切って後頭部に結い上げる理髪の儀と、次いで冠をかぶらせる加冠の儀が中心となる。元服すると実名が定められ、叙位がある。

後院《ごいん》　内裏の本宮に対する予備的な別宮。譲位後の御所に充てられることが多い。後院司が置かれた。冷泉院と朱雀院は、「天子累代の後院」と称された。

候宿《こうしゅく》　官人が内裏内の直廬や宿所などに宿泊すること。

庚申待《こうしんまち》　道教では体内の三尸という虫が庚申の日に天に昇って人間の罪を上帝に告げるとされたが、これを免れるために、庚申の夜に眠らずに各種の遊びをして夜を明かす儀。

定考《こうじょう》　毎年八月十一日、前年八月から当年の七月までの一年間の太政官の長上官の勤務成績を大臣に上申する儀。定考の二字は逆さに訓むのが口伝とされ、したがって考定とも書かれた。

興福寺《こうふくじ》　奈良に所在する法相宗大本山。藤原氏の氏寺。春日社との神仏習合を進め、摂関家と興福寺・春日社との緊密な関係が成立した。
国忌《こき》　特定の皇祖・先皇・母后などの国家的忌日。政務を休み、歌舞音楽を慎しんで追善の法要を行なった。元々は天皇忌日のみを指していたが、天皇の父母・后妃にも拡大した。
御禊《ごけい》　「みそぎ」の尊敬語。水で身を清める行事。主に鴨川の三条河原で行なわれた。天皇は即位後、大嘗会の前月の十月下旬に、伊勢斎宮や賀茂斎院は卜定後に行なう。
固関《こげん》　伊勢国鈴鹿、美濃国不破、越前国愛発（後に近江国逢坂）の三関に、天皇の譲位、天皇・上皇の崩御などの大事が起こった時に固関使を遣わして関門を閉塞した儀。三関廃止後も、儀式として固関使が派遣された。関を再び開く際は、開関使を派遣して開関を行なった。
御斎会《ごさいえ》　正月八〜十四日に宮中において、『金光明最勝王経』を講説して国家安穏、五穀豊饒を祈る法会。大極殿（後には清涼殿、御物忌の時は紫宸殿）に、衆僧を召して斎食を設け、盧遮那仏を本尊として読経供養した。
五節舞姫《ごせちのまいひめ》　新嘗祭・大嘗会・豊明節会に出演する舞姫。九月あるいは儀礼の数日前に、公卿の女二人、受領の女二人が舞姫に決定された。十一月の中の丑の日が帳台試、寅の日が御前試、卯の日が童女御覧、辰の日が豊明節会で、この日、舞の本番が行なわれた。
小朝拝《こちょうはい》　元日朝賀の後、大臣以下が天皇を拝する儀。はじめは朝賀とともに並び行なわれたが、後には、朝賀のある年には行なわれず、朝賀と交互にする場合もあった。清涼殿東庭に殿上人以上が参列する私的な礼。一条天皇以後は朝賀が絶え、小朝拝のみが行なわれた。
駒牽《こまひき》　信濃・上野・武蔵・甲斐四国の御牧（勅旨牧）から貢上された馬を、宮中で天皇が御覧じ、貴族たちに馬が分給され、彼らが牽く儀式。毎年八月に行なわれる。

斎王《さいおう》　伊勢神宮に奉仕する皇女(もしくは女王)。未婚の内親王または女王の中から卜定され、約一年間、宮城内の初斎院に入り修斎し、続いて宮城外の浄野(平安時代以降は嵯峨野)の野宮で一年あまり潔斎に努め、卜定後三年目の九月上旬、伊勢に群行した。

作文会《さくもんかい》　散文である「筆」に対して、詩や賦などの韻文である漢詩を作る会合。主に翌朝、披講が行なわれる。一条朝には、道長主導で盛んに開かれた。

定文《さだめぶみ》　公卿が陣定などの議定を行なった際、終わって上卿が参議(大弁の兼任が原則)に命じて、出席者各自の意見をまとめて作成させた文書。上卿はこれを天皇に奏覧し、その裁決を仰いだ。

参議《さんぎ》　太政官の議定に参与する、大臣・納言に次ぐ官。唐名は宰相・相公。大同五年に定員も八名となった。朝儀等の小事には上卿を務めることもあったが、大臣・納言と違って詔勅や大事の決定事項を弁官に宣して太政官符や官宣旨を作成させるような権限はなかった。補任されるためには、大弁・近衛中将・蔵人頭・左中弁・式部大輔の内の一つを経ていること、もしくは五箇国以上の国守を歴任していること、または位階が三位以上であることなど七つの道があった。

試楽《しがく》　行幸や年中行事など、舞楽を伴う儀式に際して行なわれる楽の予行演習をいうが、賀茂・石清水臨時祭の社頭の儀に先立って行なわれるものをいう場合が多い。

式部省試《しきぶしょうし》　大学寮の紀伝道において、学生は寮試で選抜されて擬文章生となり、その後、式部省の行なう文章生試を受けるのが順序であったが、この式部省の行なう試験を省試という。

直廬《じきろ》　皇太后、女御、東宮、親王、内親王、摂関、大臣、大納言などが、休息・宿泊・会合などに用いるために宮廷内に与えられる個室。摂関の場合は、ここで政務を執ることもあった。

次侍従《じじじゅう》　節会その他、祭儀・法会などに際して侍従を補助するため、四位・五位の中で年臈ある者を選んで、当分の間任じられた職。

室礼《しつらい》　屋内の一部を障子・几帳・屏風などで隔て、帳台・畳・茵を置き、厨子・二階棚・衣架、その他、身辺の調度類を設け整えたり飾りつけたりすること。

慈徳寺《じとくじ》　山科の北花山に所在した寺院。覚慶律師が、僧正遍照の住房を伝領していた房に、東三条院詮子が伽藍を完成させた。詮子の崩後は、法華八講および忌日法会が毎年、行なわれた。

信濃布《しなののぬの》　信濃国などから産出、貢上した麻布。四丈のさらし布だったらしく、麻布の普通のもので、一定の規格のものを信濃布と呼び、上等の麻布は手作布と称した。

除目《じもく》　官職任命の政務的儀式。外官除目は春に三夜にわたって行なわれ、京官除目は秋から冬にかけて、二夜または一夜で行なわれた。執筆の大臣が前日に勅を奉って外記に召仰を命じ、当夜は諸卿が清涼殿東孫廂の御前の座に着して議し、執筆は任官決定者を大間書に記入していく。執筆は大間書を清書上卿に授け、参議に召名（勅任・奏任に分けて任官者を列記したもの）・下名（文官・武官に分けて四位以下の任官者名を列記したもの）を書かせる。

射礼《じゃらい》　毎年正月十七日、建礼門前において親王以下五位以上および左右近衛・左右兵衛・左右衛門府の官人などが弓を射る儀式。まず手結という練習を行なう。

旬政《しゅんせい》　四月一日の孟夏旬と十月一日の孟冬旬の、いわゆる二孟旬を指す。この他の臨時の旬としては、内裏が新造された時の新所旬、天皇即位後に行なう万機旬、十一月の朔旦冬至の朔旦旬がある。天皇が紫宸殿に出御して政を聴く儀式で、その後に群臣とともに宴が催された。

叙位《じょい》　位階を授ける儀式で、勤務評定に基く定例的な叙位と、臨時の叙位がある。正月七日の定例の叙位は五位以上のみとなった。五日または六日に行なわれる叙位議で叙位者が決定された。

請印《しょういん》　位記や文書に内印（天皇御璽）を捺すことを請う儀。内印は少納言が上奏して、勅許によって少納言または主鈴が捺した。外印（太政官印）などを捺す手続きにもいう。

上官《じょうかん》　政官(太政官官人)のことで、太政官官人(弁・少納言・外記・史・史生・官掌・召使・使部)全般を指す場合と、特に外記・史のみを指す場合とがある。

上卿《しょうけい》　公卿の総称の場合と、個々の朝儀・公事を奉行する公卿の上首を指す場合とがある。後者の場合、原則として、摂政・関白・太政大臣および参議は上卿を勤めない。

上表《じょうひょう》　天皇に奉る書のことであるが、特に辞官表、致仕を請う表、封戸随身を辞す表、立后・立太子・天皇元服・朔旦冬至などの慶事に際しての賀表などが多い。実際に辞任が認められる場合でも、天皇は二度は辞表を返却するのが例であった。

触穢《しょくえ》　穢とは一切の不浄をいうが、穢に触れることを触穢といい、一定の期間は神事・参内などができなかった。穢の最たるものは人死穢で三十日間の忌が必要とあり、次いで産穢の七日、六畜死の五日、六畜産の三日と続いている。穢は甲から乙へ、更に丙へと二転三転する。

諸国申請雑事定《しょこくしんせいぞうじさだめ》　諸国から解文によって太政官に申請された行政事項を、陣定の議題として議定すること。申請の内容は、地方行政の全般にわたる。

叙爵《じょしゃく》　叙位されること、特に従五位下に昇進することを指す。

諸大夫《しょだいふ》　参議以上の公卿を除く四位、五位である者の総称。

賑給《しんごう》　律令制下では貧民・病者などに対して米や塩を支給した救済制度であるが、平安時代にはその範囲も平安京内の貧窮者などに限定され、毎年五月の支給というように年中行事化した。

神今食《じんごんじき》　六月と十二月の月次祭の夜に天皇が自ら中和院の神嘉殿に天照大神を招き、殿内に敷いた八重畳の上の衾に天皇が座し、神とともに供せられた神撰の食事をとる儀式。

陣座《じんのざ》　左右近衛陣における公卿の座。仗座ともいう。本来は近衛府の武官の詰所であったが、平安時代になると、節会や神事、議定など、宮中の諸行事の多くがここで執行された。

陣定《じんのさだめ》　陣座（仗座）を国政審議の場とした公卿議定。天皇の命を受けた上卿が、事前に外記に命じて見任公卿を招集し、当日は席次の低い者から順に所見を述べ、発言内容を参議が書き留めて定文を作成し、蔵人頭に付して上奏し、天皇の最終的な判断を仰いだ。

陣中文《じんのもうしぶみ》　内裏の陣座において上卿が諸司の中文を覧る儀。上卿が陣座に着くと、大弁が中文ある由を上卿に申して史を召す。史が中文を文刺に挿んで上卿の前の膝突に参進、中文を上卿に奉る。上卿は中文を一々披見し、奏すべき文には「申給へ」といい、上宣の文は揖して諾意を示す。終わって史が文を巻いて文刺に挿んで退下する。

随身《ずいじん》　太上天皇や摂政・関白、左右近衛の大・中・少将などの身辺警護にあたる武官。

推問使《すいもんし》　地方で発生した犯罪のうち、主として国司が当事者となった事件について、政府から捜査・審問のために派遣された使者。

相撲節会《すまいのせちえ》　毎年七月に諸国から相撲人を召し集めて行なう相撲を天皇が観覧する儀式。七月中旬に召仰と称し、天皇の勅を上卿が奉じて相撲節を行なうことを命じ、次いで御前の内取と府の内取という稽古に入る。節会の当日は天皇が出御し、南庭で行なわれる相撲を観覧する。これを相撲の召合という。翌日には抜出、追相撲が行なわれる。

受領《ずりょう》　任地に赴く国司。十世紀に入ると、受領国司による租税の請負化が進展した。長官（守）が中央の要職を兼帯している国や、上総・常陸・上野といった親王任国では、介が代わって受領となった。

受領功過定《ずりょうこうかさだめ》　任期が終わる受領の業績を判定する政務。特に所定の貢進の完納、公文の遺漏無き提出と正確な記載について審査された。除目と関連して、陣定において議定された。

釈奠《せきてん》　孔子やその弟子（十哲）を祀る大陸渡来の儒教儀礼。春秋二回、二月と八月の上丁日に主として大学寮で行なわれた。

宣旨《せんじ》　勅旨または上宣(上卿の命令)を外記、または弁官を経て伝宣する下達文書。奉勅宣旨・外記宣旨・弁官宣旨・官宣旨・上宣宣旨などがある。簡易な手続きで迅速に発行されるため、従来の詔・勅や太政官符・太政官牒に代わって用いられるようになった。

宣命《せんみょう》　天皇の命令を宣する下達公文書の一。詔のうちの国文体のもの。神前で読み上げ、群臣に宣り聞かせる古風で荘重な文体をとっている。

僧綱《そうごう》　僧正・僧都・律師より構成される僧位。それぞれ大少の別や権位がもうけられ、一条朝には、公卿の員数と同じ二十人に達した。

葬送《そうそう》　末法思想と浄土信仰の浸透に伴い、死者を葬送の地に送り、釈迦に倣って荼毘に付され、拾骨されるようになった。埋骨した上に阿弥陀堂が建てられたが、散骨される場合もあった。

大饗《だいきょう》　大きな饗宴。二宮大饗と大臣大饗とがある。二宮大饗とは中宮と東宮の二つの宮の大饗をいい、正月二日に行なわれる。大臣大饗は正月と大臣任官時に行なわれる。

大嘗会《だいじょうえ》　天皇即位の後、初めて新穀を天照大神はじめ天神地祇に奉る儀式。夕と朝の二度にわたって神膳が供されたうえ、天皇が食し、天皇としての霊格を得る儀。大嘗宮は大極殿前庭竜尾壇下に設けられ、東に悠紀殿、西に主基殿のほか、天皇の斎戒沐浴する廻立殿、神膳を調備する膳屋等より成る。

着座《ちゃくざ》・着陣《ちゃくじん》　公卿が新任・昇任、または昇叙されると、吉日を択んで宜陽殿の公卿座に着した後、さらに陣座に着すことになっており、それらを着座・着陣と称する。

着裳《ちゃくも》　「裳着」とも。貴族の女性の成人儀礼で、成人の装束の象徴である裳を初めて着ける儀式。十二歳から十五歳ごろまでに行なう。高貴の人が裳の大腰の紐を結び、髪を元結で束ね、頭上に結い上げる髪上げを行なう。

着袴《ちゃっこ》　「袴着」とも。幼児の成長を祝い、初めて袴を着ける儀式。男女とも三歳あるいは五歳で行なわれた。

中宮《ちゅうぐう》　本来は皇后ないし皇太后・太皇太后の称であったが、二皇后並立以後は、原則として新立の皇后を中宮と称するようになった。ただし、正式の身位の称は皇后であった。

重陽節会《ちょうようのせちえ》　陽数の極である九が重なる九月九日に、宮中で催された観菊の宴。杯に菊花を浮かべた酒を酌みかわし、長寿を祝い、群臣に詩をつくらせた。

勅授帯剣《ちょくじゅたいけん》　通常、帯剣が聴されたのは武官および中務省・大宰府・三関国の官人などに限られていたが、中納言以上で天皇の命により帯剣が聴される場合を勅授帯剣という。

勅計《ちょっけい》　内裏とその近辺に生じた降雪、雷鳴などの異変に際して、六衛府の陣および帯刀の陣などに勅使を派遣して参仕者を調査し、その名簿を上奏させたこと。

衝重《ついがさね》　飲食物を載せる膳の一種。檜材を薄くはいだ片木板を折り曲げて脚にし、衝き重ねたもの。饗宴の席に折敷・高坏などとともに用いられた。

月次祭《つきなみのまつり》　毎年六月・十二月の十一日、神祇官で行なわれた祭儀。三〇四座の神々に幣帛が奉られた。月次祭の夜には、中和院において神今食の儀が行なわれた。

土御《つちみ》**門第**《かどてい》　京極第・上東門院とも。源重信(雅信とも)の第宅であったものを、源倫子が伝領したことにより、道長の所有するところとなった。当初は方一町の第宅であったが、道長は南一町を加えた。

手結《てつがい》　射礼・賭射や相撲などの勝負事で、競技者を左右に分けて二人ずつ組み合わせること、またその取組。特に射礼・賭射・騎射など、射術を競う儀式の前に行なう武芸演習。

殿上人《てんじょうびと》　四位・五位の廷臣のうち、内裏清涼殿の殿上間に昇ること(昇殿)を許された者の称。天皇の側近として殿上間に詰めて天皇身辺の雑事に奉仕し、輪番制で宿直や供膳に従事した。院・東宮・女院にも昇殿制があった。

纏頭《てんとう》　歌舞・演芸をした者に、褒美として衣類などの品物を与えること。また、その品物。衣類を受けた時、頭にまとったところからいう。

天文密奏《てんもんみっそう》　日蝕・月蝕・月星接近・惑星現象・彗星などの天文変異や、雲気・地震・雷鳴などの気象現象の時、天文博士が変異の状況と吉凶を勘録した奏書を、天皇に密封奏上すること。

踏歌節会《とうかのせちえ》　正月に宮廷で踏歌を奏する公事。十四日の男踏歌と十六日の女踏歌とに分かれていたが、後に女踏歌のみとなった。

所充《ところあて》　諸所の別当を定めて、その行事を分担させること。除目と並行して行なわれた。太政官所充(官所充)・殿上所充・院所充・中宮所充・東宮所充・私第(家)所充などがあった。

祈年祭《としごいのまつり》　一年の豊穣を祈願する律令祭祀。二月四日、神祇官斎院に伯以下の神祇官人、大臣以下諸司の官人、及び諸国神社の祝部が参集、中臣が祝詞を宣り、祝詞の一段ごとに祝部が称唯。次いで大臣以下の拝礼の後、伯の命により忌部が班幣を行ない、祝部が幣物を拝受する。

度者《どしゃ》　剃髪出家することを許された者。得度者。年分度者と、時に応じて勅命により臨時に出家を許された臨時度者とがある。

豊明節会《とよのあかりのせちえ》　新嘗祭・大嘗会の翌日、豊楽院で行なわれる宴。新嘗祭翌日の辰日(大嘗会の時は午日)に天皇が出御し、その年の新穀を天神地祇に奉り、自ら新穀の御膳を食し、群臣に賜わった。

内弁《ないべん》　節会など宮廷内における重要儀式に際し、内裏承明門内(大極殿で行なわれる場合は会昌門内)において、式の進行を主導する官人。

内覧《ないらん》　関白に准じる朝廷の重職。奏上および宣下の文書を内見する職。関白が万機を総攬するのに対し、内覧は太政官文書を内見することが多い。

直物《なおしもの》**・小除目**《こじもく》　除目の行なわれた後に日を改めて、人名その他の書き誤りを訂正する行事が直物で、その際に小除目(臨時除目)を伴うこともあった。

南所《なんしょ》　侍従所とも。本来は太政官の食事所であったが、外記庁の南所として、公卿への中文の準備作業を行なうようになった。

丹生《にう》・貴布禰社《きぶねしゃ》　大和国吉野郡の丹生川上神社と山城国愛宕郡の貴布禰神社。祈雨・止雨を祈る奉幣奉馬が行なわれた。

日記《にっき》　日々の儀式や政務を記録した日記の他に、特に検非違使が事件の経過を記録した文書をいう。盗難・傷害などの事件に際して、検非違使がその経過や被害状況、当事者の言い分を、事件発生直後に和文で直写した文書で、訴訟などの証拠にもなった。

女院《にょういん》　天皇の母后をはじめ、三后、内親王、典侍で院号を宣賜された者。正暦二年に一条天皇生母の皇太后藤原詮子が東三条院の号を宣下され、太上天皇に准じる待遇を与えられたのに始まり、後一条天皇生母の太皇太后藤原彰子の上東門院が続く。宮廷の内外に勢威を振るった女院も現れた。

女官《にょうかん》　朝廷および院宮に仕える女性の官人の総称。上﨟・中﨟・下﨟に区別され、上﨟には典侍・掌侍・命婦、中﨟には女史・女蔵人・女孺、下﨟には樋洗女・長女・刀自・雑仕等があった。

女御《にょうご》　後宮において皇后・中宮の下、更衣の上に格付けられる后妃。臣下の女は、摂関の女であっても入内してまず女御に補され、女御から皇后（中宮）の位に昇ることもあった。

仁王会《にんのうえ》　護国経典の『仁王般若経』を講じて、鎮護国家を祈念する法会。天皇の即位毎に行なわれる一代一度仁王会、一年に春秋各一回行なわれる定季仁王会、臨時仁王会に類別される。

年給《ねんきゅう》　年官と年爵とを併せていう。給主は自己に申任叙権を与えられた官・位への応募者をそれぞれの官・位に申任・申叙して、その間に任料・叙料を得る。

年中行事御障子《ねんじゅうぎょうじのみしょうじ》　宮廷の年中行事を列記して清涼殿に立てた衝立障子。藤原基経が光孝天皇に献上したもので、『年中行事御障子文』の成立は、長和年間（一〇一二―一七）とみられる。

荷前《のさき》　毎年十二月に行なわれる朝廷の奉幣型の山陵祭祀。この奉幣の使者が荷前使。荷前の対象陵墓には変遷があり、流動的であった。また、私的に父祖の墓に奉幣する荷前もあった。

賭弓《のりゆみ》　正月十七日の射礼の翌日、十八日に行なう弓の儀式。賭物を出して弓の勝負を争う。左右近衛・兵衛の荒手結、真手結と称する下稽古を七日、十一日、十三日などに行なった。

陪膳《ばいぜん》　天皇や公卿などの貴人に食膳を供すること、またはそれに奉仕する人。実際に貴人に食膳を供するのを陪膳、陪膳者に食膳を取り次ぐのを益送といって区別した。

拝舞《はいぶ》　儀式で祝意、謝意などを表わす礼の形式。まず再拝し、立ったまま上体を前屈して左右を見、袖に手をそえて左右に振り、次にひざまずいて左右を見て一揖、さらに立って再拝する。

拝礼《はいらい》　元日、院や摂関家などに年賀の礼をすること。

八省院《はっしょういん》　大内裏の正庁で、本来は朝堂院と称した。八省とも。その正殿が大極殿である。

東三条第《ひがしさんじょうてい》　平安京の代表的第宅。藤原良房により創建され、基経・忠平・重明親王・兼家・道隆・道長へと伝領された。里内裏となった他、大饗・立后・立太子・元服など、摂関家の重要な儀式の際に用いられた。本院の南一町には南院が独立して造営された。

引出物《ひきでもの》　大饗や臨時客などの饗宴に出席した貴人や、元服や着裳などの儀式に重要な役を勤めた人に、主人側からお礼の意を込めて贈られる禄の一種で、馬など高価なもの。

非時食《ひじじき》　僧が食事をすべきでない時間、すなわち正午を過ぎて食事をとること。また、その食事。法会の際に出されることが多かった。

疋絹《ひっけん》　「ひきぎぬ」「ひけん」とも。一疋、つまり二反ずつ巻いてある絹。被物に用いられた。

日《ひ》**の上卿**《しょうけい》　期日の定まっている恒例公事の一部について、それに参仕する公卿を公卿分配であらかじめ定めたが、それに指名された公卿を「日の上卿」(略して「日上」)とも称した。

平座《ひらざ》　二孟旬、元日・重陽・豊明などの節会の日に、天皇が紫宸殿に出御しない場合、勅命により、公卿以下侍臣が宜陽殿西廂に設けられた平座に着いて行なった宴のこと。

不堪佃田奏《ふかんでんでんそう》　諸国から年荒、すなわちその年に作付けが行なわれなかった田地を報告してきた申文を奏上する儀。不堪佃田に関わる政務は、大臣への申文(不堪佃田申文)、奏聞(荒奏)、諸卿による議定(不堪佃田定)、再度の奏聞(和奏)などから構成されていた。

諷誦《ふじゅ》　諷詠暗誦の意で、経典・偈頌などを節をつけ、声をあげて読むこと。また、諷誦文は各種の祈願や追善供養のために施物を記入して、僧に経の諷誦を請う文のこと。

仏名会《ぶつみようえ》　宮中ならびに諸国において、毎年十二月に三日三晩にわたって行なわれた仏事。三日間に過去・現在・未来の三世の諸仏の名号を唱えれば、六根の罪障が消滅するといわれていた。

弁官《べんかん》　律令太政官制において律令国家の庶務中枢としての役割を果たした機関。左右大弁・左右中弁・左右少弁は各省の庶務を受け付け、また「因事管隷」し、太政官の判官としての役割を担った。その下部に主典として左右大史・左右少史があり、雑任の左右史生・左右官掌・左右使部が配置されていた。

法興院《ほこいん》　平安京外の東京極大路東、二条末北に一町を占めた寺院。兼家は出家後、本邸を寺院とし、法興院と称した。兼家は別に吉田野に積善寺という寺院を建立していたが、道隆の時、この寺を法興院の中に移した。兼家追善の法華八講が毎年営まれたが、度々焼亡した。

法華八講《ほっけはっこう》・**法華三十講**《ほっけさんじっこう》　『法華経』八巻を八座に分けて、一日を朝・夕の二座に分け、一度に一巻ずつ修し、四日間で講じる法会が法華八講、『法華経』二十八品とその開経である『無量義経』と結経の『観普賢経』とを合わせた三十巻を三十日間に講じたり、また朝夕に各一巻ずつ十五日間で結了したりする法会が法華三十講。

犯土《ぼんど》　掘土・起土に伴う土気の禁忌。深さ三尺以上の際、害があるとされ、本人主宰の犯土は遠近を問わず忌むものとされた。

罷申《まかりもうし》　受領が任地に赴任する時、参内して天皇に御暇を申しあげたり、有力者に別れの挨拶をしたりすること。馬や装束を下賜される場合が多い。

負態《まけわざ》　賭弓・競馬・相撲・蹴鞠などの競技や、闘鶏・囲碁・双六および歌合をはじめとする各種物合などの勝負事に際し、負け方が勝ち方に物品を贈ったり饗応したりする行為。

御修法《みしほ》　国家または個人のために、僧を呼んで密教の修法を行なう法会。

夢想《むそう》　夢の中でおもうこと。また夢に見ること。夢想の内容によっては物忌となる。『小右記』には百四十七回の夢記事が記録されているが、宗教的な夢に加えて自らの昇進や、王権や道長に関する夢を記している点が興味深い。

召仰《めしおおせ》　上位者が下位者を呼び寄せて、特定の任務につくことを命じること。特に、除目や行幸・相撲などの朝廷の行事の役職の任命のために行なわれるものをいうことが多い。

沐浴《もくよく》　水または湯で身体を洗浄すること。『九条殿遺誡』には沐浴を五日に一度とし、吉日を選ぶべきことを述べる。浴槽を設ける建物を湯屋、湯殿といい、沐浴の後には湯帷子を着し、入浴時に腰部を覆う布を湯もじといい、身体をぬぐうには手巾を用いた。

物忌《ものいみ》　「物忌」と書いた簡を用いる謹慎行為。大部分は怪異・悪夢の際、陰陽師の六壬式占で占申される物忌期をいい、怪日を剋する五行の日、十日毎の甲乙両日が特徴。当日は閉門して外来者を禁じ、必要な者は夜前に参籠させる。軽い場合は門外で会ったり、邸内に入れて着座させずに会ったりする場合もある。

弓場始《ゆばはじめ》　射場始とも。天皇が弓場殿に出御し、公卿以下殿上人の賭射を見る儀式。通常十月五日を式日とするが、十一月や十二月に行なわれることもあった。

由の祓《よしのはらえ》　触穢や服喪などにより祭が行なわれなかった時、また祀るべき祭に参加できなかった時、その理由を神に申して行なう祓。

列見《れっけん》　「れけん」とも。毎年二月十一日に六位以下の叙位候補者を大臣、もしくは式部・兵部卿が引見する儀式。

論義《ろんぎ》　経文の意味や教理について問答往復して本旨を明らかにしていくこと。興福寺維摩会竪義、御斎会内論義、維摩会番論義のほか季御読経など、年中行事の仏事の多くで行なわれた。

童殿上《わらわてんじょう》　殿上の作法を身につけるため、有力貴族の子弟が元服前後に昇殿を聴されること。

人物注（五十音順）

敦明王《あつあきら》　九九四〜一〇五一　三条天皇第一皇子。母は藤原済時女の娍子。長和五年、三条天皇譲位の際の命により、後一条天皇即位と同時に東宮となった。しかし、三条院崩御後は、寛仁元年、自ら東宮を辞し、小一条院の号を授けられ、道長女の寛子と結婚した。

敦良親王《あつなが》　一〇〇九〜四五　在位一〇三六〜四五年。一条天皇第三皇子。母は道長女の彰子。兄の後一条天皇の後を承けて長元九年、二十八歳で即位し、後朱雀天皇となる。先帝より厳格であり、天皇の責を果たすのに努めた。御記があったが、今は『江家次第』『江記』等に引かれたものが遺るにすぎない。道長女の嬉子が妃として入宮して後の後冷泉天皇を産み、三条天皇皇女禎子内親王が皇后となって後の後三条天皇を産んだ。

敦成親王《あつひら》　一〇〇八〜三六　在位一〇一六〜三六年。一条天皇第二皇子。母は道長女の彰子。寛弘五年に誕生、同八年に皇太子に立ち、長和五年に践祚して後一条天皇となる。寛仁二年に十一歳で元服、道長三女の威子を妃とした。威子は女御、次いで中宮となり、章子・馨子内親王を産んだ。即位時に道長が摂政となり、寛仁元年に頼通がこれに替わり、同三年以後は関白となった。

敦道親王《あつみち》　九八一〜一〇〇七　冷泉天皇第四皇子。母は藤原兼家女の超子。幼時より藤原兼家の東三条第南院で育てられた。藤原道隆三女と結婚した。大宰帥となり、寛弘四年、薨去。和泉式部との関係で知られる。

敦康親王《あつやす》　九九九〜一〇一八　一条天皇第一皇子。母は藤原道隆女の定子。長保二年、母定子が薨去したため、中宮彰子が後見することとなり、道長の庇護下に入った。寛弘五年に道長の外孫敦成親王（後の後一条天皇）が誕生すると、道長の後見を失った。大宰帥、式部卿に任じられる。再三にわたり東宮候補となったが、いずれも果たせないまま終わった。

安倍吉平《あべのよしひら》　九五四～一〇二六　陰陽家。晴明男。賀茂光栄と並んで陰陽道の大家の一人。陰陽博士、陰陽助、主計頭等を歴任。道長をはじめ、天皇・貴紳の信任を得て、祓や祭を行なった。

一条《いちじょう》天皇　九八〇～一〇一一　諱は懐仁《やすひと》（「かねひと」とも）親王。在位九八六～一〇一一年。円融天皇第一皇子。母は藤原兼家女の詮子。永観二年、東宮となり、二年後の寛和二年の花山天皇出家の後、七歳で即位した。摂政兼家の死後、道隆が摂政、道兼が関白、長徳元年、道長が内覧となった。寛弘八年、病により居貞親王に譲位（三条天皇）、一条院において崩御。温厚な性格で学才もあり、笛に練達した。貴族層、特に道長との調和に努め、摂関政治の全盛期と、王朝文化の最盛期を現出させた。『一条天皇御記』があったことが知られる。

大江匡衡《おおえのまさひら》　九五二～一〇一二　学者。重光男。赤染衛門を室とし、挙周・江侍従を儲ける。永祚元年、文章博士に任じられる。博士として長保、寛弘の年号を勘申。長和元年、式部大輔兼文章博士・侍従・丹波守で卒去。和漢の才に秀でていた。

居貞《おきさだ》親王　九七六～一〇一七　諱は「いやさだ」とも。後の三条天皇。在位一〇一一～一〇一六年。冷泉天皇第二皇子。母は藤原兼家女の超子。寛和二年に立太子、四半世紀に及ぶ東宮の後、三十六歳で即位。藤原娍子（済時女）と妍子（道長女）を皇后と中宮にした。道長とは反りが合わず、実資を頼りとした。道長は天皇の眼病を理由に、譲位を迫った。第一皇子敦明親王の立太子を条件に、長和五年に譲位。寛仁元年に出家し、崩御。

花山《かざん》院　九六八～一〇〇八　諱は師貞《もろさだ》親王。在位九八四～八六年。冷泉天皇の第一皇子。母は藤原伊尹女の懐子。二歳で立太子、十七歳で即位したが、有力な後見はなく、藤原兼家一門によって、寛和二年、内裏を抜け出し、花山寺に入って出家、退位した。その後、書写山・比叡山で修行し、風流三昧の生活を送った。

『拾遺集』の撰者に擬せられている。

賀茂光栄《かものみつよし》　九三九～一〇一五　陰陽・暦家。保憲の子。権暦博士、大炊権頭、播磨権介、大炊頭を経て右京権大夫に至る。安倍晴明と並び称せられ、朝廷や貴族のために祭祓・日時勘申・式占等を奉仕した。後世、光栄の子孫によって暦博士が独占された。

観修《かんしゅう》　九四五～一〇〇八　天台寺門派の僧。俗姓紀氏。勢祐に入室。勝算・慶祚・穆算とともに余慶の四神足といわれた。長徳三年、園城寺長吏に補される。山門派との対立による難を避け、同門三十人と山城国愛宕郡長谷の解脱寺に移り、長谷僧正と呼ばれた。修法に秀で、当時の貴紳の病に際しては度々加持を行なっている。特に道長の信任を得た。

義蔵《ぎぞう》　九五〇～没年未詳　東大寺僧。俗姓多治氏。奝然と山城国愛宕山に伽藍を建立することを誓約した（『義蔵奝然結縁手印状』）。時に伝灯大法師位。永祚元年、いまだ建立をみない五台山清凉寺の阿闍梨に任じられる。しばしば実資の許を訪れ、言談している。

慶円《きょうえん》　九四四～一〇一九　天台僧。父については、藤原連貞説、藤原道明説、藤原尹文説等がある。喜慶に師事。一条天皇の出家に際して戒師を勤め、臨終に際しては一旦天皇を蘇生させた。長和三年、天台座主となる。道長とは確執があった。天皇・貴族に深い帰依を受けた。

滋野善言《しげののよしとき》　九四七～没年未詳　もと小槻氏。正暦二年に改姓。文章生出身。外記を歴任し大外記となった他、主税頭・播磨権介・安房守等を兼ねた。

証空《しょうくう》　生没年未詳　世系は明らかでない。天台宗園城寺僧。特に実資一家と関わりが深く、しばしば加持修善を行なった。出家していた実資の姉は証空の中川車宿に住していたようである。

定澄《じょうちょう》　九三五～一〇一五　興福寺僧。俗姓壬生氏。寛空の弟子。長保三年、興福寺別当に補される。特に道長の信任を得、道長家の法華八講、大般若経供養等の講師、および浄妙寺多宝塔供養、金峯山詣の経供養、阿弥陀経供養等に呪願を勤めた。

菅野敦頼《すがののあつより》　生没年未詳　筑後守、大外記、大膳大夫を歴任。実資家家人として実資の信頼を集め、「親昵家人」と呼ばれた。実資は敦頼に対して給官を道長に請い、また淡路守赴任に際して道長から拝領した馬を与えたりしている。

菅原輔正《すがわらのすけまさ》　九二五〜一〇〇九　在躬の子で、道真の曾孫。文章得業生から右少弁、大学頭、東宮学士、文章博士となり、長徳二年、参議に任じられ、式部大輔を兼ねた。

平　惟仲《たいらのこれなか》　九四四〜一〇〇五　珍材男。大学頭、右中弁等を歴任。左大弁・勘解由長官等を兼任し、長徳四年、中納言に昇進。長保三年、大宰権帥を兼任、任地に赴く。任地において、宇佐神宮の神人等から訴えられたため、寛弘元年、釐務を停められ、大宰府において薨去。

平親信《ちかのぶ》　九四六〜一〇一七　真材男。文章生、蔵人、検非違使等を経て、右衛門権佐、越前守、修理大夫、山城守等を歴任。造宮賞により従二位の高位に上る。寛弘七年、大宰大弐として下向。長和四年、参議に任じられる。日記『親信卿記』は、子孫の日記とともに「平記」と総称される。

婉子《つやこ》**女王**　九七二〜九八　村上天皇皇子為平親王女。母は源高明女。寛和元年七月に花山天皇女御忯子が卒した後、同年十二月、十四歳で入内、女御となる。同二年六月、天皇出家後、藤原道信・実資と交渉を持ち、実資の室となった。

具平《ともひら》**親王**　九六四〜一〇〇九　村上天皇第七皇子。母は代明親王女の荘子女王。室に為平親王女(母は源高明女)がおり、源師房・隆姫女王(藤原頼通室)などを儲けた。兼明親王の前中書王に対し後中書王と称されるほど漢詩の才に恵まれ、「天下之一物」と評された。

脩子《ながこ》**内親王**《ないしんのう》　九九六〜一〇四九　一条天皇第一皇女。母は藤原道隆女の定子。同母弟妹に敦康親王・媄子内親王がいた。寛弘四年には一品に叙され、年官年爵を賜り、三宮に准じられた。

選子《のぶこ》**内親王**　九六四〜一〇三五　賀茂斎院、歌人。村上天皇第十皇女。母は藤原師輔女の安子。天延三年、賀茂斎院に卜定。以来、円融・花山・一条・三条・後一条の五代五十七年にわたり奉仕、大斎院と称された。貴族社会との盛んな交流の実態が諸書に描かれている。

藤原彰子《ふじわらのあきこ》　九八八〜一〇七四　一条天皇中宮。後一条・後朱雀天皇の母。道長一女。母は源倫子。長保元年、入内、女御となり、翌二年、中宮となった。寛弘五年に敦成親王(後の後一条天皇)、翌六年に敦良親王(後の後朱雀天皇)を産む。長和元年に皇太后、寛仁二年に太皇太后となる。万寿三年に出家し、上東門院の称号を受け女院となった。

藤原顕光《あきみつ》　九四四〜一〇二一　兼通の一男。母は昭子女王。応和元年に叙爵、左衛門佐、蔵人を経て、天延二年、蔵人頭。後、左大臣に至る。官人としての資質に乏しく、往々に批判、嘲笑の対象となった。また女の元子と延子は天皇・東宮に婚したが、ミウチ関係の構築には失敗した。「悪霊左府」と称された。

藤原有国《ありくに》　九四三〜一〇一一　官人、詩人。父は輔道。文章生出身で、播磨・石見・越後・信濃等の地方官、右大弁、蔵人頭、勘解由長官、大宰大弐に任じられた。道長の家司でもあった。

藤原兼隆《かねたか》　九八五〜一〇五三　道兼の二男。長徳元年に叙爵、寛弘五年に参議となる。寛仁三年に権中納言、治安三年に転正。寛仁元年に敦明親王の東宮辞退をそそのかし、道長の外孫敦良親王の立坊を工作したのは兼隆であったという(『大鏡』)。

藤原懐忠《かねただ》　九三五〜一〇二〇　元方の九男。左衛門佐、右少将、左中将、左中弁、右大弁、蔵人頭等を歴任し、永祚元年に参議、正暦五年に権中納言、翌六年に転正。寛弘六年には大納言民部卿であったが、大納言を辞し、以後は民部卿の地位にとどまる。

藤原懐平《かねひら》　九五三〜一〇一七　実頼孫、斉敏男。同母弟に実資がいる。元は懐遠《かねとお》と称した。懐平男の資平は実資の養子となっている。侍従、少納言、蔵人、右中弁、修理大夫等を歴任し、長和二年に権中納言となる。その室は行成母の同母妹(源保光女)。

藤原妍子《きよこ》　九九四～一〇二七　道長の二女。母は源倫子。寛弘元年に尚侍となり、同七年に東宮居貞親王（後の三条天皇）の許に入る。同八年に女御、長和元年に娍子に先立ち中宮となる。翌二年に禎子内親王を出産するが、皇子でなかったことから道長は露骨な不快感を示した。寛仁二年に皇太后となった。万寿四年に落飾、即日、崩御。

藤原公季《きんすえ》　九五七～一〇二九　師輔の十一男。母は康子内親王。室に有明親王女がいた。永観元年に参議、正暦二年に中納言、長徳元年に大納言、同三年に内大臣、寛仁元年に右大臣となり、治安元年には太政大臣に任じられた。その後裔は閑院流と呼ばれ、天皇家の外戚となった。

藤原公任《きんとう》　九六六～一〇四一　頼忠の一男。母は厳子女王。通称は四条大納言。歌人、歌学者としても有名。長保三年に権中納言・左衛門督、同四年に中納言、寛弘六年に権大納言となった。藤原斉信・同行成・源俊賢とともに「寛弘の四納言」と称されるように、多才で有能な政務家でもあった。儀式書『北山抄』を著した。

藤原伊周《これちか》　九七四～一〇一〇　道隆嫡男。母は高階貴子。同母兄弟に隆家・隆円・定子がいる。内大臣に上り、長徳元年には関白病間という条件付きで内覧宣旨を受けたが、父の死後、内覧を停められた。翌二年、弟隆家とともに従者が花山院の従者と闘乱し、この罪に東三条院呪詛等の不敬罪も加えられ、大宰府に左遷。翌三年に許されて入京、長保三年に本位に復した。寛弘六年、藤原彰子・敦成親王・道長の呪詛事件に連坐して朝参を禁じられ、翌年、薨去。

藤原定頼《さだより》　九九五～一〇四五　公任男。母は昭平親王女。弁官等を歴任した後、寛仁四年に参議に上り、権中納言に至った。歌人。音楽にも長じ、能書家としても有名。

藤原実資姉　九四九～一〇一八　斉敏女。母は藤原尹文女。実頼の養女となり、尼となって室町に住んだ。実資がしばしば訪れている。

藤原実資室　九七七～没年未詳　はじめ婉子女王の女房となり、婉子女王の没後、実資の妾(または召人)となる。「今北の方」とも称された。正暦四年に夭亡した子と、千古を産む。晩年は出家し、「角殿の尼上」と呼ばれた。

藤原実資室　生没年未詳　寛和元年に「小児」と見える子、永観元年に良円を産んだ。はじめは室町殿に住み、後に小野宮に引き取られ、妾(または召人)となった。正暦の終わりか長徳のはじめに死去したか。

藤原実資男　生没年未詳　寛弘二年に初見。「町尻殿弁腹の小童」と見える。童名観薬。寛弘八年に明年の元服が定められている。

藤原実資女　九八五～没年未詳　「小児」と見える。正暦四年に受戒、「小尼」と呼ばれた。

藤原実成《さねなり》　九七五～一〇四四　公季男。母は有明親王女。侍従、少納言、兵部大輔、右中将等を歴任し、寛弘元年に蔵人頭、同五年に参議となり、中納言に至る。この間、中宮権亮・左兵衛督・検非違使別当・右衛門督・大宰権帥等を兼帯。

藤原実頼《さねより》　九〇〇～七〇　忠平嫡男。母は宇多皇女源順子。男に敦敏・頼忠・斉敏がいたが、孫の佐理・実資を養子とした。父忠平薨去の後を承け、太政大臣・関白・摂政となったが、外戚関係を築くことができず、自らを「揚名関白」と呼んだ。諡を清慎公といい、日記『清慎公記』(『水心記』とも)があったが、公任の代に散逸している。

藤原娍子《すけこ》　九七二～一〇二五　大納言済時の一女。母は源延光女。三条天皇皇后。敦明・敦儀・敦平・師明親王、当子・禔子内親王を産む。宣耀殿女御と称された。東宮妃として正暦二年に入侍。寛弘八年に女御となり、長和元年に皇后となる。遅れて入内した妍子が先に中宮となり、道長は娍子の立后を妨害した。後一条天皇の皇太子となった敦明親王は、寛仁元年に皇太子を辞退した。

藤原資平《すけひら》　九八六～一〇六七　懐平男、実資の養子。母は源保光女。長徳三年に叙爵。少納言等を経て、長和二年に左中将、同四年に蔵人頭、寛仁元年に参議となる。長元二年に権中納言、康平四年に権大納言に任じられた。治暦元年に転正。実資の耳目・手足としても活動している。

藤原隆家《たかいえ》　九七九～一〇四四　道隆男。母は高階貴子。長徳元年に中納言に任じられたが、同二年、花山院闘乱事件により但馬国に配流。同四年、帰京。長保四年に権中納言、寛弘六年に中納言に更任。長和三年に大宰権帥。在任中の寛仁三年に刀伊の入寇があり、これを撃退した。

藤原高遠《たかとお》　九四九～一〇一三　斉敏男。母は藤原尹文女。実資の同母兄。左兵衛督等を経て、大宰大弐となったが、筑前守の訴状により大弐を停められ上京。中古三十六歌仙の一人。笛の名手で、一条天皇の笛の師であった。

藤原威子《たけこ》　九九九～一〇三六　後一条天皇中宮。道長三女。母は源倫子。長和元年に尚侍に任じられ、寛仁二年に十一歳の後一条天皇に二十歳で入内。女御、中宮となり、太皇太后彰子・皇太后妍子とともに道長の女三人が后として並んだ。後一条天皇の後宮には、他の女性が入ることはなかった。万寿三年に章子内親王、長元二年に馨子内親王を出産。

藤原忠輔《ただすけ》　九四四～一〇一三　国光の二男。文章得業生より兵部少丞、少輔と進み、東宮学士、大学頭に任じられ、長徳二年に参議に上った。さらに右大弁、左大弁に任じられ、寛弘二年に権中納言に上った。

藤原斉敏《ただとし》　九二八～七三　実頼の三男。母は藤原時平女。室に藤原尹文女があり、高遠・懐平・実資（実頼の養子）を儲けた。参議となるが、参議兼右衛門督検非違使別当で薨去した。

藤原斉信《ただのぶ》　九六七～一〇三五　為光の二男。道長の恪勤として知られ、藤原公任・同行成・源俊賢と並び「寛弘の四納言」と称された。正暦五年に蔵人頭となり、長徳二年に参議に任じられ、大納言に至る。詩人としても秀でていた。

藤原経通《つねみち》　九八二～一〇五一　懐平男。同母弟に資平がいる。永祚二年に叙爵。長和五年に蔵人頭、寛仁三年に参議、長元二年に権中納言となる。実資は経通の才学を認めながらも、摂関家に追従する行動にはしばしば批判的であった。

藤原時光《ときみつ》 九四八〜一〇一五 兼通の二男。少納言、春宮亮、右中将等を経て、天延三年に蔵人頭、貞元元年に参議となり、左兵衛督、大蔵卿を歴任。長徳三年に中納言に上り、尹中納言と称された。

藤原知章《ともあきら》 生年未詳〜一〇一三 元名男。加賀・筑前・伊予・近江等の国守を歴任。道長の家司として信任篤く、寛弘四年に道長が金峯山参詣のため精進所に入った時は籠人の一人に含まれた。

藤原遵子《のぶこ》 九五七〜一〇一七 円融天皇の後宮。太皇太后。頼忠の一女。母は厳子女王。天元元年に入内、女御宣旨を蒙り、弘徽殿女御と称された。同五年に中宮となったが、既に兼家女の女御詮子に懐仁親王(後の一条天皇)が生まれていた。正暦元年に皇后となり、長徳三年に出家。

藤原教通《のりみち》 九九六〜一〇七五 道長の五男。母は源倫子。長和二年に権中納言に任じられる。康平三年に左大臣となり、治暦四年に後三条天皇が即位すると、関白に就任。延久二年に太政大臣となる。日記『二東記』を記したことが知られる。父道長の薨去後、兄頼通との間に政権をめぐる確執を生じた。頼通とともに外戚の地位を得ることができず、摂関の勢力は急速に衰えた。

藤原広業《ひろなり》 九七七〜一〇二八 有国の男。文章生より出身し、蔵人、右少弁、東宮学士等を歴任し、寛弘五年に文章博士となる。寛仁四年に参議となり、式部大輔を兼帯。

藤原正光《まさみつ》 九五七〜一〇一四 兼通の六男。侍従、左馬頭等を歴任し、寛弘元年に参議兼大蔵卿に任じられる。道長の姉詮子に皇太后宮権亮として、また道長女彰子に中宮亮として仕えた。道長の恪勤上達部の一人と目された。清少納言は正光の聴覚の鋭かったことを記している。

藤原道綱《みちつな》　九五五〜一〇二〇　兼家の二男。母は藤原倫寧女。正暦二年に参議、長徳二年に中納言兼右大将、同三年に大納言兼春宮大夫、寛弘四年に東宮傅。北の方は源雅信四女、その死後、源頼光女を妻とした。政治的な手腕や才能には乏しいとされ、公事の場でも失態が多かった。

藤原通任《みちとう》　九七三?〜一〇三九　師尹の孫、済時の男。異母姉に三条天皇皇后娍子がいる。三条天皇の東宮時代に春宮亮を勤め、寛弘八年、天皇践祚に伴い蔵人頭となる。同年に参議となり、長元八年に権中納言に至る。道長の病の折、これを喜ぶ公卿の一人と噂された。

藤原道長《みちなが》　九六六〜一〇二七　兼家の五男。母は藤原中正女の時姫。父の摂政就任後に急速に昇進し、長徳元年、三十歳の時に、兄である道隆・道兼の薨去により、一条天皇の内覧となって、政権の座に就いた。右大臣、次いで左大臣にも任じられ、内覧と太政官一上の地位を長く維持した。道隆嫡男の伊周を退けた後は政敵もなく、女の彰子・妍子・威子を一条・三条・後一条天皇の中宮として立て、「一家三后」を実現するなど、摂関政治の最盛期を現出させた。

藤原元子《もとこ》　生没年未詳　一条天皇女御。後、源頼定の妾妻。父は顕光。中宮定子が退下中、入内した。長徳四年、皇子誕生の期待をになって産気付いたものの破水した。以来、堀河院に里居を続けたが、一条天皇はしばしば元子を内裏に参入させ、その都度、道長に警戒された。

藤原行成《ゆきなり》　九七二〜一〇二七　伊尹の孫、義孝の男。長徳元年に蔵人頭に抜擢され、弁官を歴任し、長保三年に参議となった。寛弘六年に権中納言、寛仁四年に権大納言に昇任。道長と同日に没した。一条天皇の信任篤く、執政の左大臣道長にも重んじられ、源俊賢・藤原公任・同斉信とともに後世「寛弘の四納言」と称された。彰子立后、敦成立太子を一条天皇に進言し、道長の権力確立に尽力。和様の最高の能書としても尊重され、三蹟に数えられている。日記『権記』を残す。

藤原能信《よしのぶ》　九九五〜一〇六五　道長の四男。母は源明

子。長和二年に蔵人頭となり、長和五年に権中納言に任じられ、治安元年には権大納言に上った。この間、春宮大夫等を兼帯するものの、四十五年間、官位の昇進はなかった。兄頼通との確執によるものとされる。これに対し能信は、藤原氏と外戚関係を持たない尊仁親王(後の後三条天皇)の擁立に尽力した。

藤原頼通《よりみち》　九九二～一〇七四　道長の一男。母は源倫子。宇治殿と称する。姉の彰子所生の後一条天皇の在位二年目の寛仁元年、道長からの譲で摂政となった。これ以後、後一条、後朱雀、後冷泉の三代にわたり五十一年間も摂関の座にあった。治暦三年に准三后となり、関白職を嫡子の師実に将来譲渡するという約束のもと、弟の教通に譲り、宇治に隠退した。

藤原頼宗《よりむね》　九九三～一〇六五　道長の二男。母は源明子。侍従、左右少将等を経て、長和三年に権中納言に任じられる。以後、右大臣まで上る。この間、左右衛門督・検非違使別当・皇太后宮権大夫・春宮大夫・按察使・右大将等を兼帯。居処に因み、堀河右大臣と称された。

源経房《みなもとのつねふさ》　九六九～一〇二三　高明の四男。母は藤原師輔の五女。侍従、蔵人頭等を経て、寛弘二年に参議となる。長和四年に権中納言に昇任。寛仁四年に大宰権帥として赴任し、大宰府で薨去。

源経頼《つねより》　九八五～一〇三九　雅信孫、扶義男。弁官や蔵人を歴任し、長元三年参議となり、正三位に至った。二十五年間にわたって弁官職を勤め、実務に精通した。日記『左経記』を遺している他、『類聚符宣抄』も編纂したものと推定される。

源俊賢《としかた》　九五九～一〇二七　高明男。母は藤原師輔の三女。妹に道長室明子がいる。正暦三年に蔵人頭、長徳元年に参議となり、権大納言まで上る。この間、勘解由長官・修理大夫・治部卿・中宮権大夫・皇太后宮大夫等を兼帯。道長の最も強力な支持者の一人であり、藤原行成・同公任・同斉信とともに「寛弘の四納言」とたたえられた。

源倫子《ともこ》　九六四～一〇五三　雅信女。母は藤原穆子。

道長の嫡室として頼通・教通・彰子・妍子・威子・嬉子を儲けた。永延元年、時に左京大夫であった道長と婚す。長徳四年に従三位に昇叙され、寛弘五年には従一位にまで上る。長和五年に准三宮となった。治安元年に出家。

源道方《みちかた》　九六九～一〇四四　重信の五男。侍従、右兵衛権佐、少納言を経て弁官となる。その間、宮内卿・蔵人頭・勘解由長官を兼任し、長和元年に参議に任じられた。寛仁四年に権中納言となり、皇太后宮権大夫を兼ねて「宮の大夫」と呼ばれた。文才と管絃の才に長じていた。

源頼定《よりさだ》　九七七～一〇二〇　為平親王の二男。母は源高明女。右中将、蔵人頭等を歴任し、寛弘六年に参議となる。藤原伊周の花山院闘乱事件に連坐し勘事に処せられたこともあるが、一条天皇時代の高名の雲客で、「天下之一物」（『続本朝往生伝』）と評された。また、三条天皇東宮時代の尚侍藤原綏子や、一条天皇崩御後、その女御であった藤原元子との密通事件で艶名を流した。

冷泉院《れいぜい》　九五〇～一〇一一　諱は憲平《のりひら》親王。在位九六七～六九年。村上天皇第二皇子。母は藤原師輔女の安子。生後二か月で皇太子となる。応和三年に元服、康保四年に践祚。安和の変の五か月後の安和二年に譲位。冷泉院を後院とした。後、朱雀院、鴨院、東三条第南院を御所とした。諸説話には冷泉の「狂気」が語られるが、政治的作為の可能性もある。

年譜

＊寛弘二年―八年は本巻収録範囲

年次	西暦	天皇	年齢	官位	事績	参考事項
天徳元年	九五七	村上	一		誕生	
康保三年	九六六	村上	一〇	蔵人所小舎人		是歳、藤原道長誕生
安和二年	九六九	冷泉／円融	一三	従五位下 侍従	二月、元服	三月、源高明配流
天禄元年	九七〇	円融	一四		正月、昇殿	五月、藤原実頼薨去
天禄二年	九七一	円融	一五	右兵衛佐		
天延元年	九七三	円融	一七	右少将	この頃、源惟正女と結婚	二月、藤原斉敏卒去
天延二年	九七四	円融	一八	従五位上		三月、藤原兼通関白
貞元元年	九七六	円融	二〇			五月、内裏焼亡 七月、堀河院遷御
貞元二年	九七七	円融	二一	正五位下	日記を書き始めたか	七月、内裏還御 十月、藤原頼忠関白
天元三年	九八〇	円融	二四	従四位下 従四位上		六月、懐仁親王(後の一条天皇)誕生 十一月、内裏焼亡 十二月、太政官庁遷御

天元四年	九八一	円融	二五	蔵人頭		十月、内裏還御
天元五年	九八二	円融	二六	兼中宮亮		三月、藤原遵子皇后 十一月、内裏焼亡 十二月、堀河院遷御
永観元年	九八三	円融	二七	左中将	是歳、良円誕生	八月、奝然入宋
永観二年	九八四	円融／花山	二八	蔵人頭		八月、内裏還御 十一月、『医心方』
寛和元年	九八五	花山	二九	兼中宮権大夫		四月、『往生要集』 八月、円融上皇出家
寛和二年	九八六	花山／一条	三〇	正四位下	五月、源惟正女死去	六月、藤原兼家摂政 八月、奝然帰朝 是歳、藤原資平誕生
永延元年	九八七	一条	三一	蔵人頭	五月、痢病	
永延二年	九八八	一条	三二		十月、腰病	十一月、尾張国郡司百姓、守を愁訴
永祚元年	九八九	一条	三三	参議	円融上皇の使として諸社に祈願	
正暦元年	九九〇	一条	三四	従三位	十一月、女(薬延)死去	五月、藤原道隆摂政 十月、藤原定子中宮

年次	西暦	天皇	年齢	官位	事績	参考事項
正暦二年	九九一	一条	三五	兼左兵衛督		二月、円融上皇崩御 九月、藤原詮子東三条院
正暦四年	九九三	一条	三七		二月、子、生まれ夭亡 この頃、婉子女王と結婚	四月、道隆関白
長徳元年	九九五	一条	三九	検非違使別当 権中納言 兼右衛門督 兼太皇太后宮大夫		三月、藤原伊周内覧 四月、道隆薨去、藤原道兼関白 五月、道長内覧 是歳、疫病蔓延
長徳二年	九九六	一条	四〇	中納言	六月、一条天皇より恩言有り	四月、伊周・隆家左遷
長徳三年	九九七	一条	四一		七月、藤原道綱に超越される	四月、伊周・隆家、赦免
長徳四年	九九八	一条	四二		七月、婉子女王死去	
長保元年	九九九	一条	四三	正三位	十月、藤原彰子入内の屏風歌を辞退	六月、内裏焼亡、一条院遷御 十一月、定子、敦康親王出産
長保二年	一〇〇〇	一条	四四	従二位		二月、彰子中宮・定子皇后

						十月、内裏還御 十二月、定子、媄子内親王出産、崩御
長保三年	一〇〇一	一条	四五	権大納言 兼右大将	正月、資平左兵衛佐	十一月、内裏焼亡、一条院遷御 閏十二月、詮子崩御 是頃、『枕草子』
長保五年	一〇〇三	一条	四七	正二位		十月、内裏還御
寛弘二年	一〇〇五	一条	四九			十一月、内裏焼亡、東三条第遷御
寛弘三年	一〇〇六	一条	五〇		正月、資平少納言	三月、一条院遷御 十二月、紫式部、彰子に出仕
寛弘四年	一〇〇七	一条	五一	兼按察使	是歳、藤原資房誕生	
寛弘五年	一〇〇八	一条	五二		十一月、敦成親王五十日の儀で紫式部と語る	九月、彰子、敦成親王(後の後一条天皇)出産 是頃、『源氏物語』
寛弘六年	一〇〇九	一条	五三	大納言		十月、一条院焼亡、枇杷殿遷御 十一月、彰子、敦良親王(後の後朱雀天皇)出産

年次	西暦	天皇	年齢	官位	事績	参考事項
寛弘七年	一〇一〇	一条	五四			十一月、一条院還御
寛弘八年	一〇一一	一条／三条	五五			八月、内裏遷御
長和元年	一〇一二	三条	五六		四月、藤原娍子立后の内弁を勤む	二月、藤原妍子中宮 四月、娍子皇后
長和二年	一〇一三	三条	五七		五月、紫式部を介し彰子と接触	
長和三年	一〇一四	三条	五八		三月、資平、蔵人頭に補されず	二月、内裏焼亡 四月、枇杷殿遷御
長和四年	一〇一五	三条	五九		二月、資平蔵人頭 九月、三条天皇より密勅	九月、内裏還御 十一月、内裏焼亡、枇杷殿遷御
長和五年	一〇一六	三条／後一条	六〇		正月、春宮大夫を固辞	正月、道長摂政 六月、一条院遷御
寛仁元年	一〇一七	後一条	六一		三月、資平参議	三月、藤原頼通摂政 八月、敦明親王東宮を辞し、敦良親王立太子
寛仁二年	一〇一八	後一条	六二			四月、内裏遷御 十月、藤原威子中宮（一家三后）

寛仁三年	一〇一九	後一条	六三		六月、藤原顕光左大臣辞任の風聞 九月、千古に遺領処分	三月、道長出家 四月、刀伊の入寇 十二月、頼通関白
治安元年	一〇二一	後一条	六五	右大臣 兼皇太子傅		
万寿元年	一〇二四	後一条	六八		十二月、千古着裳	二月、京都大火
万寿三年	一〇二六	後一条	七〇		四月、輦車を聴される	正月、彰子出家、上東門院となる
万寿四年	一〇二七	後一条	七一		正月、千古と藤原長家の婚儀頓挫	十二月、道長薨去
長元元年	一〇二八	後一条	七二			六月、平忠常の乱
長元二年	一〇二九	後一条	七三		正月、資平権中納言 十一月、千古、藤原兼頼と結婚	
長元三年	一〇三〇	後一条	七四		九月、『小右記』六年分を資平に遣わす	
長元五年	一〇三二	後一条	七六		『小右記』写本、この年で終わる	
長元九年	一〇三六	後一条／後朱雀	八〇		四月、皇太子傅を止められる	

年次	西暦	天皇	年齢	官位	事績	参考事項
長暦元年	一〇三七	後朱雀	八一	従一位	三月、右大将辞任を請う、聴されず	
長暦二年	一〇三八	後朱雀	八二		六月、資房蔵人頭	
長久元年	一〇四〇	後朱雀	八四		『小右記』逸文、この年まで	六月、長久の荘園整理令
長久三年	一〇四二	後朱雀	八六		正月、資房参議	
長久四年	一〇四三	後朱雀	八七		十一月、右大将を辞す	
寛徳元年	一〇四四	後朱雀	八八		六月、致仕を請う、聴されず	
寛徳二年	一〇四五	後朱雀／後冷泉	八九			十月、寛徳の荘園整理令
永承元年	一〇四六	後冷泉	九〇		正月十八日、出家・薨去	

系図

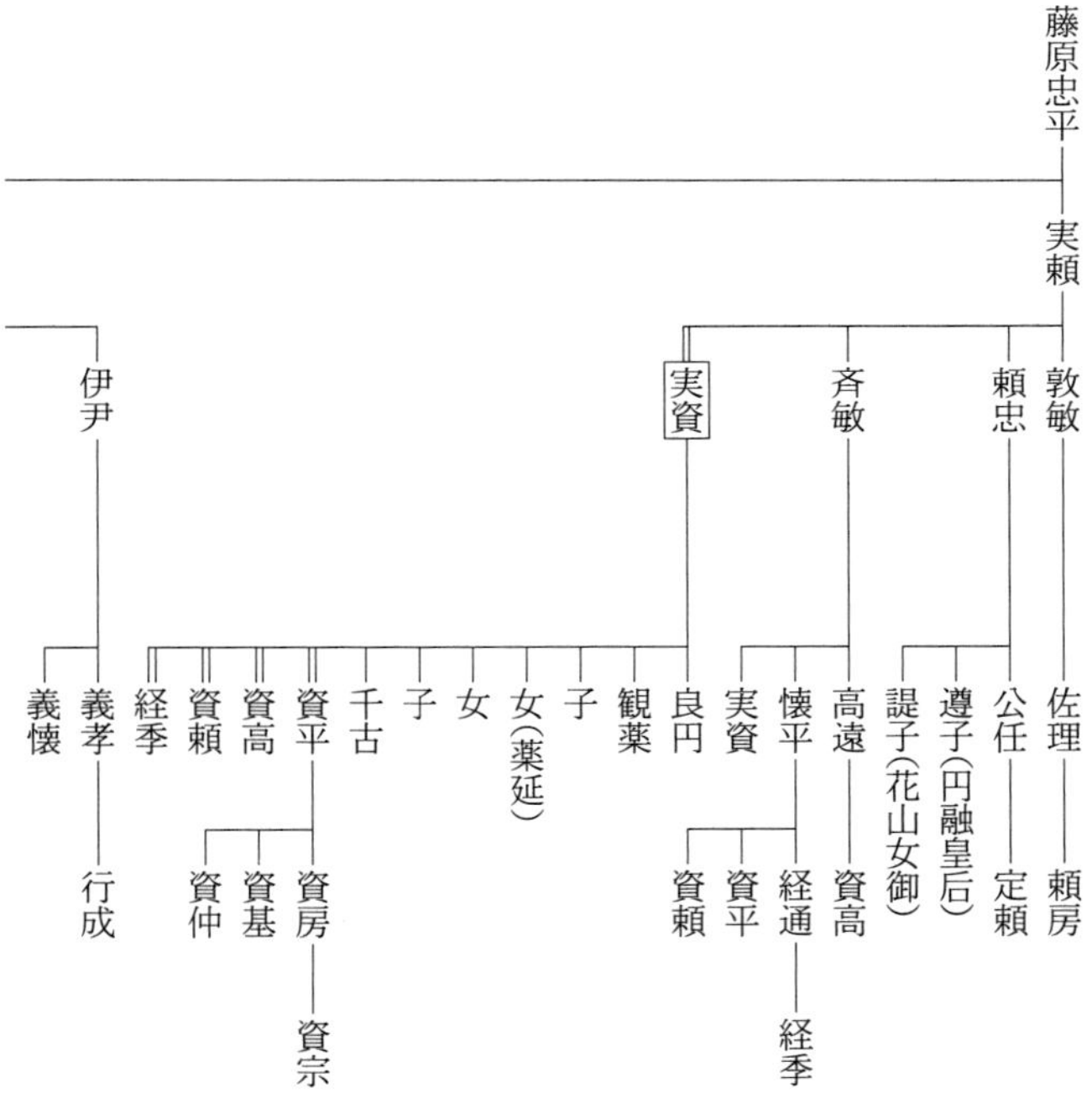
藤原忠平
実頼
敦敏
頼忠
斉敏
実資
伊尹
佐理
頼房
公任
定頼
遵子（円融皇后）
諟子（花山女御）
高遠
資高
懐平
経通
経季
資平
資頼
実資
良円
観薬
子
女（薬延）
女
子
千古
資平
資房
資宗
資基
資仲
資高
資頼
経季
義孝
行成
義懐

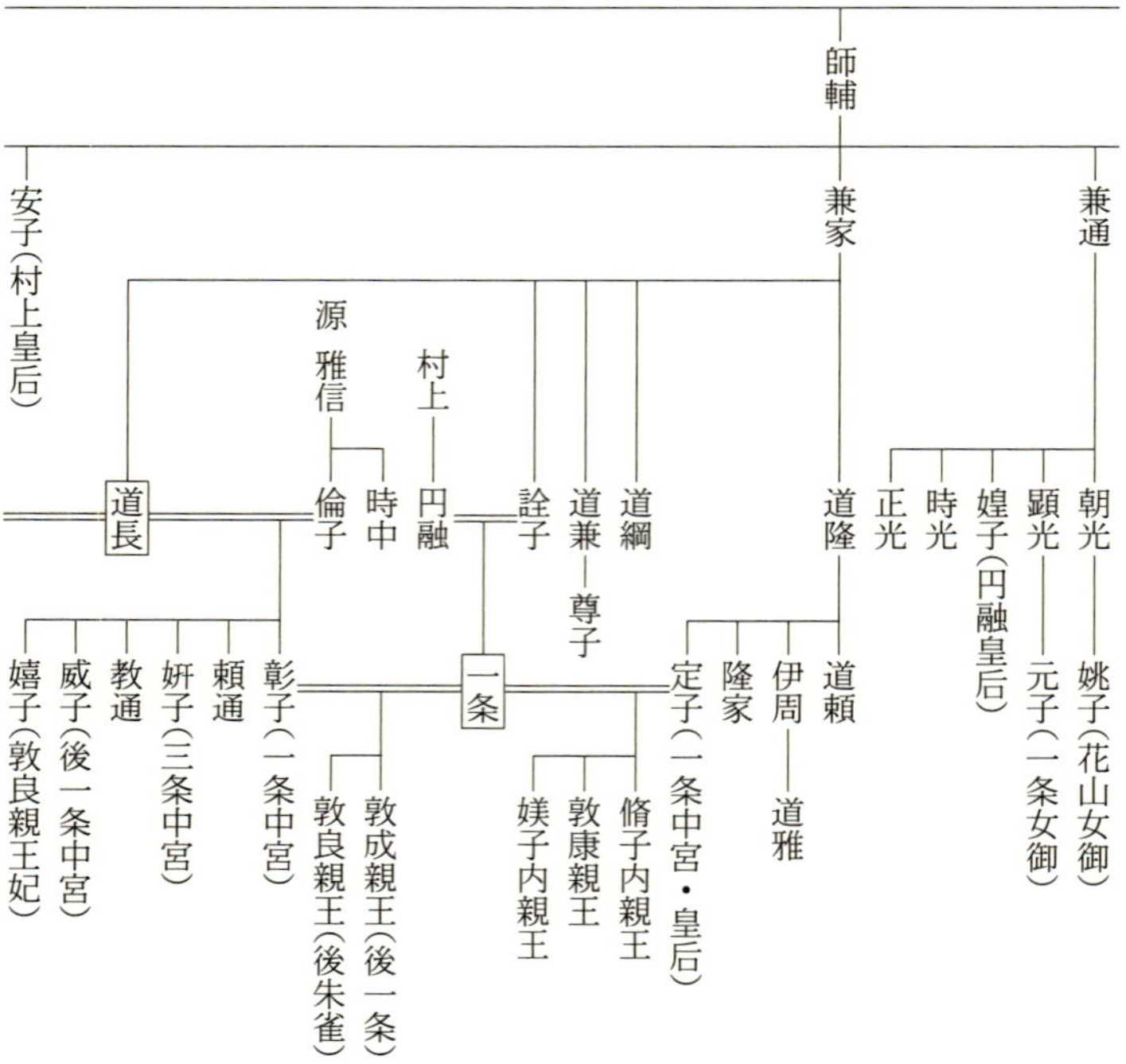
師輔
兼通
兼家
安子(村上皇后)
朝光
顕光
媓子(円融皇后)
時光
正光
姚子(花山女御)
元子(一条女御)
道隆
道綱
道兼
詮子
村上
円融
源
雅信
時中
倫子
道長
尊子
道頼
伊周
隆家
定子(一条中宮・皇后)
道雅
一条
脩子内親王
敦康親王
媄子内親王
敦成親王(後一条)
敦良親王(後朱雀)
彰子(一条中宮)
頼通
妍子(三条中宮)
教通
威子(後一条中宮)
嬉子(敦良親王妃)

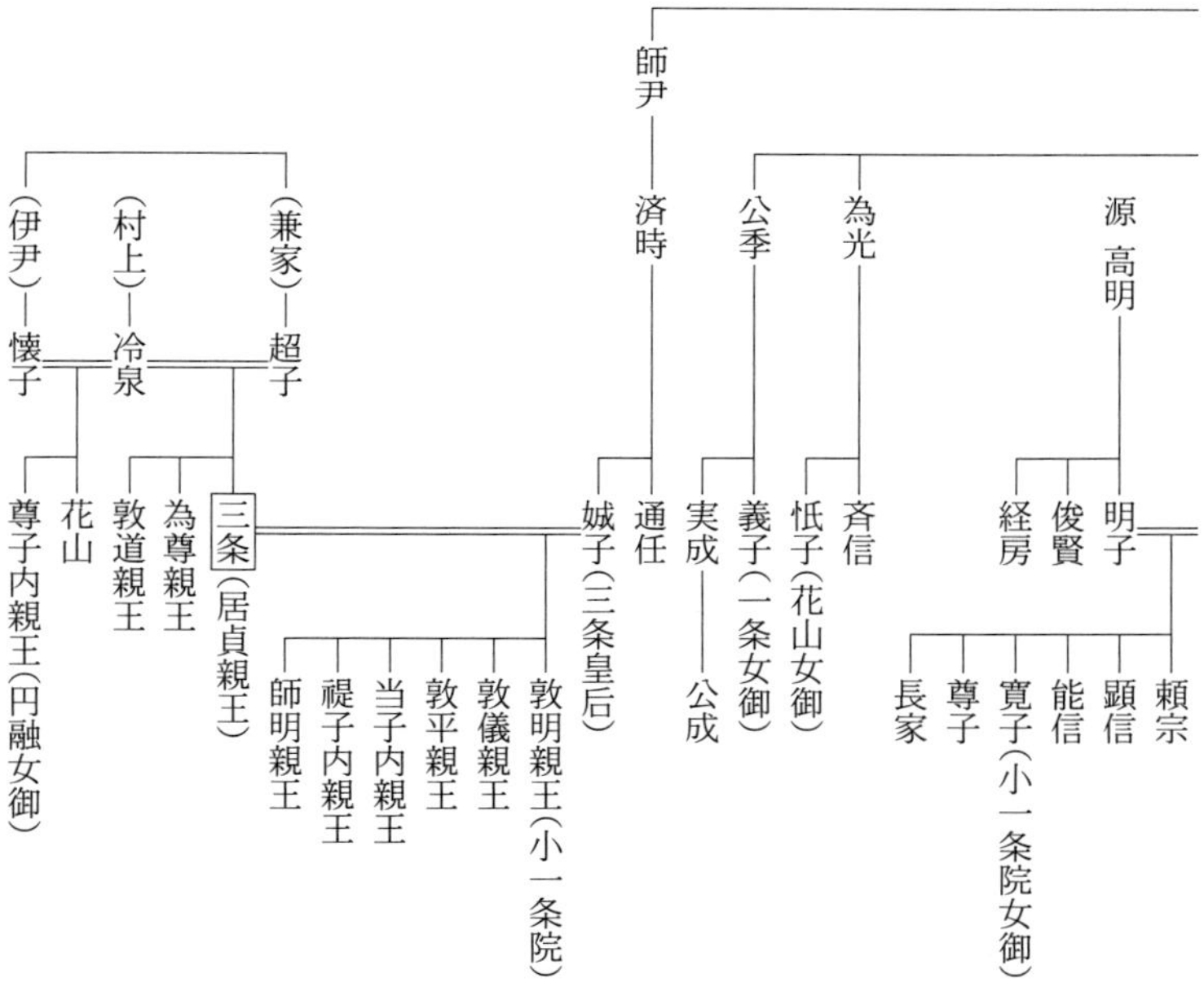
師尹
済時
通任
娍子(三条皇后)
為光
斉信
忯子(花山女御)
公季
義子(一条女御)
実成
公成
源　高明
明子
俊賢
経房
頼宗
顕信
能信
寛子(小一条院女御)
尊子
長家
敦明親王(小一条院)
敦儀親王
敦平親王
当子内親王
禔子内親王
師明親王
(兼家)
超子
(村上)
冷泉
(伊尹)
懐子
三条(居貞親王)
為尊親王
敦道親王
花山
尊子内親王(円融女御)

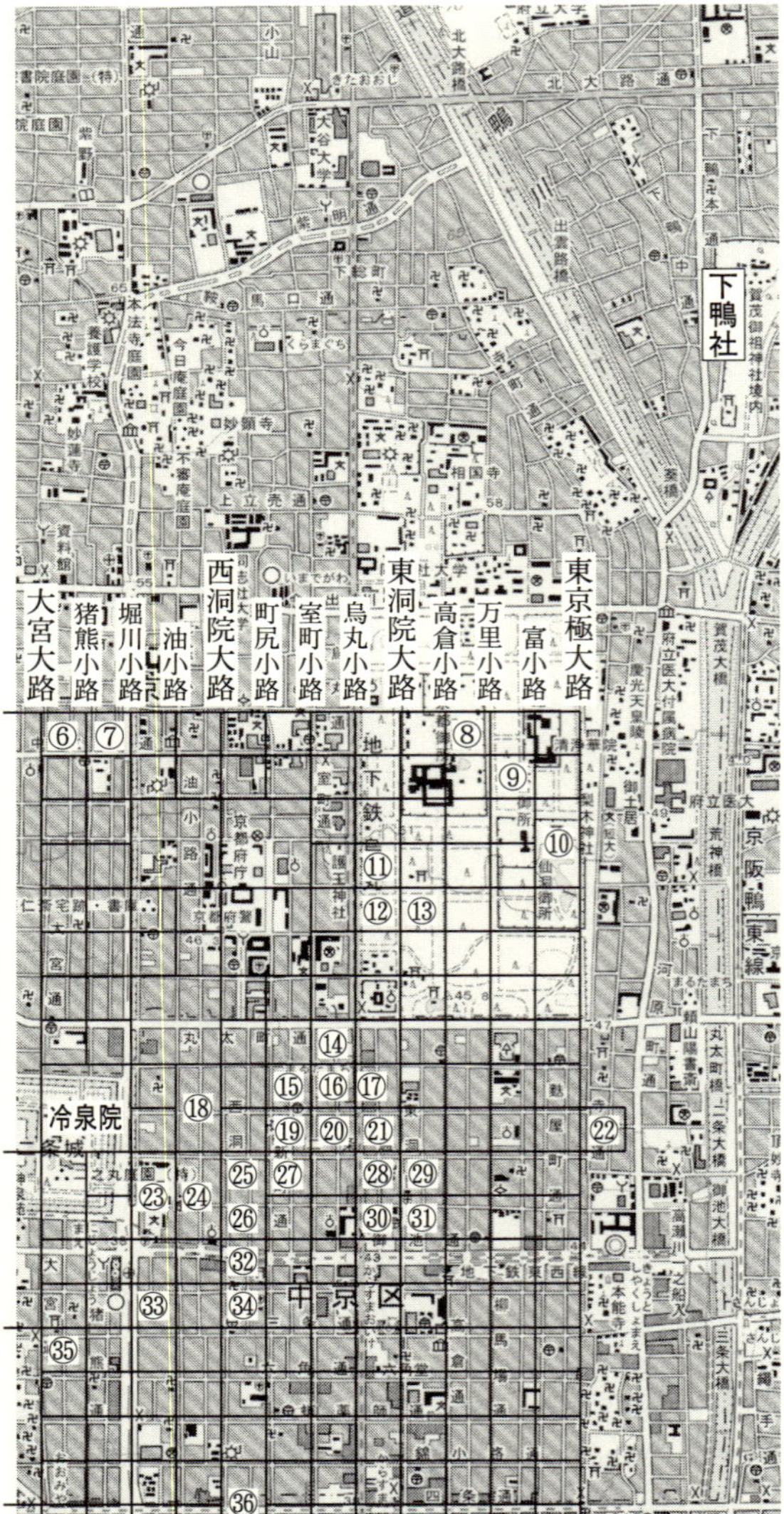

①中和院
②職曹司
③小安殿
④大極殿
⑤太政官庁
⑥一条院(道長)
⑦一条院別納
⑧一条第(道長)
⑨染殿
⑩土御門第(道長)
⑪枇杷殿(道長)
⑫小一条院
⑬花山院
⑭小野宮北宅(実資)
⑮小野宮西殿(実資)
⑯小野宮(実資)
⑰小野宮東町(実資)
⑱陽成院
⑲町尻殿
⑳小野宮南町(実資)
㉑二条第(道長)
㉒法興院
㉓堀河殿(顕光)
㉔閑院(公季)
㉕東三条第(道長)
㉖東三条第南院(道長)
㉗室町殿(伊周)
㉘二条第(実資)
㉙小二条第(源俊賢)
㉚三条院(道長)
㉛竹三条宮
㉜高松殿
㉝三条第(行成)
㉞三条殿
㉟三条院
㊱四条宮(公任)

国土地理院発行1/25,000地形図「京都東北部」「京都西北部」を基に，縮小・加筆して作成.

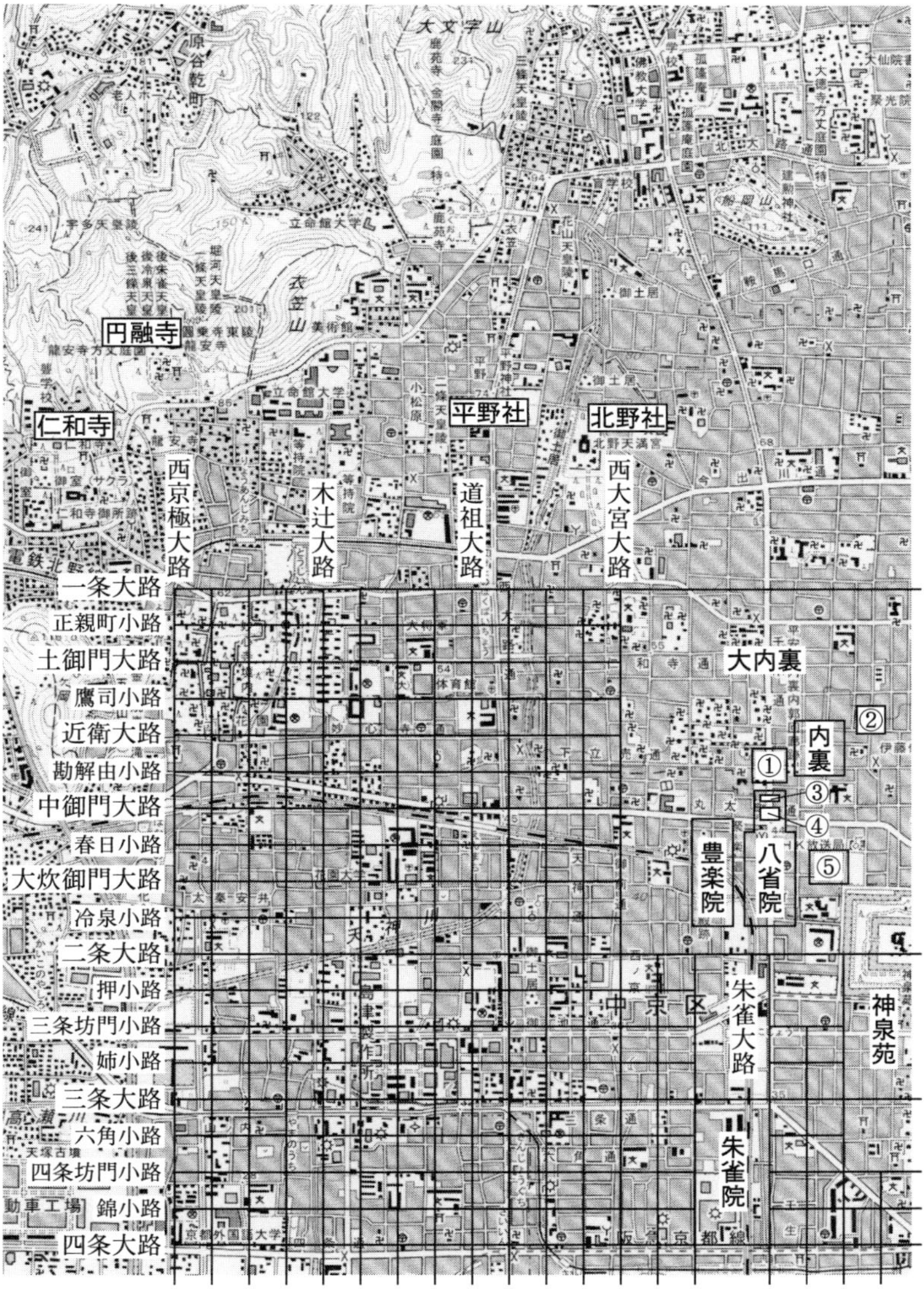

関係地図（平安京北半・北辺）

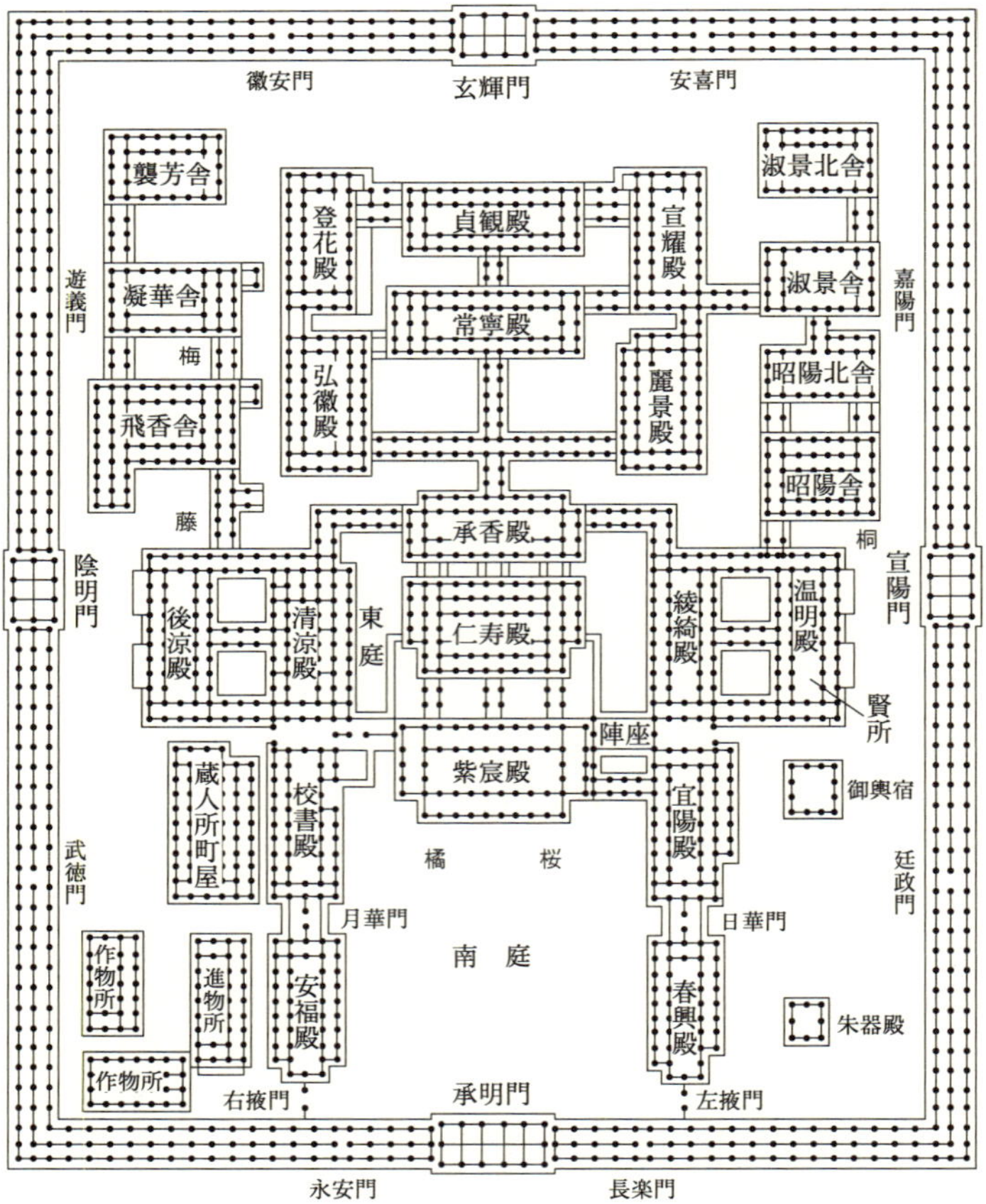
玄輝門
徽安門
安喜門
襲芳舎
登花殿
貞観殿
宣耀殿
淑景北舎
淑景舎
遊義門
凝華舎
常寧殿
嘉陽門
梅
弘徽殿
麗景殿
昭陽北舎
飛香舎
昭陽舎
藤
承香殿
桐
陰明門
宣陽門
後涼殿
清涼殿
東庭
仁寿殿
綾綺殿
温明殿
賢所
陣座
紫宸殿
蔵人所町屋
校書殿
宜陽殿
御輿宿
武徳門
橘
桜
延政門
月華門
日華門
南庭
作物所
進物所
安福殿
春興殿
朱器殿
作物所
右掖門
承明門
左掖門
永安門
長楽門

平安宮内裏図

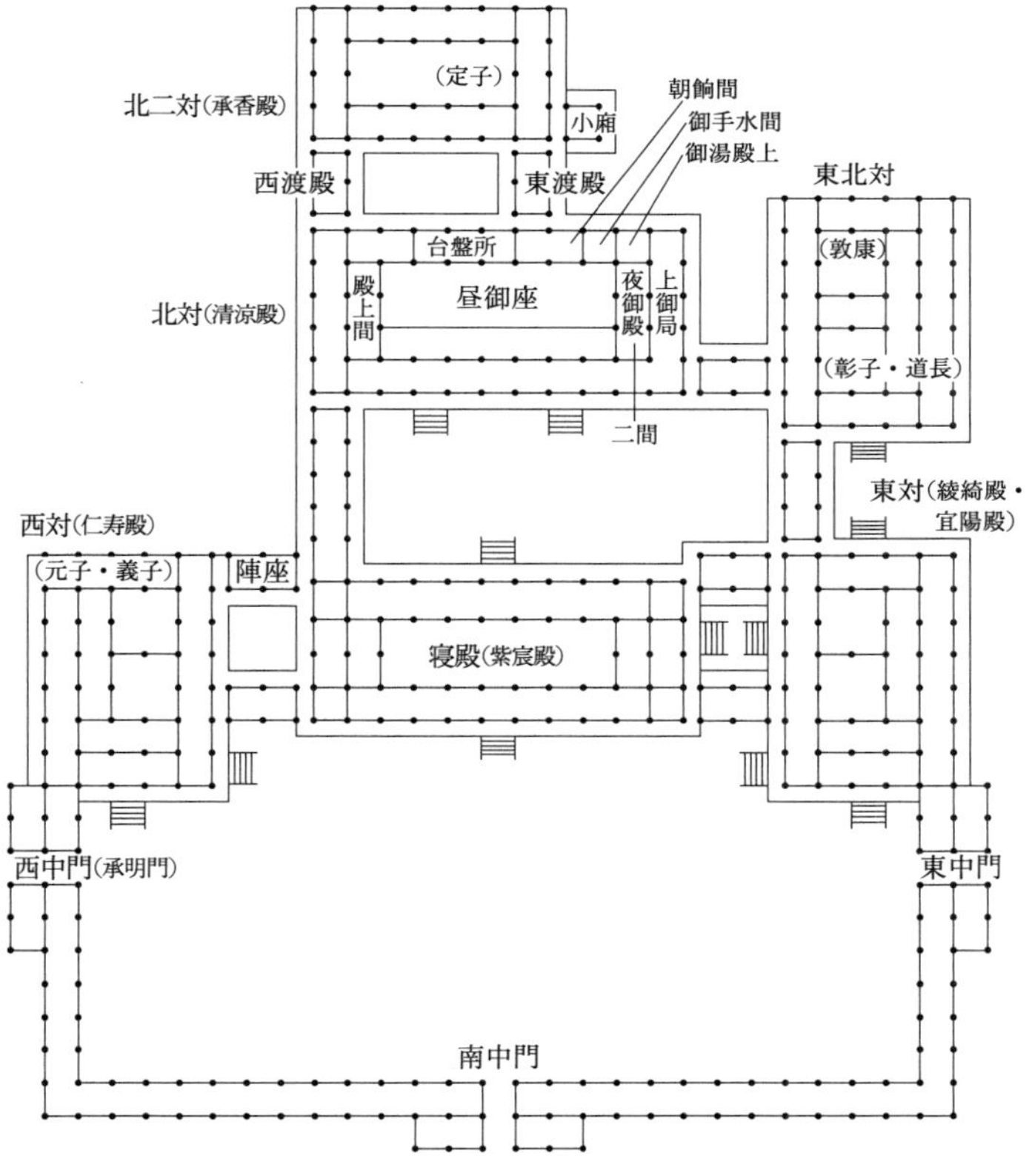

(定子)
北二対(承香殿)
小廂
朝餉間
御手水間
御湯殿上
西渡殿
東渡殿
東北対
台盤所
(敦康)
殿上間
昼御座
夜御殿
上御局
北対(清涼殿)
(彰子・道長)
二間
東対(綾綺殿・宜陽殿)
西対(仁寿殿)
(元子・義子)
陣座
寝殿(紫宸殿)
西中門(承明門)
東中門
南中門

一条院内裏図

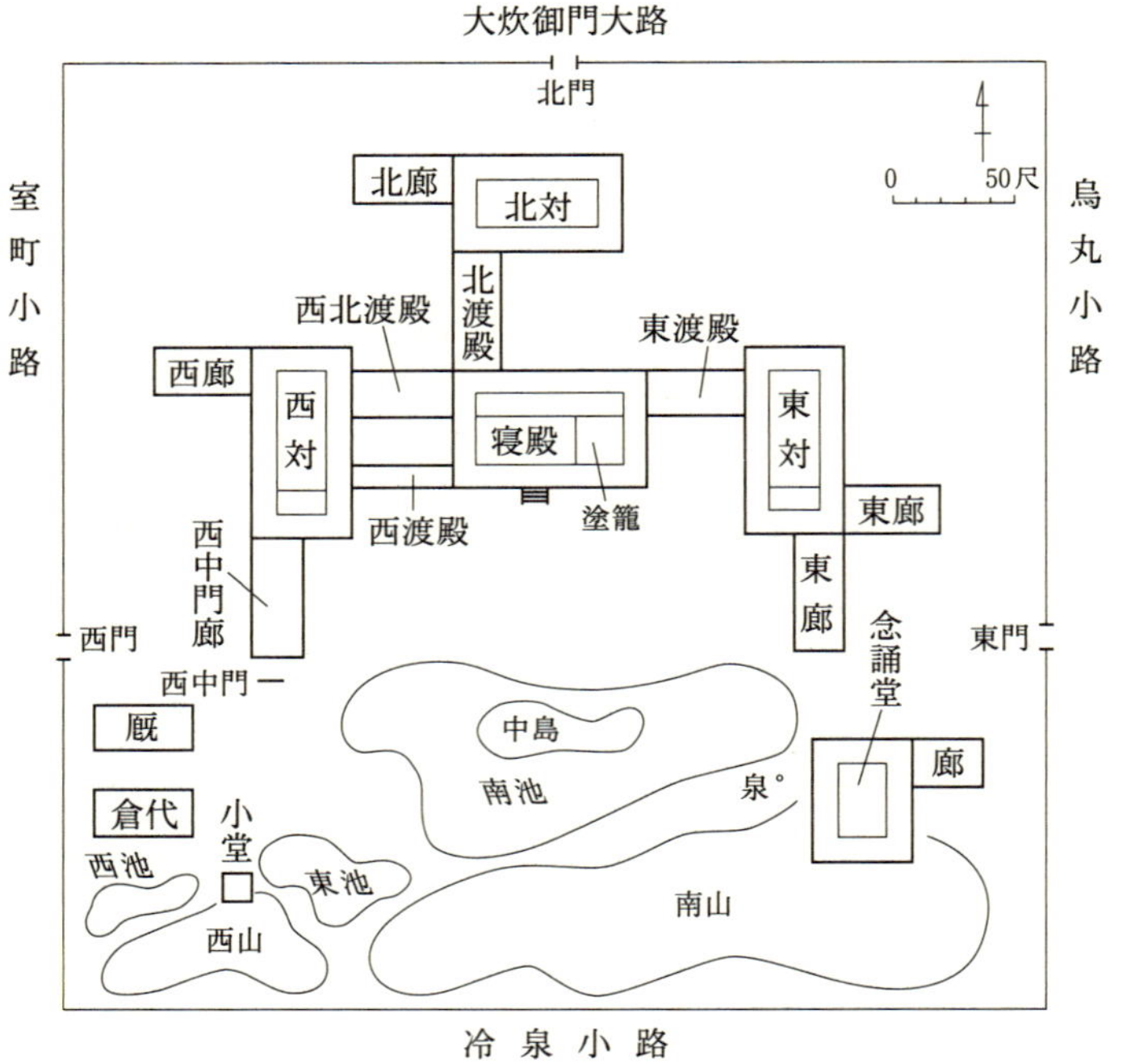

小野宮復元図(吉田早苗「藤原実資と小野宮第」『日本歴史』350，1977 に加筆，作成)

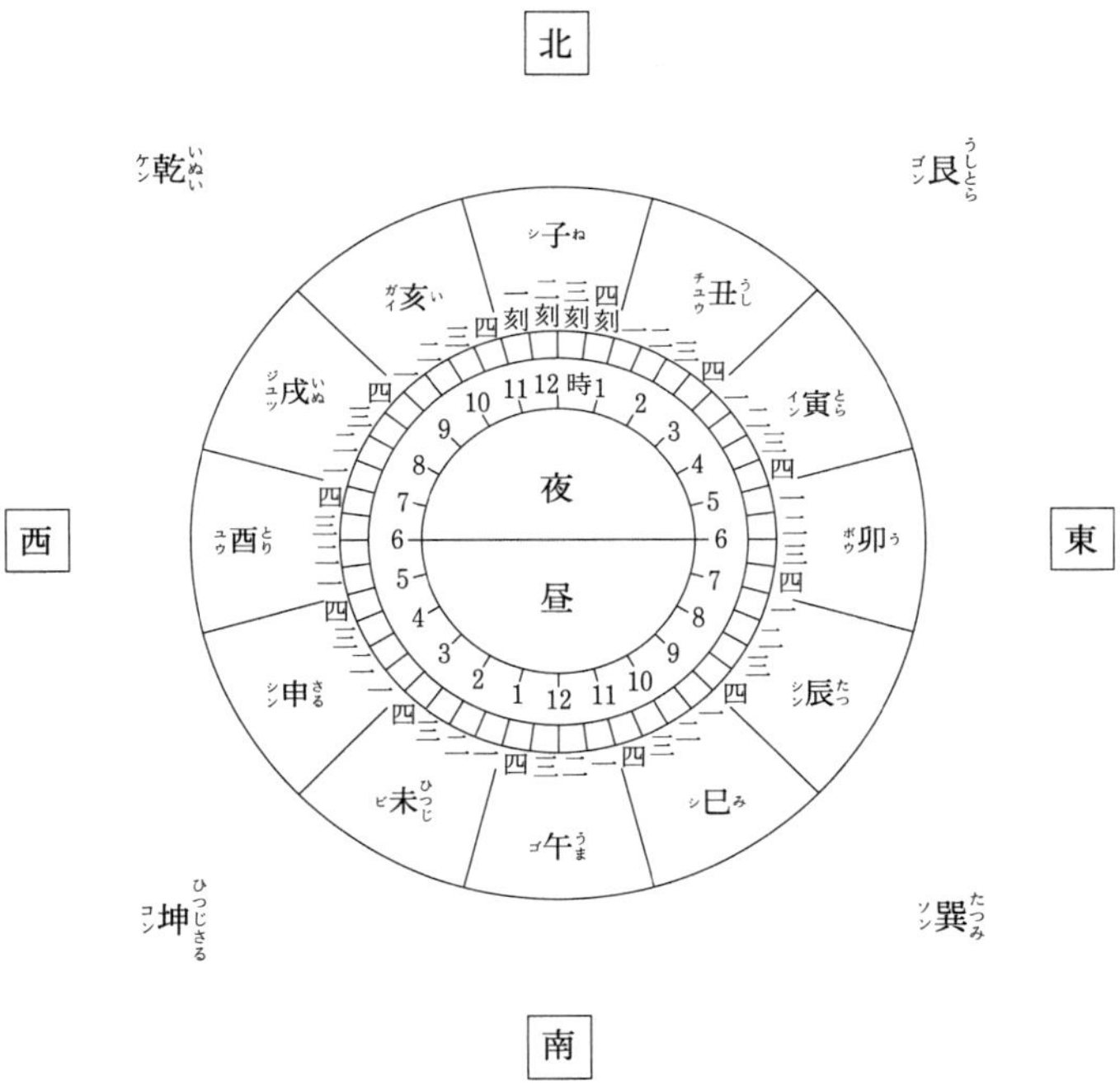
北
東
南
西
乾《いぬい》 ケン
艮《うしとら》 ゴン
巽《たつみ》 ソン
坤《ひつじさる》 コン
子《ね》 シ
丑《うし》 チュウ
寅《とら》 イン
卯《う》 ボウ
辰《たつ》 シン
巳《み》 シ
午《うま》 ゴ
未《ひつじ》 ビ
申《さる》 シン
酉《とり》 ユウ
戌《いぬ》 ジュツ
亥《い》 ガイ
一刻
二刻
三刻
四刻
時
夜
昼

方位・時刻

編者紹介

一九五八年　三重県津市に生まれる

一九八九年　東京大学大学院人文科学研究科国史学専門課程博士課程単位修得退学

一九九七年　博士（文学、東京大学）

現　在　国際日本文化研究センター教授

〔主要著書〕

『一条天皇』（人物叢書、吉川弘文館、二〇〇三年）、『藤原道長「御堂関白記」全現代語訳』（講談社、二〇〇九年）、『三条天皇』（ミネルヴァ日本評伝選、ミネルヴァ書房、二〇一〇年）、『藤原行成「権記」全現代語訳』（講談社、二〇一一―一二年）、『藤原道長「御堂関白記」を読む』（講談社、二〇一三年）、『藤原伊周・隆家』（ミネルヴァ日本評伝選、ミネルヴァ書房、二〇一七年）

現代語訳 小右記 4

敦成親王誕生

二〇一七年（平成二十九）四月二十日　第一刷発行

編　者　倉《くら》本《もと》一《かず》宏《ひろ》

発行者　吉川道郎

発行所　株式会社 吉川弘文館

郵便番号一一三―〇〇三三

東京都文京区本郷七丁目二番八号

電話〇三―三八一三―九一五一〈代表〉

振替口座〇〇一〇〇―五―二四四

http://www.yoshikawa-k.co.jp/

印刷＝株式会社 三秀舎

製本＝誠製本株式会社

装幀＝山崎　登

ISBN978-4-642-01819-7

現代語訳 小右記 全16巻

1 三代の蔵人頭

貞元二年(九七七)三月—永延二年(九八八)十二月

円融・花山・一条天皇に蔵人頭として仕える若き日の実資。相次ぐ譲位に際し、関白頼忠・摂政兼家らと連携して政務や儀式に奔走する。その一方で、昇進をめぐるわだかまりや、娘の病気治療の苦心などを日記に綴った。

二八〇〇円

2 道長政権の成立

永祚元年(九八九)正月—長徳元年(九九五)十月

一条天皇に対して政治介入する円融上皇と摂政兼家との連絡にあたる実資。やがて参議に任じられ、待望の公卿に上る。兼家・道隆・道兼と続く執政者たちの死。伊周側の策動も空しく、政権の座は道長の手に収まった。

二八〇〇円

3 長徳の変

長徳二年(九九六)正月—寛弘二年(一〇〇五)三月

勢力失墜に焦る伊周と中関白家。ついに不敬事件を起こし左遷される。検非違使別当の実資はその間の一条天皇と道長の動きを詳細に記録。また、長女彰子を一条天皇の女御とした道長は、続いて中宮に立てようとする。

二八〇〇円

4 敦成親王誕生

寛弘二年(一〇〇五)四月—寛弘八年(一〇一一)十二月

一条天皇の中宮彰子は待望の皇子を相次いで出産するものの、天皇に残された時間は少なかった。定子所生の敦康親王ではなく敦成親王を東宮に立てて崩御。三条天皇の代となり、実資と道長にも新たな時代が訪れる。

二八〇〇円

吉川弘文館
(価格は税別)

現代語訳　小右記　全16巻

5　紫式部との交流

長和元年（一〇一二）正月—長和二年（一〇一三）六月

娍子立后をめぐって対立する三条天皇と道長。実資は「天に二日無し」といって立后の儀を主宰する。道長と彰子の確執も表面化し、実資は彰子と頻繁に接触する。その間の取り次ぎ役を担ったのが、かの紫式部であった。

【続　刊】

6　三条天皇の信任

長和二年（一〇一三）七月—長和三年（一〇一四）十二月

眼病を発《おこ》した三条天皇に対し、道長をはじめとする公卿層は退位を要求。天皇は実資を頼みとするが、養子資平の任官も考えなければならない実資にとっては悩みの種であった。日記にも緊迫した情勢が記される。

【続　刊】

7　後一条天皇即位

長和四年（一〇一五）四月—長和五年（一〇一六）二月

敦明親王を東宮に立てることを条件に、三条天皇がついに譲位し、道長外孫の後一条天皇が即位する。外祖父摂政の座に就いた道長に対する実資の眼差しや如何に。国母となった彰子の政治力についても詳細に記録する。

【続　刊】

8　摂政頼通

長和五年（一〇一六）三月—寛仁元年（一〇一七）十二月

道長は早くも摂政を長男の頼通に譲り、「大殿」として君臨する。一方、三条院が崩御すると敦明親王は東宮の地位を降り、道長は彰子所生の敦良親王を新東宮に立てる。道長家の栄華に対し、実資の批判的な記述が続く。

【続　刊】

吉川弘文館
（価格は税別）

現代語訳 小右記 全16巻

9 「この世をば」

寛仁二年(一〇一八)正月—寛仁三年(一〇一九)三月

道長三女の威子が後一条天皇の中宮に立ち、「一家三后」という形で道長の栄華が頂点を極める。その宴席で和歌を詠むことを求められた実資は、道長の詠んだ「この世をば」を皆で唱和しようと提案。その胸中や如何に。

【続刊】

10 大臣闕員騒動

寛仁三年(一〇一九)四月—寛仁四年(一〇二〇)閏十二月

無能な左大臣顕光が辞任するという噂が駆けめぐる。代わって大臣の地位を得るのは、これも無能な道綱ではなく自分であると確信する実資は、情報収集に全力を傾ける。刀伊《とい》の入寇をさておいての騒動であった。

【続刊】

11 右大臣就任

治安元年(一〇二一)正月—治安二年(一〇二二)十二月

道長六女の嬉子が東宮敦良親王の許に入侍し、道長が無量寿院(後の法成寺)の造営に専心しているという情勢の中、実資はついに右大臣に上る。「賢人右府」の誕生である。案外に素直に喜ぶ実資の姿が浮かび上がる。

【続刊】

12 法成寺の興隆

治安三年(一〇二三)正月—治安三年十二月

道長の造営する法成寺が完成に向かう一方で、顚倒した際に頰に腫物を生じさせてしまった実資は、その治療に奔走する。さまざまなルートからいろいろな治療法を聞き出し、加持や夢想によってその効果を探ろうとする。

【続刊】